Excel
統計分析實務
市場調查與資料分析

| 範例適用 Excel 2021/2019 |

序

雖然，Minitab、SPSS、SAS、……等知名統計分析軟體的計算能力超強，提供的統計結果非常詳盡！但因其普及率過低，將來離開學校後，很容易會面臨到無適當軟體可用之窘境。縱有一身絕技，也難以發揮！

由於，微軟的 Office 已相當普及，且廣泛地為工商企業及個人使用。要想在一部個人電腦上找到 Excel，要比找 Minitab、SPSS 或 SAS，來得容易太多了！且其具有易學易懂之特性。所以，本書以 Excel 為工具，來學習統計技巧。雖然 Excel 並非被歸類為統計軟體，且其與統計有關之指令、函數或增益集的功能，無法與 Minitab、SPSS 或 SAS 相提並論，但對絕大多數人而言，那也已經相當地足夠了！

本書係將筆者於教學時，經多年與學生合作，進行實際問卷調查所收集到之資料，作為全書之分析實例的主要資料。其特性為：

1. 具真實性且符合國情

絕大多數之資料均是於國內真正進行問卷調查所獲得，每筆均是真真實實的資料，並非如坊間大部分書籍所使用之假設資料；或國情不同的國外資料。

2. 具親切感

各問卷所調查之對象，均是一般人日常生活上所使用得到之產品。如：臉書、便利商店、智慧手機、信用卡、運動鞋、社群網站…。而非機械、生物、化學、醫學…等，較難懂之實例。對一般人言，應是較具親切感。

3. **實例充足**

   因筆者教授與市場調查相關之課程多年，所獲取之原始問卷及資料相當多。除可用於課本之本文上，多舉幾個實例進行解說外；還可供學生於課堂上進行實作演練，或於課後當作習題作業。

4. **重過程也重解說**

   每一個實例，除了不厭其煩，詳盡地逐步解說其操作及計算過程外；對其結果，也盡量以讀者較容易接受之口語化加以說明；而不是以艱澀難懂的統計術語來進行解說。

5. **易學易用**

   所談及之內容，均是一般常用之統計技巧。無導出/驗證公式之乏趣內容，也無過深理論。絕對能讓讀者能『學得輕鬆、學得實用』！

為節省教師指定作業之時間，並讓學習者有自我練習之機會，每一範例均再加入一含題目內容之練習工作表，可馬上驗收所學之內容；且於章節適當位置附加有『馬上練習』之題目，學習者可隨時於任一章插進來閱讀並練習。

為方便教學，本書另提供教學投影片與各章課後習題，採用本書授課教師可向碁峰業務索取。

撰寫本書雖力求結構完整與內容詳盡，然仍恐有所疏漏與錯誤，誠盼各界先進與讀者不吝指正。

楊世瑩　謹識

目錄

Chapter **3**　樣本大小

Chapter **4** 設計問卷與取得資料

Chapter **5** 次數分配

Chapter **6** 交叉分析表

Chapter 7　集中趨勢

Chapter 8 離散程度

Chapter **9** 估計

Chapter **10** 假設檢定

Chapter **11** 單因子變異數分析

Chapter **12** 相關

Chapter **13** 迴歸

Appendix **A** 附錄

概說

Chapter **1**

學習重點

☑ 傳統的統計學教法　　　☑ 安裝分析工具箱
☑ 新式的統計學教法
☑ 爲何要使用 Excel 來學習統計

1-1　傳統的統計學教法

　　對很多人學過或正在學習統計的人來說，統計一直是心中永遠的痛！課堂上，傳統的統計學上法，是講解一大串的定義、定理與公式，除了導公式外還要加以證明。最後，還得在不使用計算機的情況下，以筆算計算出各種統計結果。真佩服這些老師與學生。較通情達理的老師，有時也允許學生使用掌上型計算機來進行計算，那可真是功德無量！

　　這些定義、定理與公式，學生通常是無法完全理解。但為了考試，只好將其強背下來。背不下來，做小抄或刻鋼板者（抄在桌上）也大有人在！目的無它，但求及格過關而已。一等考完試，所記憶的公式，幾乎完全忘光光，一點印象也沒留下。在這種情況下的學習，想要學生能學多好，實在是不可能；更別說要他們離開學校後，還能拿來應用！

1-2　新式的統計學教法

　　最近，由於很多國內外研究所畢業之新一代統計人才，加入各校的統計師資陣營，開始使用 Minitab、SPSS（原名是 Statistical Package for the

Social Science 後來更名為 Statistical Product and Service Solutions）或 SAS（Statistics Analysis System）等統計分析軟體，來配合教學。

由於，這些軟體的計算能力超強，提供的統計結果非常詳盡！所有書本上（或不在書本上）的計算方法與統計量，均可計算出來。學生不必記憶各項計算方法及公式，只須知道如何將資料輸入，過去還得透過簡單的程式，現在則直接以滑鼠點選指令及選項，即可進行分析，而獲得所要的統計數字。

從此，學生終於可以脫離痛苦的深淵。不必將所有精神花費在記憶公式之上，而可將時間用在如何對所獲得之統計數字進行描述、分析、解釋，以瞭解其意義，進而加以應用到所學之各領域上（企業管理、工業管理、政治、經濟、社會、心理、醫學、生物、法律、農業、……）。

1-3 為何要使用 Excel 來學習統計

可是，前述的 Minitab、SPSS 或 SAS 等統計分析軟體，在市面上的普及率非常之低，在個人電腦上，甚至連千分之一都不到。其原因為：

1. **價格昂貴**

   價位高達數萬到數十萬。通常，是教育單位或國家及大型私人研究單位才有能力購買（或租用）；一般學生、社會人士甚或中小企業公司都因負擔不起，而不可能會購買（或租用）！

2. **學習困難**

   這幾個軟體，若僅是要進行操作而取得分析結果，於有人指導之下或有本好書來參考，並不難。但因學習的人不多，受過完整訓練之師資人才本就不多；市面上可用之書籍也不是很多。所以，對大部分人來說，還是很難！

3. **報表難懂**

   這幾個豪華而高級的統計軟體，所分析出來的統計數字相當多。很多是我們學統計時，從來就沒看過之統計值，根本就不知道其作用。而事實上，一般統計應用，所使用之統計數字並不很複雜，主要目的是要讓大部分的人，均能夠看得懂。計算並列出這些無法拿來應用的統計數字，不只是浪費資源，更是對我們信心的一大打擊。

若只有少數幾個人能懂，其作用將大打折扣。例如，市場調查之分析結果，如果只有少數幾個研究人員能懂，老闆或主管又怎能有信心根據一個完全不懂的結果來做決策？又如，政策支持度之結果，只須簡單的幾個百分比大概也就夠了。列出一大串之相關統計值，不僅總統及行政院長看不懂，各報章雜誌之記者及主編也看不懂；刊登出來後，全體人民也看不懂，該如何引起共鳴？政策又將如何修正或推行？

因此，若以這類高級統計分析軟體來學習統計技巧，將因普及率過低，將來離開學校後，很容易會面臨到無適當軟體可用之窘境。縱有一身絕技，也難以發揮！

由於微軟的 Office 已相當普及，且廣泛地為工商企業及個人使用。要想在一部個人電腦上找到 Excel，要比找得到 Minitab、SPSS 或 SAS，來得容易太多了！且其具有易學易懂之特性。所以，本書決定以 Excel 為工具，來學習統計技巧。雖然 Excel 並非被歸類為統計軟體，且其與統計有關之指令、函數或增益集的功能，是絕對無法與到 Minitab、SPSS 或 SAS 相提並論，但對絕大多數人而言，那已經是相當地足夠了！

1-4 安裝分析工具箱

Excel 之預設狀況並未安裝一些統計分析方法，這將使得您無法操作本書稍後幾個章節，所將提到之資料分析工作。為避免此一類之錯誤及困擾，得於執行本書之各例前，先安裝『分析工具箱』。其處理步驟為：

STEP **1** 　執行「**檔案/選項**」，轉入『Excel 選項』視窗

STEP **2** 　於左側選按「**增益集**」，轉入『增益集』標籤，於『名稱』下，列出目前作用中與非作用中的程式增益集名稱

STEP **3** 續按 執行(G)... 鈕,轉入『增益集』對話方塊

STEP **4** 於『可用的增益集(A)』下,選「分析工具箱」

STEP **5** 續按 確定 鈕,即可將所有函數及統計分析工具均安裝進來。安裝後,並無任何提示。但『**資料/分析**』群組內,會多一個「**資料分析**」指令按鈕

研究程序與抽樣  2

Chapter

學習重點

☑ 研究的步驟　　　　☑ 系統抽樣
☑ 抽樣程序
☑ 簡單隨機抽樣

2-1 研究的步驟

　　進行研究之步驟，大致上應包括下列幾個：1) 確定問題與目的、2) 決定研究設計、3) 決定收集資料之方法、4) 抽樣設計、5) 撰寫計畫書、6) 收集資料、7) 分析及解釋資料、8) 提出報告。

▶ 確定問題與目的

　　研究的第一個步驟，就是要先界定問題，確立出研究目的。如果研究問題及目的含糊不清，研究者所收集到之資料，將無法對經營決策者提供有效的幫助。要確定研究問題與目的，是有賴決策者與研究者雙方進行良好的溝通、討論與積極參與。否則，僅由單方面來提出，往往基於本位主義，或對另一方的不瞭解，經常是無法達成目的。

　　在確定問題與目的時，通常是進行情勢分析（situation analysis）。一方面，收集內部記錄及各種有關次級資料，並與相關人員溝通討論出可能之問題；另一方面，訪問外部對此問題有豐富經驗或學識的人士，取得其對此問題之看法與可能解決方案。如此，將可獲得充分之資訊，協助研究人員與決策者共同確定出研究問題與目的。

▶ 決定研究設計

根據研究目的，決定研究設計之類型。其類型可分為：

◉ 探索性研究（exploratory research）

發掘初步的見解，並提供後續研究進一步深入之空間。

◉ 結論性研究（conclusive research）

幫助決策者選擇合適的行動方案。

如果，對所要研究的問題並不十分瞭解。通常得先經過探索性研究。反之，對所要研究的問題已相當清楚，則可直接進行結論性研究。

▶ 決定收集資料之方法

根據研究目的，將所須收集之資料一一列表。然後，再判斷其可能來源。資料來源可分為：

◉ 初級資料

為此研究所直接收集之資料，如：以問卷進行訪查、以觀察或實驗所收集到之資料。由於，其取得成本較高。通常，是於確定無法由次級資料來取得所需資料，或次級資料並不合用時，才會考慮進行收集初級資料。如果已決定要收集初級資料，就得自行設計：問卷、觀察表或實驗所需之道具。

◉ 次級資料

為自己公司內部、政府機關或其他研究單位已取得之資料。如：政府所公佈之統計資料。這些資料的取得成本較低，但往往由於並非我們自己所設計，很難完全符合研究的要求。通常，是拿來參考或佐證而已。但也有很幸運的情況，根本不需自行收集次級資料，即可用來進行研究的例子！

▶ 抽樣設計

根據研究目地，決定研究的母體為何？除得對母體定義進行說明外；並得列出其完整名單，續決定樣本數、抽樣方法及要使用多少訪員？

▶▶ 撰寫計畫書

將前列各項內容集合在一起，撰寫成研究計畫書，作為往後進行研究時之主要依據。有時，尚得加入控制進度之圖表或時程，以方便研究者掌控所有該執行之動作（如：繪製甘特圖）。

▶▶ 收集資料

根據抽樣設計進行抽樣。並依所選定之資料收集方法，實地去收集資料。對所招募之訪員還得進行訓練，且應派稽核人員去查核訪員是否確實按計畫抽樣？問卷有無作假？對訪問時突發之問題，還得加以協助解決。

▶▶ 分析及解釋資料

資料收集後，得對其進行編碼，將答案轉為電腦資料，以利使用統計軟體來進行分析。（如：輸入於 Excel 之工作表內，不僅可於 Excel 中使用，還可以供 SPSS 或 SAS 使用）

輸入資料時，應注意其資料之正確性，若不小心，很容易就將資料誤打於錯誤之欄位。這就枉費研究者、訪員以及稽查員……等，在整個研究過程中所付出的辛勞！也浪費研究委託者所付出之經費。因為，那些錯誤資料不僅無用，還可能誤導分析結果。

所以，除了於鍵入資料要格外小心外；電腦分析人員，還得以程式或指令來控制其正確性。於 Excel，可利用『資料驗證』來控制。（參見『第四章：設計問卷與取得資料』之『事前的資料驗證』與『事後的範圍檢查』處之說明）雖無法百分之百正確，但至少可避免掉很多不合理之資料。如：答案選項只有 5 個，其資料就應該只能是介於 0～5 之整數。（0 表未填答此題）

然後，再使用統計軟體來對資料進行分析。如：建立次數分配表、繪製統計圖表、交叉表、計算各種統計量、進行各種估計與檢定、……等。研究者，再對這些電腦分析結果，進行判讀及解釋。有時，得還配合以其他佐證資料，撰寫研究報告。在進行分析時，相關主管應積極參與，提供必要之幫助，因為他們的看法，會有助於解開研究人員的許多盲點。

▶▶ 提出報告

最後，將研究的成果，對研究委託單位之決策人員提出有關解決問題的結論及建議。通常，只須將研究報告交給委託單位，由他們自行去閱讀即可；有時，則還得對委託單位的各級管理階層進行口頭簡報，並接受詢問及互相討論。

2-2 抽樣程序

抽樣程序可分為下列幾個階段：1) 界定母體、2) 確定抽樣架構、3) 選出樣本單位、4) 選擇抽樣方法、5) 決定樣本大小、6) 收集樣本資料、7) 評估抽樣結果。

▶▶ 界定母體

根據研究目的，對所要研究的母體特徵或屬性加以詳細說明。

母體可以是一群人，如：想調查全省 15 歲以上之女性消費者個人衛生用品的消費行為，其母體將為全省 15 歲以上之全體女性。母體也可以是一群事物，如：輪胎製造廠商，想瞭解其所生產之某一型輪胎的耐磨情況，其母體即為該型之所有輪胎。

假定，為瞭解國內消費者對某品牌汽車的滿意程度，其目標母體可設定為目前擁有該品牌汽車之所有消費者。

▶▶ 確定抽樣架構

抽樣架構又稱抽樣母體，是對母體定義的一種說明及對母體範圍的一種界定。相較於原母體，抽樣母體可能已經不完全同於原母體。

如：要瞭解下一屆總統大選的投票傾向，其母體為具有投票權之每一個人。但基於便利性，研究人員可能以居家電話簿為抽樣架構。此時，抽樣單位將由個人轉為家庭，且可能因某些家庭並無電話（**改為使用手機或原先就未安裝家用電話**），或某些家庭擁有多部電話，而造成抽樣母體與原母體不一致。

又如：要瞭解國內消費者對某品牌汽車的滿意程度，原母體為目前擁有該品牌汽車之所有消費者。但最後卻因汽車的使用情況以家庭為單位，將其調整為擁有該品牌汽車之家庭內的任一位駕駛者為樣本單位。兩者之間，就已經有所不同！

確定抽樣架構的目的，就是要將原母體轉為抽樣母體。通常是將原母體的基本單位造冊，也就是將其編入抽樣名冊中。同時，給每一個基本單位一個獨立的編號，以利將來抽樣。實務上，常用的名冊有：客戶資料名冊、居家電話簿、工商名錄、公會會員名錄、員工名單、…。如：要瞭解國內消費者對某品牌汽車的滿意程度之實例，就可以使用客戶資料名冊為抽樣母體。

一個抽樣母體是否合適？視其研究目的而定。通常，其衡量標準有下列幾點：

- ◉ **足夠性**：應包含滿足研究目的所需母體。
- ◉ **完整性**：應包含所有基本單位。
- ◉ **唯一性**：基本單位不會重複出現，每一個均為唯一。
- ◉ **便利性**：應該是易於取得與使用。

▶▶ 選出樣本單位

樣本單位是指母體中的個別份子，係根據抽樣調查的目的來決定。如，調查目的為：想瞭解對總統大選的投票傾向，其基本單位將為具有投票權之每一個人。但若調查目的為：想估計每戶家庭中，所擁有之汽車數量，則其基本單位將為每一個家庭。

如，調查目的為要瞭解國內消費者對某品牌汽車的滿意程度。由於，汽車之使用通常以家庭為單位，一部車可能是夫妻；或是全家有駕照的人共同使用。所以，其樣本單位將為每一個家庭，也就是若某一家庭擁有該品牌之汽車，研究者只要訪問該家庭之某一駕駛人即可。

▶▶ 選擇抽樣方法

抽樣方法可大致分為機率抽樣與非機率抽樣。

機率抽樣又稱隨機抽樣（random sampling），在這種抽樣方法下，母體中的每一個基本單位，都有一個已知的、非零的機率會被選為樣本。其機率並不一定要相同，但要能知道每一基本單位被選為樣本之機率。常見之機率抽樣有：簡單隨機抽樣、系統抽樣（間隔抽樣）、⋯⋯。（詳後文說明）

相反地，如無法知道每一基本單位被選為樣本之機率，就是非機率抽樣。常見非機率抽樣有：便利抽樣（取其便利性，如：電視節目開放 Call in，針對打電話進來之來賓進行訪問）、立意抽樣（依研究者主觀判斷來決定樣本）、雪球抽樣（一個受訪者介紹另一個受訪者）、⋯⋯。

▶ 決定樣本大小

樣本大小取決於：母體大小、可用資源、可容忍之誤差、誤差的代價與母體變異量等幾項因數。若係使用機率抽樣，則可依據抽樣誤差的容忍限度，去決定樣本的信賴界限及信賴係數，並據以決定所需之樣本大小。（詳下章說明）

▶ 收集樣本資料

針對樣本，開始進行訪查或觀察，以收集所需資料。包括設計初步問卷或觀察表，試訪、修正問卷或觀察表；然後才依所選之調查法：人員面訪、郵寄問卷調查法、電話調查法、⋯⋯，去收集資料。

▶ 評估抽樣結果

最後，應對抽樣結果加以評估，看看所得到的樣本是否符合所需？通常，是計算樣本標準差的大小，檢定統計的顯著性，或將樣本結果及一些可靠資料（如：官方資料）進行比較，以確定兩者是否存有重大差異。

評估後，若符合要求，則可進行後續研究；否則，應修正抽樣方法，以取得符合要求之資料。

2-3 簡單隨機抽樣

　　一般統計學所採用的統計方法，都是建立在簡單隨機抽樣之上。簡單隨機抽樣是一種特例，在這種抽樣方法下，**母體中每一個單位被抽選到的機率都完全相同**。如：於 10,000 個員工中，抽取 500 個樣本進行訪查，則每個人被抽中之機率為 500/10000=5%。

　　進行簡單隨機抽樣之前，先給母體中的每一基本單位（如員工）一個獨立的編號，以利將來抽樣。續以摸彩法或與亂數法進行抽選。

　　摸彩法大家一定不陌生，像同樂會之摸彩抽獎；或樂透號碼的取得就是例子。假定，要於 10,000 個員工中，抽取 500 個樣本進行訪查。以摸彩法，可先將所有編號寫在 10,000 張小紙條上，作成籤條。放入箱中，於完全攪拌後，以隨機抽出號碼，直到抽出 500 個號碼才結束。理論上，每抽出一個號碼後，應重新將其放回箱中，這樣才會使得每位員工被抽中之機率完全相同。如抽出重複之編號，則將其放回，重新再抽一次即可。

　　亂數法則是利用隨機數字，傳統之統計或研究方法書籍，均會附有一亂數表（如：附錄 A-1），供吾人使用。假定，要於 10000 個（編號由 0000~9999）中抽出 500 個號碼，可任選一欄由上而下，或任選一列或由左而右，逐一挑選後 4 個數字即可。如：原亂數為 39591，表抽到編號為 9591 之員工。假定，要於 100 個（編號由 00~99）中抽出 10 個號碼，可挑選後兩位數字。如：原亂數為 39591，表抽到編號為 91 之員工。這種方式，仍有可能會抽到完全相同之編號，如抽出重複之編號，則將其跳過即可。

▶▶ 亂數 RAND()

　　無論摸彩法或亂數法均有其缺點，前者要製作摸彩箱與籤條等道具，且逐一抽取，費時費事。後者，遇到樣本數較多時，書本後所附之亂數表恐怕不夠用！

　　這些問題，若使用 Excel 之 RAND() 亂數函數，就不是甚麼大問題了！亂數 RAND() 之語法為：

```
RAND()
```

會隨機產生一介於 0～1 之亂數。如，範例 Ch02.xlsx『亂數 1』工作表之每一個儲存格之內容均為：

```
=RAND()
```

每當遇有輸入運算式或按 F9 鍵要求重新計算，亂數結果將會重算。

▶▶ 亂數表

有了 RAND() 亂數函數，也不用再找附錄之亂數表了。自己就可輕易建立一個亂數表。假定要建立一 5 列×5 欄之五位數的亂數表，其建立步驟為：（詳範例 Ch02.xlsx『亂數表』工作表，但數字肯定是不會相同的，因為每次開啟該檔即會重新計算）

STEP **1** 於 A1 輸入

```
=RAND()*99999
```

由於 RAND() 係隨機產生一介於 0～1 之亂數，當其為 0 時，運算結果可得 0（五位數之最小值）；當其為 1 時，運算結果可得 99999（五位數之最大值）。

STEP **2** 於其上單按滑鼠右鍵，續選「**儲存格格式(F)...**」，轉入其『**數值**』標籤，於『**類別**』處選「**自訂**」，於『**類型**』處輸入

00000

將其格式設定為使用『00000』之自訂格式。意指當數字未滿 5 位數時，將於前面自動補 0；且自動四捨五入而僅顯示整數部份。

STEP **3** 按 確定 鈕，完成格式設定

STEP **4** 將滑鼠指標移往 A1 儲存格之右下角，滑鼠指標將由空心十字轉為實線十字（該點即為複製控點）

STEP **5** 　按住複製控點，往下拖曳到 A5，複製出五列內容

	A
1	86534
2	68660
3	96891
4	77676
5	19424

STEP **6** 　目前，A1:A5 仍呈選取狀態，按住 A5 右下角之複製控點，往右拖曳到 E5，複製出 5 列×5 欄之五位數的亂數表內容

A1　　∨ ⋮ × ✓ fx │ =RAND()*99999

	A	B	C	D	E
1	94623	44550	02294	12512	60641
2	67594	05354	23716	41996	47655
3	46675	14533	05622	69854	44733
4	46098	04061	18839	41959	85950
5	26796	68681	89052	13328	16147

▶▶ 以亂數產生器產生亂數表

　　如前例，要產生 5 列×5 欄之五位數（00000~99999）的亂數表，也可以利用『**資料分析**』之「**亂數產生器**」增益集來產生。（得先『**安裝分析工具箱**』，詳第一章之說明）

　　其建立步驟為：（詳範例 Ch02.xlsx『**以亂數產生器產生亂數表**』工作表）

STEP **1** 　於新工作表上任一位置，按『**資料/分析/資料分析**』 ▢ 資料分析 鈕，進入『**資料分析**』對話方塊，選「**亂數產生器**」

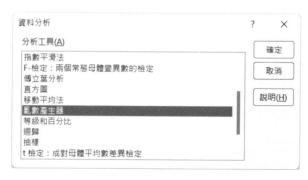

資料分析　　　　　　　　　　　　　　? ✕

分析工具(A)

指數平滑法
F-檢定：兩個常態母體變異數的檢定
傅立葉分析
直方圖
移動平均法
亂數產生器
等級和百分比
迴歸
抽樣
t 檢定：成對母體平均數差異檢定

確定
取消
說明(H)

STEP **2** 按 [確定] 鈕

STEP **3** 於『變數個數(**V**)』後之方塊內輸入，亂數表的欄數 5（若不輸入，將以輸出範圍之欄數為其值）

STEP **4** 於『亂數個數(**B**)』後之方塊內輸入，亂數表的列數 5（若不輸入，將以輸出範圍之列數為其值）

STEP **5** 本例為每一個亂數出現機率均等之隨機亂數，故『分配(**D**)』之後選「**均等分配**」

STEP **6** 於『參數』下方，將其值設定為介於 0 到 99999

STEP **7** 『亂數基值(**R**)』可不用設定，由 Excel 自行產生

STEP **8** 於『輸出選項』處，選「**輸出範圍(O)**」，續於其後之空白方塊，單按一下滑鼠，再點按 A1 儲存格，將自動填入\$A\$1。表欲將 5 列 ×5 欄之亂數，建立於 A1 位置（若未曾設定『亂數個數(**B**)』與『變數個數(**V**)』，此時可選取 A1:E5）

STEP **9** 按 ┌─────┐ 鈕，即可於 A1:E5 產生 5 列×5 欄介於 0~99999 之亂數
　　　　　 表

	A	B	C	D	E
1	30261.85	76292.46	91502.73	79475.51	84242.45
2	5429.189	60743.43	12158.45	33908.78	6436.289
3	28214.08	36743.92	63737.27	52497.42	44532.16
4	40869.98	42298.23	93410.12	43769.21	21997.52
5	28238.49	50162.77	22153.16	63737.27	3772.05

STEP **10** 此時之亂數表，並無格式設定。故於 A1:E5 尚呈選取狀態下，於其
　　　　　 上單按滑鼠右鍵，續選「**儲存格格式(F)...**」，轉入其『數值』標
　　　　　 籤，於『類別』處選「**自訂**」，於『類型』處輸入

```
00000
```

將其格式設定為使用『00000』之自訂格式。意指當數字未滿 5 位
數時，將於前面自動補 0；且自動四捨五入而僅顯示整數部份。（畫
面同前節步驟 2）

STEP **11** 按 [確定] 鈕，完成格式設定

	A	B	C	D	E
1	30262	76292	91503	79476	84242
2	05429	60743	12158	33909	06436
3	28214	36744	63737	52497	44532
4	40870	42298	93410	43769	21998
5	28238	50163	22153	63737	03772

▶▶ 簡單隨機抽樣之實例

　　假定，擬於全班 50 位同學中，以隨機方式抽出 15 位接受問卷調查。可於 B2 輸入

```
=1+RAND()*49
```

由於 RAND() 之值，為介於 0～1 之隨機亂數。當 RAND() 為 0，本式可得 1；當 RAND() 為 1，本式可得 50。因此，每個學生都有可能會被抽到。

　　將 B2 抄給 B2:B4，再將 B2:B4 抄給 B2:F4，按『**常用/數值/減少小數位數**』 鈕，將其等縮減到只顯示整數時，其外觀為：（詳範例 Ch02.xlsx 的『**隨機抽樣 1**』工作表，但數字肯定是不會相同的，因為每次開啟該檔即會重新計算）

B2	∨	:	× √ fx	=1+RAND()*49	
	B	C	D	E	F
2	26	27	7	7	38
3	46	8	3	31	4
4	29	31	35	35	32

即可用來隨機抽出 15 位學生之編號。（每按一次 F9 鍵，讓其重新計算可獲致另一組隨機抽樣之結果，但難免會有重號之情況）

　　假定，全公司有 1000 人，1~100 號為主管，101~1000 為普通員工。擬隨機抽出 10 位主管及 50 位員工，接受問卷調查。

　　主管部份的抽取公式可為：

```
=$D$2+RAND()*($F$2-$D$2)
```

式中，$D$2 與 $F$2 於位址內加入$符號，是絕對位址的意思。表示，無論公式如何複製，那些位址永遠固定於 D2 與 F2。（詳後文『相對參照、絕對參照與混合參照』處之補充說明）當 RAND() 為 0，本式可得 1；當 RAND() 為 1，本式可得 100。因此，可取得介於 1～100 之隨機編號：（詳範例 Ch02.xlsx 的『隨機抽樣 2』工作表）

B4		:	×	✓	f_x	=$D$2+RAND()*($F$2-$D$2)

▲	A	B	C	D	E	F
2			開始編號	1	結束編號	100
3	主管部份					
4		60	24	59	88	55
5		94	54	32	67	94

而一般員工部份之抽取公式，則為

`=$D$7+RAND()*($F$7-$D$7)`

當 RAND() 為 0，本式可得 101；當 RAND() 為 1，本式可得 1000。因此，可取得介於 101～1000 之隨機編號：

B9		:	×	✓	f_x	=$D$7+RAND()*($F$7-$D$7)

▲	A	B	C	D	E	F
7			開始編號	101	結束編號	1000
8	員工部份					
9		730	466	307	858	262
10		347	180	633	806	922
11		344	631	438	172	913

馬上練習

大樂透彩券的號碼為 1～49，利用亂數，隨機抽六個號碼。

▲	A	B	C	D	E	F
1	以RAND()隨機產生六個1~49之亂數					
2	4	2	47	26	25	47

馬上練習

利用 RAND() 亂數，隨機自編號 1~78 號之同學中，抽取 10 位同學。

	A	B	C	D	E
1	以RAND()，隨機自1~78號之學生中，抽取10位學生				
2					
3	開始編號	1	結束編號	78	
4					
5	36	2	76	70	26
6	59	20	62	42	55

▶ 相對參照、絕對參照與混合參照

工作表內，公式中參照之表示方式計有相對參照、絕對參照與混合參照幾類：

◉ **相對參照**

位址中欄或列之座標均不含 $ 之絕對符號，如：D2。將其複製到其他儲存格時，將隨儲存格而改變其相對位置。如：複製到右側將改為 E2；複製到下方將改為 D3。

◉ **絕對參照**

位址中欄或列之座標均含 $ 絕對符號，如：$D$2。將其複製到其他儲存格時，並不隨儲存格而改變其位置，永遠固定在 D2。

◉ **混合參照**

位址中欄或列座標的某項含 $ 絕對符號，如：$D2 表其欄座標永遠固定在 D 欄；D$2 表其列座標永遠固定在第 2 列。將其複製到其他儲存格時，有 $ 絕對符號之部份，將不隨儲存格而改變其位置；而無絕對符號者，則仍將隨儲存格而改變其相對位置。

例如，於前文主管部份的抽取公式：

```
=$D$2+RAND()*($F$2-$D$2)
```

若未使用絕對位址，將為

```
=D2+RAND()*(F2-D2)
```

B4		⌄	⋮ × ✓ *fx*	=D2+RAND()*(F2-D2)	
◢	A	B	C	D	E	F
2			開始編號	1	結束編號	100
3		主管部份				
4		90				

以拖曳右下角之『填滿控點』將其抄往 C4:F4 後，其等之公式內容將因複製相對參照而變成：（詳範例 Ch02.xlsx 的『相對位址』工作表）

目前位址	相對參照	公式
C4	右方第二欄向上二格 +RAND()*(右方第四欄向上二格-右方第二欄向上二格)	=E2+RAND()*(G2-E2)
D4	右方第二欄向上二格 +RAND()*(右方第四欄向上二格-右方第二欄向上二格)	=F2+RAND()*(H2-F2)
E4	右方第二欄向上二格 +RAND()*(右方第四欄向上二格-右方第二欄向上二格)	=G2+RAND()*(I2-G2)
F4	右方第二欄向上二格 +RAND()*(右方第四欄向上二格-右方第二欄向上二格)	=H2+RAND()*(J2-H2)

由於，公式內相關位址均向右遞移，而取得文字內容，如：E2；或取得空白，如：G2、H2、I2、J2 與 H2。而導致錯誤：

F4		⌄	⋮ × ✓ *fx*	=H2+RAND()*(J2-H2)	
◢	A	B	C	D	E	F
2			開始編號	1	結束編號	100
3		主管部份				
4		87	#VALUE!	20	0	0

故而，我們才於公式內，使用含 $ 符號之絕對位址

```
=$D$2+RAND()*($F$2-$D$2)
```

使那些位址永遠固定於 D2 與 F2。於以拖曳右下角之『填滿控點』向右將其抄往 C4:F4 後，其等公式內容將因複製絕對位址而變成完全相同：（詳範例 Ch02.xlsx 的『絕對位址』工作表）

目前位址	絕對參照	公式
C4	絕對 D2+RAND()*(絕對 F2-絕對 D2)	=$D$2+RAND()*($F$2-$D$2)
D4	絕對 D2+RAND()*(絕對 F2-絕對 D2)	=$D$2+RAND()*($F$2-$D$2)
E4	絕對 D2+RAND()*(絕對 F2-絕對 D2)	=$D$2+RAND()*($F$2-$D$2)
F4	絕對 D2+RAND()*(絕對 F2-絕對 D2)	=$D$2+RAND()*($F$2-$D$2)

故可獲致正確結果：

B4		✕ ✓	fx	=$D$2+RAND()*($F$2-$D$2)	
	A	B	C	D	E	F
2		開始編號	1	結束編號	100
3	主管部份				
4		86	47	58	86	4

接著，再拖曳 B4:F4 右下角之『填滿控點』，往下將其抄往 B5:F5，其等公式內容仍將因複製絕對位址而不至於出錯：

B4		✕ ✓	fx	=$D$2+RAND()*($F$2-$D$2)	
	A	B	C	D	E	F
2		開始編號	1	結束編號	100
3	主管部份				
4		74	76	6	100	74
5		97	98	88	99	53

小秘訣

輸入含 $ 符號之位址時，除可直接鍵入外；尚可於輸入某一位址後，再以 F4 鍵分別按出如：

$D$2 （第一次）

D$2 （第二次）

$D2 （第三次）

D2 （第四次）

等四種位址組合方式（連按 F4 鍵可依序繞個循環）。

▶▶ 亂數 RANDBETWEEN()

同樣求亂數，但這個函數比 RAND() 更容易懂。其語法為：

```
RANDBETWEEN(下限,上限)
RANDBETWEEN(bottom,top)
```

可傳回介於下限與上限兩數字間的亂數。其上下限為兩個整數，若為實數將被自動四捨五入。同樣也是，每遇重新計算或按 F9 鍵，均將再獲致另一組隨機亂數。

假定，全公司有 2500 人，1~100 號為主管，101~2500 為普通員工。擬隨機抽出 10 位主管及 50 位員工，接受問卷調查。

主管部份的抽取公式，由於 C1 為 1，E1 為 100，故：

```
=RANDBETWEEN($C$1,$E$1)
```

可取得介於 1～100 之隨機編號：（詳範例 Ch02.xlsx 的『RANDBETWEEN() 亂數』工作表）

B3		✓ ⁝ × ✓	*fx*	=RANDBETWEEN($C$1,$E$1)	
	A	B	C	D	E	F
1	主管部份	開始編號	1	結束編號	100	
2						
3		41	16	16	42	12
4		13	69	74	46	83

而一般員工部份之抽取公式，由於 C6 為 101，E6 為 2500 則為

```
=RANDBETWEEN($C$6,$E$6)
```

可取得介於 101～2500 之隨機編號：

B8		✓ ⁝ × ✓	*fx*	=RANDBETWEEN($C$6,$E$6)	
	A	B	C	D	E	F
6	員工部份	開始編號	101	結束編號	2500	
7						
8		579	2022	2315	624	2222
9		1364	149	875	2012	1120
10		2274	2023	2032	968	1140

大樂透彩券的號碼為 1~49，利用 RANDBETWEEN() 亂數，隨機抽六個號碼。

▶▶ 將公式轉為常數

由於，RAND() 或 RANDBETWEEN() 函數，每當遇有輸入運算式或按 **F9** 鍵要求重新計算，其等之亂數結果將會重算。若於抽樣後，想將結果永遠固定下來，避免下次再檢查時會看到不同之結果。可以將其由公式轉為常數。

假定，要將前例主管部份的抽樣，由公式轉為常數。其步驟為：（詳範例 Ch02.xlsx『公式轉常數』工作表）

STEP 1 選取 B3:F4 原為公式之抽樣結果

STEP 2 按『常用/剪貼簿/複製』[複製] 鈕，記下內容，仍可看見 B3 之公式

STEP 3 按『常用/剪貼簿/貼上』[貼上] 之下拉鈕，選按『貼上值/值(V)』[123] 鈕

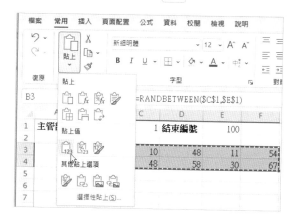

將公式轉為常數，B3 之公式已不再是公式；而是變成數值常數

B3		:	× ✓ fx	29	
	A	B	C	D	E	F
1	主管部份	開始編號	1	結束編號	100	
2						
3		29	80	93	75	38
4		61	2	21	80	4

往後，不論輸入任何新的運算式或按 F9 鍵，均不會再改變其抽樣結果了！

▶▶ 以亂數產生器隨機抽樣

由於，RAND() 或 RANDBETWEEN() 函數，每當遇有輸入運算式或按 F9 鍵要求重新計算，其等之亂數結果將會重算。但若利用『資料分析』之「亂數產生器」增益集來進行抽樣，則無此缺點。

假定，要自編號為 101~2500 之普通員工中，隨機抽出 50 位員工，接受問卷調查。以亂數產生器進行隨機抽樣之步驟為：（詳範例 Ch02.xlsx『以亂數產生器隨機抽樣』工作表）

STEP 1　按『資料/分析/資料分析』 🔲 資料分析 鈕，選「亂數產生器」

資料分析　　　　　　　　　　? ✕

分析工具(A)

敘述統計
指數平滑法
F-檢定：兩個常態母體變異數的檢定
傅立葉分析
直方圖
移動平均法
亂數產生器
等級和百分比
迴歸
抽樣

確定
取消
說明(H)

STEP 2　按 　確定　 鈕

STEP **3** 於『變數個數(<u>V</u>)』後之方塊內輸入，亂數表的欄數 5

STEP **4** 於『亂數個數(<u>B</u>)』後之方塊內輸入，亂數表的列數 10

STEP **5** 本例為每一個員工被抽中之機率均等，故『分配(<u>D</u>)』之後選「均等分配」

STEP **6** 於『參數』下方，將其值設定為介於 101 到 2500

STEP **7** 『亂數基值(<u>R</u>)』可不用設定，由 Excel 自行產生

STEP **8** 於『輸出選項』處，選「**輸出範圍(O)**」，續於其後之空白方塊，單按一下滑鼠，續點按 A4 儲存格，將自動填入$A$4。表欲將 10 列×5 欄之抽樣結果，安排於於 A4 位置（若未曾設定『亂數個數(<u>B</u>)』與『變數個數(<u>V</u>)』，此時可選取 A4:E13）

STEP **9** 按 ┌ 確定 ┐ 鈕，即可 A4:E13 於產生 10 列×5 欄介於 101~2500 之
簡單隨機抽樣結果

STEP **10** 此時之抽樣結果，並無格式設定。故於 A4:E13 尚呈選取狀態下，
按『**常用/數值/減少小數位數**』 鈕，將其等縮減到只顯示整數

	A	B	C	D	E
1	員工部份擬抽出50位				
2	開始編號	101	結束編號	2500	
3					
4	2027	1110	498	1966	2457
5	114	678	1235	2282	2166
6	1890	2039	487	2300	1069
7	1485	2411	503	1830	808
8	513	934	303	1367	1061
9	530	446	1009	1761	2439
10	410	465	1662	2198	741
11	1852	1139	1289	2379	1777
12	1306	787	2043	1878	1461
13	938	963	925	1511	182

此處之抽樣結果，均非公式；而是常數。往後，不論輸入任何新的運算式或按 F9 鍵，均不會改變其抽樣結果！

馬上練習

以『亂數產生器』進行抽樣，自學號為 10857001~10857068 之 68 位學生中，抽取 5 列×5 欄 25 位同學，以利進行問卷調查。

▶▶ 處理雜亂之編號

前文，所使用之員工編號，均安排成連續且無間斷之情況。萬一，若原來每位員工就有一唯一之員工編號，但是為不連續之間斷編號。如：（詳範例 Ch02.xlsx『處理雜亂之編號』工作表，為便於安排插圖，僅以 10 筆資料進行解釋）

可利用下示步驟，加入一便於進行簡單隨機抽樣之連續編號：

	A	B
1	抽樣編號	員工編號
2	1001	A101
3		A109
4		B101
5		B103
6		C203
7		C207
8		C208
9		D205
10		K102
11		K208

STEP 1 於 A2 輸入 1001 當開始編號

	A	B
1	抽樣編號	員工編號
2	1001	A101
3		A109

STEP **2** 停於 A2，將滑鼠指標移往右下角之複製控點，將由空心十字，轉為實線之十字

STEP **3** 按住 Ctrl 鍵不放，並拖曳滑鼠，原實線之十字指標之上方會有一小加號，表其為複製連續數字，且右下會有一提示方塊，顯示所將複製出之新數字(1010)，將其拖曳到 A11

STEP **4** 先鬆滑鼠，續鬆開 Ctrl 鍵，即可獲致一組連續編號

	A	B
1	抽樣編號	員工編號
2	1001	A101
3		A109
4		B101
5		B103
6		C203
7		C207
8		C208
9		D205
10		K102
11		K208
12		1010

	A	B
1	抽樣編號	員工編號
2	1001	A101
3	1002	A109
4	1003	B101
5	1004	B103
6	1005	C203
7	1006	C207
8	1007	C208
9	1008	D205
10	1009	K102
11	1010	K208
12		

本例之處理方式，同樣也適用於：僅有員工姓名，而想加入一便於進行簡單隨機抽樣之連續編號。有了連續編號後，就可利用前面之 RAND() 或 RANDBETWEEN() 函數來進行抽樣。

▶▶ 利用增益集隨機抽樣

以前面之 RAND() 或 RANDBETWEEN() 函數來進行抽樣，至少有兩個缺點：

◉ 遇有跳號時，增加處理困難；

◉ 得利用 RAND() 與 RANDBETWEEN() 函數，並不是每一個人均知道這兩個函數，且抽選結果要經過將公式轉常數；否則，每遇有運算即重新抽樣。

故 Excel 另於『**資料分析**』加入「**抽樣**」增益集可用來抽樣。

假定，欲於 60 名有連續員工編號（1001~1060）之員工內抽選 12 位。以下示之步驟安排編號表，並利用『**資料分析/抽樣**』增益集來進行抽樣：

（詳範例 Ch02.xlsx『資料分析之抽樣-連續』工作表，為便於安排插圖，將其安排為 10×6 之陣列，實務上則以安排於同一欄內即可）

	A	B	C	D	E	F
1	原編號					
2	1001	1011	1021	1031	1041	1051
3	1002	1012	1022	1032	1042	1052
4	1003	1013	1023	1033	1043	1053
5	1004	1014	1024	1034	1044	1054
6	1005	1015	1025	1035	1045	1055
7	1006	1016	1026	1036	1046	1056
8	1007	1017	1027	1037	1047	1057
9	1008	1018	1028	1038	1048	1058
10	1009	1019	1029	1039	1049	1059
11	1010	1020	1030	1040	1050	1060

STEP **1** 按『**資料/分析/資料分析**』 資料分析 鈕，進入『**資料分析**』對話方塊，續選「**抽樣**」

STEP **2** 按 確定 鈕

STEP **3** 點按『輸入範圍』後之方塊，續將滑鼠指標直接移回工作表上進行
選取 A2:F11，『輸入範圍』將自動填入 $A$2:$F$11

STEP **4** 於『抽樣方法』處，選「**隨機(R)**」，續於其下『樣本數』之後，
輸入 12，表要隨機取得 12 個樣本

STEP **5** 於『輸出選項』處，選「**輸出範圍(O)**」，續於其後之空白方塊，
單按一下滑鼠，再點按 A14 之儲存格，將自動填入 $A$14

STEP **6** 續按 ⬚確定 鈕，即可於 A14 向下自動填入 12 個
隨機抽選之員工編號

	A
13	抽樣結果
14	1004
15	1038
16	1057
17	1040
18	1058
19	1019
20	1002
21	1004
22	1051
23	1048
24	1056
25	1013

此處之員工編號，並非公式運算之結果。將來，不論輸入任何新的運
算或按 **F9** 鍵，均不會再改變其抽樣結果！

利用『**資料分析/抽樣**』增益集來進行抽樣，也適用於編號為不連續且亂序排列之情況。假定，將前例之編號改為不連續且亂序：（詳範例 Ch02.xlsx『資料分析之抽樣-不連續』工作表）

	A	B	C	D	E	F
1	原間斷且亂序之編號					
2	8061	3055	3001	4051	4001	7001
3	8062	3056	3002	4052	4002	7002
4	8063	3057	3003	4053	4003	7003
5	8064	3058	3004	4054	4004	7004
6	8065	3059	3005	4055	4005	7005
7	1006	3060	3026	4026	5006	6006
8	1007	3061	3027	4027	5007	6007
9	1008	2008	3028	4028	5008	6008
10	1009	2009	3029	4029	5009	6009
11	1010	2010	3030	4030	5010	6010

若欲於其內抽選 12 位。仿前例之操作步驟，仍可順利獲得抽樣結果：

	A
13	抽樣結果
14	3055
15	8063
16	4028
17	3028
18	1009
19	4029
20	4051
21	3003
22	5009
23	4052
24	8064
25	3057

2-4 系統抽樣

系統抽樣是各種機率抽樣方法中，最接近簡單隨機抽樣之方法，故又稱『準隨機抽樣』。進行抽樣時，它的操作比簡單隨機抽樣更簡單，其步驟為：

STEP **1** 　將母體的每一單位編號

STEP **2** 以母體總數÷樣本數（N/n），計算出樣本區間，若不為整數，將其四捨五入為整數，假定為 I

STEP **3** 隨機由 1 到 I 間，抽一個編號，作為起始編號，假定為 B

STEP **4** 由起始編號 B 開始，每次加上樣本區間之 I 值，即為被抽選之編號：B、B+I、B+2×I、B+3×I、……

譬如，於總數為 1500 人（編號 1~1500）之母體，要抽選 150 人。其樣本間距之 I 值為 10（1500/150）。隨機於 1~10 中抽選第一個編號 B，假定為 3。往後即逐次加 10，直至抽得所有樣本數為止。故，其樣本編號即為：3、13、23、……、1483、1493、。

▶▶ 複製填滿

若要以 Excel 來進行系統抽樣，第一種方法，可利用其相關函數及複製填滿的操作方式，即可很快的獲得所要之抽樣編號。

假定，要於總數為 1500 人（編號 1~1500）之母體，抽選出 10 人（將樣本數變小，純是為方便安排書中插圖）。其操作步驟為：（詳範例 Ch02.xlsx『系統抽樣-填滿複製』工作表）

STEP **1** 輸入提示字串，開始編號（1）、結束編號（1500）及樣本數（10）

	A	B
1	第一個編號	1
2	最後一個編號	1500
3	樣本數	10
4	間距	
5	隨機抽選之第一個編號	

STEP **2** 計算樣本間距 I=150（=B2/B3）

B4 ∨ ⋮ ✕ ✓ f_x =B2/B3

	A	B
1	第一個編號	1
2	最後一個編號	1500
3	樣本數	10
4	間距	150

STEP **3** 隨機由 1 到 I 樣本間距間，以

```
=RANDBETWEEN(B1,B4)
```

抽一個編號，作為起始編號

B5		✕ ✓ fx	=RANDBETWEEN(B1,B4)
	A	B	C	D
1	第一個編號	1		
2	最後一個編號	1500		
3	樣本數	10		
4	間距	150		
5	隨機抽選之第一個編號	74		

STEP **4** 將起始編號，以直接輸入之方式輸入該數字（74），以免有新的運算時又變更其值

B7		✕ ✓ fx	=B5
	A	B	
1	第一個編號	1	
2	最後一個編號	1500	
3	樣本數	10	
4	間距	150	
5	隨機抽選之第一個編號	74	
6			
7	抽樣結果	74	

STEP **5** 安排第一個樣本編號（=B5）

STEP **6** 安排第二個樣本編號（=B7+B4）

B8		✕ ✓ fx	=B7+B4
	A	B	
1	第一個編號	1	
2	最後一個編號	1500	
3	樣本數	10	
4	間距	150	
5	隨機抽選之第一個編號	74	
6			
7	抽樣結果	74	
8		224	

STEP **7** 選取兩個抽樣編號

B7		✕ ✓ fx	=B5
	A	B	
7	抽樣結果	74	
8		224	

STEP **8** 按『常用/剪貼簿/複製』 鈕，記下內容

STEP **9**　按『**常用/剪貼簿/貼上**』 之下拉鈕，選按『**貼上值/值(V)**』 鈕將公式轉為常數（原 B7 為=B5 之公式，目前已改為 74 之常數）

B7	f_x	74
	A	B
7	抽樣結果	74
8		224

STEP **10**　拖曳其右下角之複製控點，拖曳到 B16，即可產生所要之 10 個抽樣編號

	A	B
7	抽樣結果	74
8		224
9		374
10		524
11		674
12		824
13		974
14		1124
15		1274
16		1424

前例之作法，並不是正規 Excel 的處理方式。因為，第一個編號並不一定由 1 開始，其間距的算法就不是那麼簡單；同時，樣本數若變化，間距值可能不是整數，應加以四捨五入為整數（四捨五入函數詳下文說明）。故應將間距的算法改為：（詳範例 Ch02.xlsx『系統抽樣-填滿複製-非由 1 開始』工作表）

```
=ROUND((B2-B1+1)/B3,0)
```

B4	f_x	=ROUND((B2-B1+1)/B3,0)	
	A	B	C	D
1	第一個編號	108	
2	最後一個編號	1524	
3	樣本數	28	
4	間距	51	

▶ 四捨五入 ROUND()

ROUND() 函數之語法為：

```
ROUND(數值,小數位數)
ROUND(number,num_digits)
```

數值是要進行四捨五入的數字或運算式。**小數位數**係用來指定要由第幾位小數以下四捨五入。若為 0，表整數以下四捨五入。如：（詳範例 Ch02.xlsx『四捨五入』工作表）

	A	B	C	D
B5		fx	=ROUND($A$2,A5)	
1	某數			
2	1234.5678			
4	第幾位	四捨五入		
5	0	1235	←	=ROUND($A$2,A5)
6	1	1234.6	←	=ROUND($A$2,A6)
7	2	1234.57	←	=ROUND($A$2,A7)
8	3	1234.568	←	=ROUND($A$2,A8)

如果**小數位數**指定之小數位數小於 0，數字將被四捨五入到小數點左邊的指定位數。如：1234.5678 求到小數點左邊 2 位四捨五入，就變成 1200 了：

	A	B	C	D
B14		fx	=ROUND($A$2,A14)	
1	某數			
2	1234.5678			
11	第幾位	四捨五入		
12	0	1235	←	=ROUND($A$2,A12)
13	-1	1230	←	=ROUND($A$2,A13)
14	-2	1200	←	=ROUND($A$2,A14)
15	-3	1000	←	=ROUND($A$2,A15)

▶ 利用增益集系統抽樣

進行系統抽樣時，一般不需將所有編號輸入於電腦中，僅需有開始及結束編號即可。但若原編號與輸入於電腦中，無論是連續或是間斷、亂序或是已排序，均可以『**資料分析/抽樣**』增益集來抽樣。

假定，欲於 60 名亂序且不連續之員工編號內，以系統抽樣抽選 12 位：

	A	B	C	D	E	F
1	原亂序且不連續之編號					
2	8061	3055	3001	4051	4001	7001
3	8062	3056	3002	4052	4002	7002
4	8063	3057	3003	4053	4003	7003
5	8064	3058	3004	4054	4004	7004
6	8065	3059	3005	4055	4005	7005
7	1006	3060	3026	4026	5006	6006
8	1007	3061	3027	4027	5007	6007
9	1008	2008	3028	4028	5008	6008
10	1009	2009	3029	4029	5009	6009
11	1010	2010	3030	4030	5010	6010

由於其操作過程中，需要一個間隔數（總母體數/樣本數）。故先計算出其間隔數為 5（60/12）。接著，按下示步驟進行：（詳範例 Ch02.xlsx『系統抽樣-亂序且不連續』工作表，為便於安排插圖，將其安排為 10×6 之陣列，實務上則以安排於同一欄內即可）

STEP 1　按『**資料/分析/資料分析**』 ⊞ 資料分析 鈕，於『分析工具』處選「**抽樣**」

STEP **2**　按 [確定] 鈕

STEP **3**　確定游標於『輸入範圍』後之方塊閃爍時（否則，點按一下該處），
　　　　將滑鼠指標直接移回工作表上進行選取 A2:F11，『輸入範圍』將
　　　　自動填入 $A$2:$F$11

STEP **4**　於『抽樣方法』處，選「**周期(P)**」；於其下『間隔』處之空白處，
　　　　輸入先前計算出之間隔數 5

STEP **5**　於『輸出選項』處，選「**輸出範圍(O)**」，續於其後之空白方塊，
　　　　單按一下滑鼠，再點按 A14 儲存格，將自動填入 $A$14

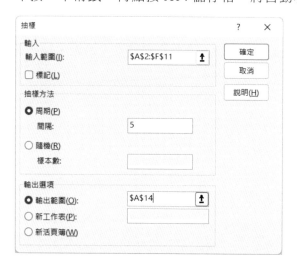

STEP **6** 續按 [確定] 鈕，即可於 A14 向下，自動填入 12
個以系統抽樣，每間隔 5 個所抽選之員工編號

	A
13	抽樣結果
14	8065
15	1010
16	3059
17	2010
18	3005
19	3030
20	4055
21	4030
22	4005
23	5010
24	7005
25	6010

若回去原員工編號處檢視，可發現此一增益集，其實是由第 5 個編號
開始，每間隔 5 個抽一個，剛好是下圖中以陰影標示之內容：

	A	B	C	D	E	F
1	原亂序且不連續之編號					
2	8061	3055	3001	4051	4001	7001
3	8062	3056	3002	4052	4002	7002
4	8063	3057	3003	4053	4003	7003
5	8064	3058	3004	4054	4004	7004
6	8065	3059	3005	4055	4005	7005
7	1006	3060	3026	4026	5006	6006
8	1007	3061	3027	4027	5007	6007
9	1008	2008	3028	4028	5008	6008
10	1009	2009	3029	4029	5009	6009
11	1010	2010	3030	4030	5010	6010

由於，其所抽選之第一個編號，並非以隨機方式取得。所以，僅是一
種系統抽樣的替代方式而已！因為，除非全部普查，否則，第一個編號，
根本不可能會被抽到。

樣本大小 3

Chapter

學習重點

☑ 樣本大小之選擇
☑ 估計平均數時的樣本大小
☑ 估計比率時的樣本大小

3-1 樣本大小之選擇

　　樣本不要過大，過大浪費成本；但也不要過小，過小則會有太大的抽樣誤差。如何決定適當的樣本大小？在機率抽樣的情況下，有關樣本大小的決定及樣本統計顯著性的判斷，可藉由機率法則的運用。（也就是說，有公式可供計算啦！）

　　但在非機率抽樣的情況下，除了依靠抽樣人員的主觀判斷或假設外，實無客觀之科學方法可資應用。

3-2 估計平均數時的樣本大小

▶ 母體變異數已知

　　於母體變異數（σ^2）已知之情況下，樣本數（n）之求算公式為：

$$n = \left(\frac{Z_{\alpha/2} \cdot \sigma}{e} \right)^2$$

α 為顯著水準或風險水準，（1-α）即信賴係數或信賴水準

e 為可容忍誤差

σ 為母體標準差

先別忙著計算樣本數，由於本書是介紹 Excel 之書籍，故得對所使用到的各相關函數先介紹一下。

▶▶ 常態分配之 z 值

一般統計學之常態數值（Z），係利用查常態分配表（附錄 A-2）來得知。如：$Z_{0.025}$ 為 1.96、$Z_{0.05}$ 為 1.645。但於 Excel 下，則可利用 NORM.S.INV() 標準常態分配反函數來查得；而若知道 Z 值，也可以 NORM.S.DIST() 函數來求得其機率。

▶▶ 標準常態分配 NORM.S.DIST()

標準常態分配函數之語法為：

```
NORM.S.DIST(z,是否要累加)
NORM.S.DIST(z,cumulative)
```

cumulative 字面意思為累加，用以安排是否要累加？為 FALSE 時，其作用為求於標準常態分配（μ＝0，σ＝1）上，特定值 z 的機率。**是否要累加**為 **TRUE** 時，其作用為求自標準常態分配（μ＝0，σ＝1）的左尾開始，累加到 z 值處的總面積（由-∞ 積分到 z 後之結果）。即，下圖之陰影部份：

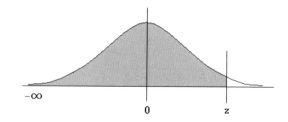

有了此函數，即可省去查常態分配表某 z 值之機率的麻煩。如：（詳範例 Ch03.xlsx『NORM.S.DIST』工作表）

```
=NORM.S.DIST(-1.96,TRUE)      為 0.025
=NORM.S.DIST(-1.645,TRUE)     為 0.05
```

```
=NORM.S.DIST(0,TRUE)              為 0.5
=NORM.S.DIST(1.96,TRUE)          為 0.975
```

	A	B	C	D	E	
		常態分配				
1						
2	z	自左尾累積				
3	-3.000	0.001				
4	-1.960	0.025				
5	-1.645	0.050	← =NORM.S.DIST(A5,TRUE)			
6	0.000	0.500	← =NORM.S.DIST(A6,TRUE)			
7	0.500	0.691				
8	1.000	0.841				
9	1.645	0.950				
10	1.960	0.975	← =NORM.S.DIST(A10,TRUE)			
11	3.000	0.999				

B5 | =NORM.S.DIST(A5,TRUE)

小秘訣

常態分配（normal distribution）是次數分配呈中間集中，而逐漸向左右兩端勻稱分散的鐘形曲線分佈。根據中央極限定理，不論原母體的分配為何？只要樣本數夠大（n>=30），樣本平均數 $\overline{X}$ 的分配，會趨近於常態分配。

▶ 標準常態分配反函數 NORM.S.INV()

標準常態分配反函數之語法為：

```
NORM.S.INV(累計機率)
NORM.S.INV(probability)
```

其作用為於標準常態分配（$\mu = 0$，$\sigma = 1$），求某**累計機率**所對應之 z 值。有了此函數，即可省去查常態分配表之 z 值的麻煩。如：（詳範例 Ch03.xlsx『NORM.S.INV』工作表）

```
=NORM.S.INV(0.025)              為 -1.96
=NORM.S.INV(0.05)              為 -1.645
=NORM.S.INV(0.5)              為 0
=NORM.S.INV(0.95)              為 1.645
=NORM.S.INV(0.975)              為 1.96
```

B6		⋮ × ✓ f_x	=NORM.S.INV(A6)		

	A	B	C	D	E
3	NORM.S.INV()				
4	自左尾累積	z			
5	0.001	-3.09			
6	0.025	-1.96	← =NORM.S.INV(A6)		
7	0.050	-1.64	← =NORM.S.INV(A7)		
8	0.100	-1.28			
9	0.250	-0.67			
10	0.500	0.00	← =NORM.S.INV(A10)		
11	0.600	0.25			
12	0.750	0.67			
13	0.900	1.28			
14	0.950	1.64	← =NORM.S.INV(A14)		
15	0.975	1.96	← =NORM.S.INV(A15)		
16	0.990	2.33			

▶▶ 標準常態分配表

一般統計學之教科書，均會附有標準常態分配表（如：附錄 A-2），以利查常態數值（z）。由於，常態分配是對稱的分配，故一般僅附上正值之部分，表內之累計機率，是由 z 值為 0 時開始累計。如：z 值 1.96，查得 1.96 之 0.475，表示由標準常態分配中央（z=0）開始，累計到 z=1.96 的機率。即，下圖之陰影部份：

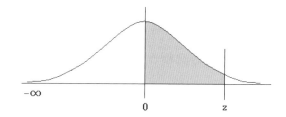

如要查負值之部份，仍以正值查表。然後，以 0.5 減去表內之累計機率即可。如：Z 值-1.96，查得 1.96 之 0.475，以 0.5-0.475=0.025，即是自左尾開始累計到 Z 值為-1.96 的機率。

相反地，若要計算由 Z 值為-1.96 開始累計到右尾的機率，則將查得之值（0.475）加上 0.5，即 0.975。通常，α=0.05 時，如要查 $Z_{\alpha/2}$ 值，是找尋右尾機率為 0.025 時之 Z 值，即找出由左尾累積得 0.975 之 Z 值 1.96。若用 Excel 之 NORM.S.INV() 函數來求算，其公式應為：（詳範例 Ch03.xlsx 『依 α 查 Z 值』工作表）

```
=NORM.S.INV(1-0.05/2)
```

B6	✓ : × ✓ fx	=NORM.S.INV(1-A6/2)		
	A	B	C	D	E
1	標準常態分配，均數為0，標準差為1			
2				
3	NORM.S.INV()			
4	α 值	$Z_{α/2}$值		
5	0.01	2.576		
6	0.05	1.960		
7	0.10	1.645		
8	0.20	1.282		

於 Excel 下，利用 NORM.S.DIST() 函數即可輕易建立標準常態分配表。其建立步驟為：（詳範例 Ch03.xlsx『常態分配表』工作表）

STEP **1** 　於 A2 輸入 Z 字串，A3 輸入 0.0（僅顯示 0），A4 輸入 0.1

	A	B	C
1		Z值的小數第二位	
2	Z	0	0.01
3	0		
4	0.1		

STEP **2** 　選取 A3:A4，按『常用/數值/增加小數位數』 ⬆ 鈕，續按『常用/數值/減少小數位數』 ⬇ 鈕，使兩數均可擁有一位小數

	A
1	
2	Z
3	0.0
4	0.1

STEP **3** 　拖曳 A3:A4 右下角之複製控點，拉到 A33 位置，複製出 0.0、0.1、0.2、…、2.9、3.0 等數值

	A
30	2.7
31	2.8
32	2.9
33	3.0
34	

STEP **4** 　於 B1 輸入『Z 值的小數第二位』字串

STEP **5** 　於 B2 輸入 0.00（僅顯示 0），C2 輸入 0.01

STEP 6　選取 B2:C2，按『**常用/數值/增加小數位數**』 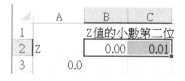 鈕；續按『**常用/數值/減少小數位數**』 鈕，使兩數均可擁有 2 位小數

	A	B	C
1		Z值的小數第二位	
2	Z	0.00	0.01
3		0.0	

STEP 7　拖曳 B2:C2 右下角之複製控點，拉到 K2 位置，複製出 0.00、0.01、0.02、…、0.08、0.09 等數值

	H	I	J	K
1				
2	0.06	0.07	0.08	0.09

STEP 8　於 B2:K2 尚呈選取之狀態，按『**常用/儲存格/格式**』 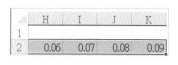 鈕，續選「**自動調整欄寬(I)**」，將各欄調整成最適欄寬

	A	B	C	D	E	F	G	H	I	J	K
1		Z值的小數第二位									
2	Z	0.00	0.01	0.02	0.03	0.04	0.05	0.06	0.07	0.08	0.09
3		0.0									

STEP 9　選取 B1:K1，按『**常用/對齊方式/跨欄置中**』 鈕，讓『Z 值的小數第二位』字串，於這幾欄內跨欄置中

	A	B	C	D	E	F	G	H	I	J	K
1		Z值的小數第二位									
2	Z	0.00	0.01	0.02	0.03	0.04	0.05	0.06	0.07	0.08	0.09
3		0.0									

STEP 10　於 B3 輸入

```
=NORM.S.DIST($A3+B$2,TRUE)-0.5
```

B3		fx	=NORM.S.DIST($A3+B$2,TRUE)-0.5					
	A	B	C	D	E	F	G	H
1						Z值的小數第二位		
2	Z	0.00	0.01	0.02	0.03	0.04	0.05	0.06
3	0.0	0.00						

STEP 11　拖曳其右下角之複製控點，往右複製到 K3

B3		fx	=NORM.S.DIST($A3+B$2,TRUE)-0.5								
	A	B	C	D	E	F	G	H	I	J	K
1		Z值的小數第二位									
2	Z	0.00	0.01	0.02	0.03	0.04	0.05	0.06	0.07	0.08	0.09
3	0.0	0.00	0.00	0.01	0.01	0.02	0.02	0.02	0.03	0.03	0.04

STEP **12** 於 B3:K3 尚呈選取之狀態，按兩次『**常用/數值/增加小數位數**』 鈕，使各數均可有 4 位小數

STEP **13** 於 B3:K3 尚呈選取之狀態，按『**常用/儲存格/格式**』 鈕之下拉鈕，續選「**自動調整欄寬(I)**」，調整成最適欄寬

	A	B	C	D	E	F	G	H	I	J	K
1					Z值的小數第二位						
2	Z	0.00	0.01	0.02	0.03	0.04	0.05	0.06	0.07	0.08	0.09
3	0.0	0.0000	0.0040	0.0080	0.0120	0.0160	0.0199	0.0239	0.0279	0.0319	0.0359
4	0.1										

STEP **14** 雙按 K3 右下角之複製控點，將 B3:K3 往下複製到 K33，即完成整個建表工作

B3			f_x	=NORM.S.DIST($A3+B$2,TRUE)-0.5						
	A	B	C	D	E	F	G	H	I	J	K
31	2.8	0.4974	0.4975	0.4976	0.4977	0.4977	0.4978	0.4979	0.4979	0.4980	0.4981
32	2.9	0.4981	0.4982	0.4982	0.4983	0.4984	0.4984	0.4985	0.4985	0.4986	0.4986
33	3.0	0.4987	0.4987	0.4987	0.4988	0.4988	0.4989	0.4989	0.4989	0.4990	0.4990

▶ 母體變異數已知時的樣本大小

學過所需之幾個函數後，現在，可以

$$n = \left(\frac{Z_{\alpha/2} \cdot \sigma}{e} \right)^2$$

來計算於母體變異數（σ^2）已知之情況下的樣本數（n）。式中：

α 為顯著水準或風險水準，（1-α）即信賴係數或信賴水準

e 為可容忍誤差

σ 為母體標準差

由這個公式中，可知其樣本大小決定於三個因素：

1. 母體變異數（σ^2）的大小：母體變異數愈大，表其分散程度愈大，所需之樣本數就愈大。

2. 可容忍誤差（e）的大小：可容忍的誤差愈小，所需之樣本數就愈大。

3. 常態數值（Z）的大小：Z 值係由顯著水準（α）的大小來決定，α 愈小 Z 值愈大，Z 值愈大樣本數就愈大。

假定，母體變異數 σ^2=6.25（σ=2.5），於風險顯著水準 α=0.05（$Z_{\alpha/2}$=1.96）的情況下，希望對母體均數 μ 的估計誤差 e 不超過 0.3，其樣本數應為多大？

將 σ=2.5 與 $Z_{\alpha/2}$=1.96 代入公式

$$n = \left(\frac{1.96 \times 2.5}{0.3} \right)^2 = 267$$

至少應取得 267 個樣本，才能有 95% 的保證其誤差不超過 0.3。

以 Excel 來安排相關之數字與公式，將為：（詳範例 Ch03.xlsx『估計均數樣本數 σ 已知』工作表）

	A	B	C	D	E
		B6	f_x =((B4*B2)/B5)^2		
1	母體變異數 σ^2	6.25			
2	母體標準差 σ	2.50	← =SQRT(B1)		
3	風險顯著水準 α	0.05			
4	$Z_{\alpha/2}$	1.96	← =NORM.S.INV(1-B3/2)		
5	容忍誤差e	0.30			
6	樣本數n	267	← =((B4*B2)/B5)^2		

B 欄各儲存格之公式分別為：

```
母體標準差 σ      =SQRT(B1)
Zα/2            =NORM.S.INV(1-B3/2)
樣本數 n         =((B4*B2)/B5)^2
```

假定，電力公司根據過去之調查經驗，知道用戶用電度數的母體變異數為 48000（σ^2=48000）、於顯著水準 α=0.05（$Z_{\alpha/2}$=1.96）的情況下，希望對母體平均用電度數 μ 的估計誤差不超過 5 度，其樣本數應為多大？

將相關之數字輸入 Excel 即可算出，至少應取得 1844 個樣本，才能有 95% 的保證其估計誤差不超過 10 度：（詳範例 Ch03.xlsx『估計均數樣本數 σ 已知 1』工作表）

	A	B	C	D	E
		B6	f_x =((B4*B2)/B5)^2		
1	母體變異數 σ^2	48000			
2	母體標準差 σ	219	← =SQRT(B1)		
3	風險顯著水準 α	0.05			
4	$Z_{\alpha/2}$	1.96	← =NORM.S.INV(1-B3/2)		
5	容忍誤差e	10.00			
6	樣本數n	1844	← =((B4*B2)/B5)^2		

馬上練習

以範例 Ch03.xlsx『大學生零用金樣本數』工作表進行計算。假定，大學生之平均每月零用錢為 3,200 元，其變異數為 764,887。至少應取得多少樣本？才能有 95% 的信賴水準，保證其估計誤差不超過 100 元。

	A	B	C	D	E
1	母體變異數 σ^2	764887			
2	母體標準差 σ	875	← =SQRT(B1)		
3	風險顯著水準 α	0.05			
4	$Z_{\alpha/2}$	1.96	← =NORM.S.INV(1-B3/2)		
5	容忍誤差e	100			
6	樣本數n	294	← =((B4*B2)/B5)^2		

▶▶ 平方根 SQRT() 函數

前例中，B2 之公式，使用到平方根 SQRT() 函數，其語法為：

```
SQRT(數值)
SQRT(number)
```

本函數是用來求某**數值**的平方根，若數值為負值，本函數將回應 #NUM! 之錯誤。如：（詳範例 Ch03.xlsx『平方根』工作表）

	A	B	C
		B2 ∨ : × ✓ fx =SQRT(A2)	
1	X	X之平方根	
2	64	8	

事實上，有無此函數並不很重要。利用 ^ 運算符號也可達成開方之動作。如：=64^(1/2) 之結果即=SQRT(64)；但若要求開三方，那 SQRT() 可就無能為力了。但仍可利用 ^ 運算符號來解決（乘冪為 1/3 即等於開三方）：

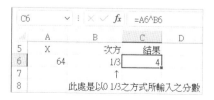

	A	B	C	D
			C6 ∨ : × ✓ fx =A6^B6	
5	X	次方	結果	
6	64	1/3	4	
7		↑		
8		此處是以 0 1/3 之方式所輸入之分數		

▶▶ 母體變異數未知的樣本大小

事實上，實務上很多數情況是無法得知母體變異數（σ^2）。若是母體變異數未知，則可以過去調查之樣本變異數（S^2）來替代。若過去也無類似之調查，可先做一小規模試訪，以利計算樣本變異數。然後，再來計算樣本數：

$$n = \left(\frac{Z_{\alpha/2} \cdot S}{e} \right)^2$$

式中：

α 為顯著水準或風險水準，（1-α）即信賴係數或信賴水準
e 為可容忍誤差
S 為樣本標準差

於 Excel 中，樣本變異數可以 VAR.S() 函數來求得，其語法為：

```
VAR.S(數值1,數值2,...)
VAR.S(number1,[number2],...)
```

number1,[number2],...為要計算變異數之儲存格或範圍引數，它是對應於某母體抽樣選出的 1 到 255 個數字引數樣本，方括號包圍之部份可省略。

樣本變異數（S^2）的計算公式為：

$$\frac{n \sum x^2 - \left(\sum x \right)^2}{n(n-1)}$$

其值恰為樣本標準差（S）之平方，也是用來衡量觀測值與平均值間的離散程度。

由於，母體變異數未知。故舉行一次試訪，以範例 Ch03.xlsx『估計均數樣本數 σ 未知』工作表，取得 120 位大學生之手機平均月費。計算出其樣本變異數（S^2）為 314,592、於顯著水準 α=0.05（$Z_{\alpha/2}$=1.96）的情況下，希望對母體手機平均月費 μ 的估計誤差不超過 50 元，其樣本數應為多大？

將相關之數字輸入 Excel，即可算出，至少應取得 483 個樣本，才能有 95% 的保證其估計誤差不超過 50 元：

D6	✓ : × ✓ fx	=((D4*D2)/D5)^2				
	A	B	C	D	E	F	G
1	平均月費	樣本變異數S²		314592	← =VAR.S(A2:A121)	
2	1610	樣本標準差S		561	← =SQRT(D1)	
3	1080	風險顯著水準 α		0.05		
4	1790	$Z_{α/2}$		1.96	← =NORM.S.INV(1-D3/2)	
5	1520	容忍誤差e		50		
6	480	樣本數n		483	← =((D4*D2)/D5)^2	

馬上練習

由於，母體變異數未知。故舉行了一次試訪，取得 40 位大學生之信用卡每月平均簽帳金額。（詳範例 Ch03.xlsx『信用卡問卷樣本數』工作表）於風險顯著水準 α=0.05（$Z_{α/2}$=1.96）的情況下，希望對母體信用卡每月平均簽帳金額 μ 的估計誤差不超過 100 元,其樣本數應為多大？

	A	B	C	D	E	F	G
1	每月平均簽帳金額					母體變異數$σ^2$	834872
2	800	1800	600	500		母體標準差σ	914
3	1200	2400	500	1200		風險顯著水準α	0.05
4	400	1600	2400	400		$Z_{α/2}$	1.96
5	600	500	500	600		容忍誤差e	100
6	2000	400	500	800		樣本數n	321

3-3 估計比率時的樣本大小

若研究目的是在估計比率（p，proportion），其樣本數（n）之求算公式為：

$$n = \left(\frac{Z_{α/2} \cdot σ_p}{e} \right)^2$$

p 為母體的真正比率

α 為風險顯著水準，（1-α）即信賴係數

e 為可容忍誤差

$σ_p$ 為母體標準差，其運算公式為：

$$\sigma_p = \sqrt{\frac{p(1-p)}{n}}$$

將其代入上式，即可獲致新的樣本數（n）公式：

$$n = \frac{Z_{\alpha/2}^2 \cdot p(1-p)}{e^2}$$

不過，通常我們是無法得知母體之真正比率 p，要計算樣本數時，則以過去之調查結果替代。假定，上個月支持執政黨之比率為 38%(p)。這個月，於 95% 的信賴水準下（α=0.05），希望調查結果之支持率的允許誤差（e）為 3%，應取樣多少？

將相關值代入公式：

$$n = \frac{(1.96)^2 \times (0.38)(0.62)}{(0.03)^2} = 1006$$

至少應取得 1006 個樣本，才有 95% 的信心，保證其調查結果的支持率之誤差不超過 ±3%。

以 Excel 來安排相關之數字與公式，將為：（詳範例 Ch03.xlsx『以母體比率求樣本數』工作表）

	B5	f_x	=(B3^2*B1*(1-B1))/B4^2	
	A	B	C	D	E
1	母體比率p	38%			
2	風險顯著水準α	0.05			
3	$Z_{\alpha/2}$	1.96	← =NORM.S.INV(1-B2/2)		
4	容忍誤差e	3%			
5	樣本數n	1006	← =(B3^2*B1*(1-B1))/B4^2		

▶▶ 保守估計母體比率

於將前面之抽樣中，若將不同之 p 值分別代入，其樣本數勢必不同。茲將各種結果彙集成下表來比較：（詳範例 Ch03.xlsx『以母體比率求樣本數』工作表）

B8		: × ✓ fx	=($B$3^2*A8*(1-A8))/$B$4^2

	A	B	C D E F
1	母體比率p	38%	
2	風險顯著水準 α	0.05	
3	$Z_{\alpha/2}$	1.96	← =NORM.S.INV(1-B2/2)
4	容忍誤差e	3%	
5	樣本數n	1006	← =(B3^2*B1*(1-B1))/B4^2
6			
7	母體比率	樣本數	
8	30%	896	← =($B$3^2*A8*(1-A8))/$B$4^2
9	38%	1006	
10	40%	1024	
11	45%	1056	
12	50%	1067	
13	55%	1056	
14	60%	1024	
15	70%	896	

可發現，其樣本數的極大值 1067 係發生於母體比率為 0.5 時。母體比率<0.5 時，隨母體比率逐漸增加，樣本數也逐步增加。母體比率>0.5 時，隨母體比率逐漸增加，樣本數則逐步減少。

故而，若我們無法得知母體真正比率 p，要計算樣本數時，可以採取最保守的估計，將母體比率設定為 0.5。這樣，由於其樣本數最大，所獲得之結果也將是各種情況下最正確的。

馬上練習

以範例 Ch03.xlsx『以保守估計求樣本數』工作表進行計算，保守估計主張『開放核食』的支持度為 50%。要以 90% 之信賴水準（風險顯著水準 α=0.1），希望調查結果之支持率的誤差為±3%，應取樣多少？

	A	B
1	母體比率p	35%
2	風險顯著水準 α	0.1
3	$Z_{\alpha/2}$	1.645
4	容忍誤差e	3%
5	樣本數n	684

設計問卷與取得資料 4
Chapter

學習重點

☑ 幾種典型的問卷題目　☑ 量表　☑ 核對資料
☑ 單選題　☑ 權數　☑ 事前的資料驗證
☑ 複選題　☑ 等級/順序　☑ 事後的範圍檢查
☑ 填充/開放題　☑ 子題

4-1 幾種典型的問卷題目

於問卷中，常見之題目類型有下列幾種：

◉ **單選**：只有一個答案之題目

◉ **複選**：允許有多個答案

◉ **填充/開放**：讓受訪者自行填答之開放題

◉ **量表**：衡量態度的尺度量表

◉ **權數**：取得衡量態度之量表的重要程度

◉ **等級/順序**：以偏好程度、品質或服務水準排列其等級或名次

◉ **子題**：附屬於某一題目之下，必須答了某一特定答案後，才可以問的問題

茲將其等之問卷題目設計上、應注意事項、常見之問題、編輯時之技巧與如何進行編碼，分別詳述于后。

4-2 單選題

這是最常見的問卷題目類型，使用選擇題，且其答案只有一個。如：

請問您的手機是那一家電信公司？

　　□1.台灣大哥大　　　□2.中華電信　　　□3.遠傳　　　□4.亞太

　　□5.台灣之星　　　□6.其他_____

請問您最常去的便利商店是那一家？

　　□1.7-11　　　　□2.全家　　　　□3.萊爾富　　　□4.OK

　　□5.其他_____

請問您現在是否使用臉書(Facebook)？

　　□1.有　　　　□2.沒有

▶▶ 確定取得單一答案

有時，為了避免受訪者勾填了不只一個答案。還得於題目上以非常肯定的語氣，讓受訪者只能填答一個答案。如：

請問您目前使用何種廠牌的洗髮精？

其答案可能不只一個。若改為：

請問您最常使用何種廠牌的洗髮精？

其答案就只有一個。

▶▶ 儘可能使用單選題

您可能會有疑問，既然其真實答案不只一個，為何不乾脆設計成允許多選之複選題（多選題）呢？

因為，複選題雖可多獲得幾個答案，但往後分析時，卻多了許多限制。即便是使用 SPSS 或 SAS 統計套裝軟體，複選題也只能進行次數分配與交叉分析而已，且還無法進行卡方檢定。若無法檢定，將會使我們寫報告時，寫得非常沒有信心。更何況，Excel 是無法直接處理多選題的，得加上許多額外步驟。所以，應儘量避免將問題設計成複選題！

▶▶ 如何編碼/鍵入單選題

編碼就是將問卷回答結果，轉為適當之數字（或文字，但絕大多數是轉為數字，因為舊版的統計軟體是無法處理文字串的）。**鍵入**則是將該數字，輸入到電腦中，以利進行後續之統計分析。

大部分的人，係事先將編碼填入於問卷之題目前，然後才開始輸入；也有人跳過此書寫編碼的過程，一邊看問卷就一邊由鍵盤輸入資料。（這當然較易出錯）我也看過很多學生採分工合作之方式，一位同學看問卷，將答案唸給另一位同學輸入。同時，還幫輸入之同學檢查是否打錯？這也是不錯的方式！

問卷回收後，記得加上問卷編號，以方便於編碼/鍵入發生錯誤時，仍可找到該問卷來進行檢查，以修改編碼。

進行輸入資料之鍵入工作時，先於第一列，加入問卷編號及各題目之標號（欄名），Excel 允許使用中/英文當欄名，字數也幾乎沒限制，上限1024 個字。不過，若這些資料將來有可能會轉到 SPSS 或 SAS 進行分析，建議您將字數縮到 8 個英文或 4 個中文字以內。

對於單選題，由於其答案只有一個，只需將答案編號，直接鍵入於同一列之對應欄位內即可：（詳範例 Ch04.xlsx『問卷編號與單選題編碼』工作表）

	A	B
1	問卷編號	Facebook
2	101	1
3	102	1
4	103	2

注意，並不用依編號順序來輸入，允許隨機拿一份就輸入一份，將來若要排序，只需停在編號欄上，續按『**資料/排序與篩選/從最小到最大排序**』 鈕，來排序即可。

有時，為了方便找尋及輸入，也可以題號來當欄名：（詳範例 Ch04.xlsx『問卷編號與單選題編碼(以題號)』工作表）

	A	B
1	問卷編號	Q1
2	101	1
3	102	1
4	103	2

4-3 複選題

雖然，前面建議讀者，應盡量避免將問題設計成複選題。但事實上，很多情況的答案就是不只一個，要勉強設計成單選也不容易。於仔細斟酌後，若問題牽涉之後續分析不多，當然還是可以使用複選題。

設計複選題時，為了方便編碼/鍵入。應該於題目上限制，最多可選擇幾項：

請問您當初購買智慧型手機的原因為何？（可複選，最多三項）

　□1.方便與人聯絡　　□2.追求流行　　　□3.工作需要
　□4.玩 GAME　　　　□5.同儕間比較　　□6.可隨時上網
　□7.手機價格下降　　□8.業者的促銷方案　□9.需要衛星導航
　□10.喜歡它的 APP　□11.其他_____

若未限制最多可選擇幾項，此題之答案最多可能有 11 個，於編碼時就得留下 11 個儲存格來輸入。然而，絕大多數人是不可能填答到 11 個答案，將使得很多儲存格之內容為空白或 0。設定最多可選擇之項目數，並無一定限制，較常見的是：最多三項或最多五項。

請注意，Excel 是無法直接處理複選題的，得加上許多額外步驟。複選題太多，只有增加日後處理的不方便與時間！

▶▶ 複選題如何編碼/鍵入

對於複選題，由於其答案為多個，編碼/鍵入時，須依該題限制之答案數上限，保留欄數。如：最多三項，應保留三欄。

欄名可使用中文，如：購買原因 1、購買原因 2、購買原因 3。或依題號再加上底線及順序編號，如：Q2_1、Q2_2、Q2_3 分別表示第二題之第 1、第 2、第 3 個答案；Q1S1_1、Q1S1_2、Q1S1_3 分別表示第一大題第一小題之第 1、第 2、第 3 個答案。

由於，受訪者未必會均填滿三個答案。若只答一個，僅需輸入於第一欄，而其餘兩欄則輸入 0（如編號 404 之記錄）；若只答兩個，僅需輸入於第一、二欄，而將第三欄輸入成 0（如編號 405 之記錄）。有的受訪者因答題流程之關係,該題免答,故一個答案也不用填,則於三欄均輸入 0 (如編號 401 之記錄):(詳範例 Ch04.xlsx『複選題編碼』工作表)

	A	B	C	D	E
1	問卷編號	Q1	Q2_1	Q2_2	Q2_3
2	401	2	0	0	0
3	402	1	1	2	8
4	403	1	2	3	7

▶▶ 凍結窗格

問卷的欄位一般均很多,問卷份數也不少。鍵入資料時,打到較底下之列時,第 1 列之標題將被捲出螢幕畫面,將因看不到標題而造成輸入上的不便:

	A	B	C	D	E
27	426	1	1	5	0
28	427	1	1	2	3
29	428	1	1	2	0

此時,可依下示步驟將欄名永遠固定於第一列:(詳範例 Ch04.xlsx 的『凍結窗格』工作表)

STEP **1** 　點選 A2 儲存格,表要將其上方之列凍結(若點選位置為 B2,就變成要凍結其左側欄及上方列,即 A 欄及第 1 列)

	A	B	C	D	E
1	問卷編號	Q1	Q2_1	Q2_2	Q2_3
2	401	2	0	0	0
3	402	2	0	0	0

STEP **2** 　按『檢視/視窗/凍結窗格』　⊞ 凍結窗格 ∨ 　鈕,續選「凍結窗格(F)」,第 1 列下緣會加一條較黑之粗線以資區別

	A	B	C	D	E
1	問卷編號	Q1	Q2_1	Q2_2	Q2_3
2	401	2	0	0	0
3	402	2	0	0	0

經固定之標題內容,將永遠保留於畫面上。當指標移往其下之畫面時,仍可看到這些標題,較便於輸入/查閱及編修資料:

	A	B	C	D	E
1	問卷編號	Q1	Q2_1	Q2_2	Q2_3
27	426	1	1	5	0
28	427	1	1	2	3
29	428	1	1	2	0

設定過凍結窗格、列或欄後，原「凍結窗格(F)」功能項會自動改為「取消凍結窗格(F)」，以便解除標題欄（或列）被固定之狀態。

4-4 填充/開放題

填充題就是開放題，不提示任何答案，要求使用者直接填答。如：

請問您目前使用的手機廠牌為何？ _____

請問您的手機目前使用那一家電信公司？ _____

請問您政府應該如何做，才可提高就業率？ _____

_____

_____

有時，對數值性之資料，為了取得其真正之數字（650）；而非僅取得間斷之區間（600～800）。會採用填充題之方式取得資料：

請問您每個月手機的平均電話費約_____元

這種方式，雖較麻煩。但其獲得的是真正之數字，為連續性資料。可不經任何轉換，即可進行求算各種統計量：均數、標準差、變異數、極大、極小、……等；且也可以直接進行均數檢定；甚或作為迴歸分析之因變數或自變數。

若為了取得資料之方便，而只設計成選擇題：

請問您每月手機的平均電話費約多少錢？
　　□1. 500 元及以下　　　□2. 501~1000 元　　　□3. 1001~1500 元
　　□4. 1501~2000 元　　　□5. 2000 元以上

將取得非連續之區間代碼，其性質是非常接近類別變數。往後，若只是進行次數分配或交叉分析，確實是非常方便。但若要求算各種統計量：均數、標準差、變異數、極大、極小、……等；或進行均數檢定。就得再將其由區間轉為組中點。如：將 500 元及以下轉為 250、501～1000 轉為 750、將 1001～1500 轉為 1250、……，才可進行計算或檢定。但此一轉換，所取得者，已不是真正的電話費，只是種不得已情況下的替代值，其結果當然會有些許不正確！

▶▶ 填充/開放題如何編碼/鍵入

若僅是要求填入數字之填充/開放題，如：

請問您每個月手機的平均電話費約_____元

鍵入時，直接將該數值輸入於適當欄位即可；若受訪者未填任何數字，則輸入 0：（詳範例 Ch04.xlsx『開放題-月費』工作表）

	A	B	C	D	E	F
1	問卷編號	Q1	Q2_1	Q2_2	Q2_3	平均月費
2	401	1	1	2	8	500
3	402	2	0	0	0	0
4	403	1	2	3	7	800

若是像問答題之開放題：

請問您政府應該如何做，才可提高就業率？_____

其答案常常是五花八門，得先將答案一一詳列，等所有問卷均回收後，再將這些答案以人工歸類成少數的幾類，並賦予數字編號。再回到原問卷上，寫上受訪者所答之答案的代碼。然後，才可開始輸入。

此時，它的輸入方式就變成是單選或複選題了。若每人均只發表一個解決方案時，那就是單選題。反之，如果有人發表數個解決方案時，那就是複選題。

4-5 量表

問卷上，也常出現衡量態度的量表，或稱評價尺度（rating scale）。如：

請先就下列有關智慧型手機之產品屬性勾選其重要程度。

	非常重要	重要	普通	不重要	非常不重要
1)作業平台	☐	☐	☐	☐	☐
2)重量輕巧	☐	☐	☐	☐	☐
3)顏色炫麗	☐	☐	☐	☐	☐
4)螢幕大小	☐	☐	☐	☐	☐
5)操作方式	☐	☐	☐	☐	☐
6)附屬功能多	☐	☐	☐		☐

量表其實是一種順序尺度，只有大小先後之關係；但無倍數之關係。如：『非常重要』若以 5 表示，『非常不重要』若以 1 表示，只能說 5 比 1 重要而已；無法說『非常重要』是『非常不重要』的 5 倍。但為了方便，研究上，經常將其視為連續之數值資料，而直接求其均數、標準差、……等統計量。雖不是很合理，但也是不得已的應變措施！

▶▶ 量表如何編碼/鍵入

量表之數值可安排成兩種方式：

評價	編碼1	編碼2
非常重要	5	2
重要	4	1
普通	3	0
不重要	2	-1
非常不重要	1	-2

直接將數字輸入於欄位內即可，本書對所有量表均採用第一種方式編碼，對未填答者則將其安排為 0。

	A	G	H	I	J	K	L
1	問卷編號	作業平台	重量輕巧	顏色炫麗	螢幕大小	操作方式	附屬功能多
2	303	5	5	3	4	4	5
3	304	5	5	3	5	4	3
4	305	5	4	2	4	3	5

以這兩種方式編碼,將來平均數較高者,就代表該項目之重要性較高。如:『作業平台』與『重量輕巧』之均數,若分別為 4.16 與 3.03,就表示消費者較注重『作業平台』屬性。

4-6 權數

量表(評價尺度)的另一項缺點為:每一個變數均視為同等重要。如:受訪者對『作業平台』與『重量輕巧』兩個屬性,均勾填『非常重要』。於分析資料時,均以 5 來表示並進行計算,這就已經認定這兩個屬性是同等重要。

但是,這樣仍有點不合理!雖然兩個屬性均勾填『非常重要』;但若僅以這兩個屬性來互相衡量時,受訪者可能會認為『作業平台』的重要性還是超過『重量輕巧』。因此,將每一個變數均視為同等重要,有其不合理的地方。

為彌補前述之缺點,有人認為應該對每一個變數進行加權,依其重要程度給予不同的權數:

請依據您購買智慧型手機時,各產品屬性的相對重要程度,將 100% 分配給下列屬性。(請核對一下,注意合計應為 100%)

1)作業平台　　　　　＿＿＿＿＿＿%
2)重量輕巧　　　　　＿＿＿＿＿＿%
3)顏色炫麗　　　　　＿＿＿＿＿＿%
4)螢幕大小　　　　　＿＿＿＿＿＿%
5)操作方式　　　　　＿＿＿＿＿＿%
6)附屬功能多　　　　＿＿＿＿＿＿%
　合計　　　　　　　＿＿１００%

於問卷上，要取得前述之重要程度與權數。有如前文般，分兩次問的。也有將其設計成對偶題，於一個表中取得兩項資料：

請於左側先就下列有關智慧型手機之產品屬性勾選其重要程度。續於右側『權數』下方填入其相對重要性，請注意合計應為100%。

	非常重要	重要	普通	不重要	非常不重要	權　數
1)作業平台	☐	☐	☐	☐	☐	_____ %
2)重量輕巧	☐	☐	☐	☐	☐	_____ %
3)顏色炫麗	☐	☐	☐	☐	☐	_____ %
4)螢幕大小	☐	☐	☐	☐	☐	_____ %
5)操作方式	☐	☐	☐	☐	☐	_____ %
6)附屬功能多	☐	☐	☐	☐	☐	_____ %
合計						100 %

這種題目，看起來是簡潔多了！但若受訪者的程度不高，肯定會問不出所以然！

無論是何種方法？加權的觀念雖然正確，因為權數加總後，得恰為100%。雖是一個很簡單的算術，可是，受訪者往往不願意去費心計算，故經常是問不出一個理想的結果！

若僅只是權數加總不是 100% 這個問題，還可利用程式或運算式加以調整。如，某份問卷之填答結果為：

1)作業平台	20 %
2)重量輕巧	10 %
3)顏色炫麗	20 %
4)螢幕大小	50 %
5)操作方式	30 %
6)附屬功能多	10 %
合計	100 %

　　仍可將所有權數加總後當為分母，再將個別屬性之權數分別除以權數總和，仍可調整出權數加總為 100% 之結果：（詳範例 Ch04.xlsx『調整權數』工作表）

1) 作業平台 ＿＿＿＿＿ 1 4 %
2) 重量輕巧 ＿＿＿＿＿ 7 %
3) 顏色炫麗 ＿＿＿＿＿ 1 4 %
4) 螢幕大小 ＿＿＿＿＿ 3 5 %
5) 操作方式 ＿＿＿＿＿ 2 1 %
6) 附屬功能多 ＿＿＿＿＿ 7 %
　合計 ＿＿＿＿＿ 1 0 0 %

	C2			fx	=B2/$B$8
	A	B	C	D	
1		原權數	調整後		
2	1)作業平台	20%	14%		
3	2)重量輕巧	10%	7%		
4	3)顏色炫麗	20%	14%		
5	4)螢幕大小	50%	36%		
6	5)操作方式	30%	21%		
7	6)附屬功能多	10%	7%		
8	合計	140%	100%		

　　這個調整權數的工作表，其建立過程為：

STEP **1**　　輸妥欄/列之標題字串

STEP **2**　　輸入原問卷上之權數，若原為 20%，則直接輸入 20%，不用以 0.2 來輸入，這樣反而會多一個設定百分比格式之動作

	B7			fx	10%
	A	B	C		
1		原權數	調整後		
2	1)作業平台	20%			
3	2)重量輕巧	10%			
4	3)顏色炫麗	20%			
5	4)螢幕大小	50%			
6	5)操作方式	30%			
7	6)附屬功能多	10%			
8	合計				

STEP **3**　　停於 B8，按『常用/編輯/自動加總』 ∑ 鈕，將自動取得 =SUM(B2:B7) 之公式

	SUM			fx	=SUM(B2:B7)
	A	B	C	D	
1		原權數	調整後		
2	1)作業平台	20%			
3	2)重量輕巧	10%			
4	3)顏色炫麗	20%			
5	4)螢幕大小	50%			
6	5)操作方式	30%			
7	6)附屬功能多	10%			
8	合計	=SUM(B2:B7)			
9		SUM(number1, [number2], ...)			

STEP **4**　　按 ✓ 鈕，完成加總

B8	✓	⋮ × ✓	*fx*	=SUM(B2:B7)
	A	B	C	D
1		原權數	調整後	
2	1)作業平台	20%		
3	2)重量輕巧	10%		
4	3)顏色炫麗	20%		
5	4)螢幕大小	50%		
6	5)操作方式	30%		
7	6)附屬功能多	10%		
8	合計	140%		

STEP **5**　　停於 C2，輸入=B2/$B$8 之公式，$B$8 加上$為 B8 之絕對位址的表示方式，意指無論如何複製，分母將永遠固定為 B8。

STEP **6**　　按『常用/數值/減少小數位數』 鈕，縮減小數位數到只剩兩位小數，並雙按 C 欄之欄標題右側框邊，將寬度調成最適大小

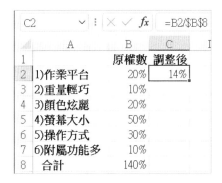

C2	✓	⋮ × ✓	*fx*	=B2/$B$8
	A	B	C	
1		原權數	調整後	
2	1)作業平台	20%	14%	
3	2)重量輕巧	10%		
4	3)顏色炫麗	20%		
5	4)螢幕大小	50%		
6	5)操作方式	30%		
7	6)附屬功能多	10%		
8	合計	140%		

STEP **7**　　拖曳 C2 右下角之複製控點，將其複製到填滿 C2:C8，即為所求

C2	✓	⋮ × ✓	*fx*	=B2/$B$8
	A	B	C	
1		原權數	調整後	
2	1)作業平台	20%	14%	
3	2)重量輕巧	10%	7%	
4	3)顏色炫麗	20%	14%	
5	4)螢幕大小	50%	36%	
6	5)操作方式	30%	21%	
7	6)附屬功能多	10%	7%	
8	合計	140%	100%	

若權數之加總未滿 100%，其調整方法也是相同：可將所有權數加總後當為分母，再將個別屬性之權數分別除以權數總和，仍可調整出權數加總為 100% 之結果。

▶▶ 應注意之問題

加權之題目個數不宜太多，五、六個受訪者還可接受；多了，肯定分不清何種重要？即使填答了，其準確性也實在值得懷疑！

此外，受訪者往往不是將所有衡量變項均加以考慮後，才去填答權數；而是由上而下逐一填入數字，等填到底下才發現總計可能會超過 100%！然後就開始減低後面選項的權數，以免總計會超過 100%。如此的作法，往往使得排在前面之幾個變項的權數，普遍高於排在後面之幾個變項。這也是一種偏差，若發現這種偏差非常明顯時，恐怕就得放棄這些權數了！

當然，過去也有人曾針對加權與不加權之結果進行比較。**大部分的結論均是：加權與不加權之結果無顯著差異。故而，大可不用大費周章去取得權數資料！**

▶▶ 權數如何編碼/鍵入

權數也是一種數值，其輸入方式同於填充/開放題。鍵入時，直接將該權數輸入於適當欄位即可。如：20% 就直接輸入 20%；或輸入 0.2，是否再將其設定成百分比格式？就不是那麼重要了！若受訪者未填任何數字，則輸入 0。（詳範例 Ch04.xlsx『權數』工作表）

	A	K	L	M	N	O	P	Q	R
	問卷編號	操作方式	附屬功能多	作業平台之權數	重量輕巧之權數	顏色炫麗之權數	螢幕大小之權數	操作方式之權數	附屬功能多之權數
27	701	4	4	20%	20%	10%	10%	15%	25%
28	702	4	5	15%	15%	5%	20%	20%	25%
29	703	5	4	20%	20%	20%	20%	15%	5%

R29 ∨ fx 5%

於本例的凍結窗格方式，係先點選 B2 儲存格，接著按『檢視/視窗/凍結窗格』 凍結窗格∨ 鈕，續選「凍結窗格(F)」，即可凍結 B2 左側欄及上方列，即 A 欄及第 1 列，其間會加一條較黑之十字粗線以資區別。如此，無論向下捲動多少列，第 1 列之標題將永遠於螢幕畫面第一列；同樣，無論向右捲動多少欄，A 欄之問卷編號將永遠顯示於螢幕畫面第一欄。可於輸入大量資料時，不致因看不到標題及編號而造成輸入上的不便。

4-7 等級/順序

排等級（ranking）也是一種衡量的方式。如，將幾個品牌、廠牌、商店或屬性，依其品質、服務水準、偏好程度、……排等級：

下列幾個手機的電信公司中，請問您認為那一家的收費最便宜？請依排名順序，填入 1、2、3、4、5：

中華電信　　　_____

遠傳　　　　　_____

台灣大哥大　　_____

亞太　　　　　_____

台灣之星　　　_____

這類資料是一種順序尺度，只有先後之順序關係；但無倍數關係。譬如：甲公司排名為 1，乙公司排名為 5；只能說受訪者認為甲公司之收費比乙公司便宜而已；無法說甲公司之收費比乙公司便宜 5 倍。故而，通常也不會直接求其均數、標準差、……等統計量。

此種類型之問卷，作為被排等級/順序之對象也不宜太多。否則，受訪者也是無法排列得很好。排個五、六項大概就是上限了！

▶ 等級/順序如何編碼/鍵入

假定，要處理前面之資料，由於有五個電信公司，故需安排 5 個欄位分別來輸入各公司所得到之排名，第一欄輸入『中華電信』之排名、第二欄輸入『遠傳』之排名、……、第五欄輸入『台灣之星』之排名。

此種排等級/順序，最常見之問題是：受訪者無法依序填完所有的排名。可能只填個一、兩項而已！此時，不可將未填答之項目視為 0，因為這樣反而會使得無答案之項目，變成排名於第一名（1）之前面。替代方法為：將未填答之項目視為相同等級。假定有五項，只填答 3 項，則其餘兩項均以 4 替代；若只填答 1 項，則其餘四項均以 2 替代；……。

假定，某位受訪者之問卷填答結果為：

下列幾個手機的電信公司中，請問您認為那一家的收費最便宜？請依排名順序，填入 1、2、3、4、5：

中華電信 　　　3
遠傳 　　　1
台灣大哥大 　　　
亞太 　　　
台灣之星 　　　2

	A	B	C	D	E	F
1	問卷編號	最便宜之排名				
2		中華電信	遠傳	台灣大哥大	亞太	台灣之星
3	201	1	4	3	2	4
4	202	2	3	1	4	5
5	203	5	4	3	2	1

其五欄之資料，應依序輸入成：3、1、4、4、2。（詳範例 Ch04.xlsx『排等級』工作表）

▶▶ 可將等級/順序改為單選題

實務上，雖常見到此種排等級之問卷方式。但建議讀者，儘可能不要使用這類問法，因為將來分析時，無論是交叉分析或次數分配表，均不太容易處理。最多，只能求個中位數，比較各項目的排名順序而已！

替代的作法是將題目修改成：

下列幾個手機的電信公司中，請問您認為那一家的收費最便宜？
　　□1.中華電信　　□2.遠傳　　　□3.台灣大哥大　□4.亞太　　　□5.台灣之星

直接將其改為單選題，將來以出現次數之多寡來排名即可。譬如：認為甲公司最便宜者有 125 位，而認為乙公司最便宜者有 70 位。我們就可以說：消費者認為甲公司之收費比乙公司便宜。

直接將前述之等級改為單選題，最大的好處是可順利地進行交叉分析或檢定。如：認為甲公司最便宜者之受訪者，其基本資料為何？認為甲公司最便宜者之受訪者，是否就真的使用該電信公司？或檢定其平均月費是否真的低於其他電信公司？

▶▶ 可將等級/順序改為權數

由於，要取得權數之資料有其困難度與缺點。如：必須加總成 100%，且受訪者通常不是將所有衡量變項均加以考慮後，才去填答權數，往往使得排在前面之幾個變項的權數，普遍高於排在後面之幾個變項。故也可以將等級/順序改為權數。如：

請依據您購買智慧型手機時，各產品屬性的相對重要程度，對下列屬性進行排名。（請依序填入 1、2、3、4、5、6）

1)作業平台 ＿＿＿＿＿＿
2)重量輕巧 ＿＿＿＿＿＿
3)顏色炫麗 ＿＿＿＿＿＿
4)螢幕大小 ＿＿＿＿＿＿
5)操作方式 ＿＿＿＿＿＿
6)附屬功能多 ＿＿＿＿＿＿

於收到資料後，再將其轉為權數。權數可由研究者主觀判定，或將排名 1 轉為 6、排名 2 轉為 5、……。如：

排名	權數 1	權數 2
1	30%	6
2	25%	5
3	20%	4
4	15%	3
5	7%	2
6	3%	1

4-8 子題

問卷上，常有填答某題後，續問甲題；否則，跳問乙題之情況。如：

Q1．請問您現在是否擁有手機？
　　□1.有(跳答 Q3)　　　□2.沒有。

Q2. 請問您未購買手機的原因：（可複選，最多 3 項，答後請跳答 Q12）
　　□1.價格太高　　　□2.欲保留自我空間　　　□3.不喜追隨流行
　　□4.沒有需要　　　□5.電磁波有害人體　　　□6.避免被騷擾
　　□7.其他＿＿＿＿＿＿＿＿＿＿

Q3‧請問您當初購買手機的原因為何？（可複選，最多三項）

　　☐1.方便與人聯絡　　☐2.追求流行　　　☐3.工作需要
　　☐4.同儕間比較　　　☐5.手機價格下降　☐6.業者推出促銷方案
　　☐7.網內互打較便宜　☐8.其他＿＿＿＿＿＿

　　這類題目，跳過來跳過去，無論怎麼跳，感覺還是會打結，受訪者很容易出錯。較理想的編排方式，是儘可能使跳答的情況變為最少。如，將其修改後，可少掉原第一題處之『跳答 Q3』：

Q1‧請問您現在是否擁有手機？

　　☐1.有
　　☐2.沒有，請問您未購買手機的原因：（可複選，最多 3 項，答後請跳答 Q12）

　　　　☐1.價格太高　　　☐2.欲保留自我空間　☐3.不喜追隨流行
　　　　☐4.沒有需要　　　☐5.電磁波有害人體　☐6.避免被騷擾
　　　　☐7.其他＿＿＿＿＿＿

Q2‧請問您當初購買手機的原因為何？（可複選，最多三項）

　　　☐1.方便與人聯絡　　☐2.追求流行　　　☐3.工作需要
　　　☐4.同儕間比較　　　☐5.手機價格下降　☐6.業者推出促銷方案
　　　☐7.網內互打較便宜　☐8.其他＿＿＿＿＿＿

4-9 核對資料

　　學過電腦的人，應該都聽過一句話『GIGO，Garbage In Garbage Out』（垃圾進垃圾出）。若輸入之資料錯誤，其分析結果當然也是錯的。所以，鍵入資料時，應隨時核對其資料是否正確？這個核對工作，可分為事前的預防與事後的檢查。

4-10 事前的資料驗證

▶▶ 單選題

　　於開始輸入資料前，可對問卷上的每一題之每一欄，設定必要之驗證規則，以控制所輸入之資料的正確性。

假定，原問卷之題目為：

Q1 請問您現在是否擁有手機？

　　□1.有　　　□2.沒有

由於答案只有 1、2 和 0（未填答此題）之整數。故可以『**資料驗證**』來控制所輸入之答案必須介於 0～2。其處理步驟為：（詳範例 Ch04.xlsx『單選題之驗證』工作表）

STEP **1**　按 B 欄之標題，選取要輸入此題答案之整個欄位（若知道問卷之總份數，亦可選取≧總份數之儲存格）

STEP **2**　按『**資料/資料工具/資料驗證**』鈕，轉入『資料驗證』對話方塊『設定』標籤

STEP **3**　按『儲存格內允許(**A**):』處之下拉鈕，就所顯示之下拉式選單，選取符合要求之資料類別

　　本例為 0、1 與 2 之答案，故選「**整數**」。

STEP **4** 按『資料(<u>D</u>):』處之
下拉鈕,就所顯示之
下拉式選單,選取所
要之比較符號,本例
為資料須介於 0～
2,故『資料(<u>D</u>):』處
仍維持「**介於**」

STEP **5** 於『最小值(<u>M</u>)』及『最大值(<u>X</u>)』處,分別輸入允收資料的最小值
及最大值。本例資料須介於 0～2,分別輸入 0 及 2 作為最小值及
最大值

STEP **6** 轉入『輸入訊息』標
籤,輸入標題("是否
有手機?")及提示訊
息("請輸入是否有手
機?1, 2 或 0。")之
文字內容

STEP **7** 轉入『錯誤提醒』標籤，按『樣式(Y):』處下拉鈕，選擇當輸入不符要求資料時，要顯示何種類型訊息，本例選「**停止**」。

STEP **8** 輸入當接收到不符要求資料時，應出現之標題("資料錯誤")及錯誤訊息（"資料應為 0,1 或 2！"）

『樣式(Y):』處選「**停止**」，將來，若輸入非介於 0～2 之錯誤資料，將顯示錯誤訊息，並拒絕該錯誤資料：

必須重新輸入正確資料或放棄該資料，才可離開。

若於前一步驟『樣式(Y):』處選用「**警告**」,則若輸入非介於 0~2 之錯誤資料,將僅顯示警告訊息:

若選按 [是(Y)] 鈕,則仍允許接受該錯誤資料。

若於前一步驟『樣式(Y):』處係選用「**資訊**」,則當輸入 0~2 以外的錯誤資料,將僅顯示如下示之訊息:

若選按 [確定] 鈕,亦仍將接受該錯誤資料。

STEP **9** 完成所有設定後,按 [確定] 鈕結束

設定後,當移往此欄之儲存格準備輸入資料時,將會有下示之提示:

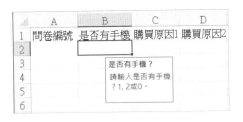

於此欄若輸入非介於 0~2 之錯誤資料,將顯示下示之錯誤訊息並拒絕該錯誤資料,必須重新輸入正確資料或放棄該資料,才可離開:

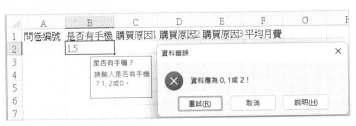

▶▶ 複選題

若要輸入者為複選題：

Q2. 請問您當初購買手機的原因為何？（可複選，最多三項）

　　□1.方便與人聯絡　　　□2.追求流行　　　□3.工作需要
　　□4.同儕間比較　　　　□5.手機價格下降　□6.業者推出促銷方案
　　□7.網內互打較便宜　　□8.其他＿＿＿＿＿＿＿

擬安排於 C、D、E 三欄輸入三個未購買原因。其作法也相同，差別只在可選取多欄（C、D、E 三欄），然後再依前述步驟，設定其驗證規則，每一儲存格只能接受 0~8 之整數：

仿此作法，對開放題（如：平均月費）以外的每一欄，逐一設定其資料之允收範圍。即可於資料輸入之前，做好事前的防範工作，以免輸入到超過範圍之錯誤資料。

4-11 事後的範圍檢查

▶▶ 資料驗證及圈選錯誤資料

若來不及做事前的資料驗證，也可以於完成資料輸入後，仍依照前述步驟去設定驗證規則來找出錯誤資料。假定，B 欄『是否有手機』內輸入有幾個錯誤，如 B2 內輸入 3：

問卷編號	是否有手機	購買原因1	購買原因2	購買原因3
201	3	0	0	0
202	2	0	0	0
203	1	1	7	8

仍可以下示步驟來找出錯誤：（詳範例 Ch04.xlsx『事後驗證』工作表）

STEP **1** 停於 B2，按 Shift + Ctrl + ↓ 鈕，選取該欄所有已輸入之資料（偷懶，也可選取整欄）

	A	B	C	D	E
1	問卷編號	是否有手機	購買原因1	購買原因2	購買原因3
27	226	2	0	0	0
28	227	1	1	5	0
29	228	1	1	2	3

小秘訣

單一 Ctrl 鍵並無任何作用，須配合另一個方向鍵（ ↑ ↓ ← → ），才可依方向移動到資料由有到無（或由無到有）變換之交界處。其移動之規則為：

由無資料處按 Ctrl 及另一方向鍵（如 → ），將依箭頭方向（右）移往下一個有資料之儲存格。

由有資料處按 Ctrl 及另一方向鍵（如 → ），將依箭頭方向（右）移到相連有資料之最後一個儲存格（邊緣）。

由有資料處按 Ctrl 鍵及另一方向鍵（如 → ），當指定方向（右）之下一個儲存格並無資料，將依箭頭方向（右）移到下一個有資料之儲存格。

如於下示畫面中之 A2 位置按 Ctrl + → 鍵，將移往 C2。再次按 Ctrl + → 鍵，將移往 E2。若 E2 之右側已無任何資料，再次按 Ctrl + → 鍵，將移往 XFD2。

	A	B	C	D	E	F
1						
2	100	250	60		75	

而於前例『是否有手機』欄之 B2，按 Ctrl + ↓ 鍵，將向下移到相連有資料之最後一個儲存格 B29。移動指標之同時，若再按住 Shift 鍵，則可將移動所涵蓋之內容加以選取。

STEP **2** 按『**資料/資料工具/資料驗證**』 鈕，轉入『資料驗證』對話方塊『**設定**』標籤

STEP **3** 本例為資料須介於 0～2，故『儲存格內允許(<u>A</u>):』處仍選「**整數**」。

STEP **4** 『資料(<u>D</u>):』處仍維持「**介於**」

STEP **5** 於『最小值(<u>M</u>)』及『最大值(<u>X</u>)』處，分別輸入允收資料的最小值及最大值。本例資料須介於 0～2，分別輸入 0 及 2 作為最小值及最大值

STEP **6** 輸入訊息、錯誤提醒與輸入法模式則可不用設定（因資料已全部輸入完畢了）

STEP **7** 完成所有設定後，按 確定 鈕，結束驗證規則之設定

STEP **8** 隨後，按『**資料/資料工具/資料驗證**』鈕之下拉鈕，續選「**圈選錯誤資料(I)**」

將可圈選出所有的錯誤資料

找到錯誤後，當然是透過編號，找出原問卷，檢查看問題出在哪裡？並加以更正。**這就是為何要記得為每份問卷加上編號之原因。**

STEP **9**　針對被紅色圓圈所圈出之錯誤內容，逐一加以修正。每修正一個，其紅色圓圈將自動消失。一直到，所有錯誤均修改完，表上已全無紅圈才結束。

小秘訣

若出現紅圈之位置，並非錯誤資料，只是我們設定了錯誤的驗證規則，也可利用『**資料/資料工具/資料驗證**』 钮之下拉钮，續選「**清除錯誤圈選(R)**」，來清除其用以表示錯誤之紅圈。

▶▶ 篩選出範圍不合理之單一欄位

　　資料完成輸入後，也可以『自動篩選』來找出資料範圍錯誤之記錄。如 G 欄『作業平台』之資料應為 1～5（非常不重要～非常重要），但目前該欄內輸入有幾個錯誤，如 G9 內輸入 7：

	A	G	H	I	J	K	L
1	問卷編號	作業平台	重量輕巧	顏色炫麗	螢幕大小	操作方式	附屬功能多
7	206	4	4	3	4	4	4
8	207	5	5	3	4	4	5
9	208	7	5	3	5	4	3

　　仍可以下示步驟來篩選出錯誤：（詳範例 Ch04.xlsx『事後驗證-篩選』工作表）

STEP **1**　按『**資料/排序與篩選/篩選**』 钮，將直接於各欄名右側加入一下拉钮（▾）

	A	G	H	I	J	K	L
1	問卷編號	作業平台	重量輕巧	顏色炫麗	螢幕大小	操作方式	附屬功能多
2	201	2	2	3	2	1	1
3	202	3	3	5	2	3	3

STEP **2** 按『作業平台』欄位右側的箭號，於其下拉選擇方塊內選「**數字篩選(F)**」，續於其右側之選單，選擇適當之比較

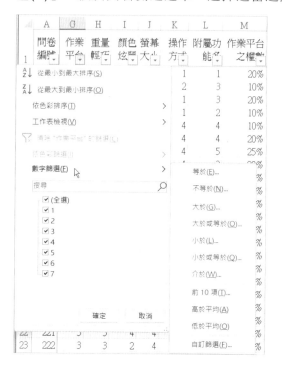

或直接選「**自訂篩選(F)…**」項，轉入『自訂自動篩選』對話方塊，設定其他如：等於、不等於、大於、大於或等於、小於、小於或等於、……等條件式，並配合「且(A)」或「或(O)」，組合出較為複雜之條件。如：將條件設定為『作業平台小於 0 或大於 5』

自訂自動篩選	?	×
顯示符合條件的列:		
作業平台		

小於 ∨ | 0 | ∨

○ 且(A)　● 或(O)

大於 ∨ | 5 | ∨

可使用 ? 代表任何單一字元
可使用 * 代表任何連續字串

確定　　取消

STEP **3**　按 [　確定　] 鈕結束，可找出犯有『作業平台＜0 或＞5』之錯誤記錄

	A	G	H	I	J	K	L
1	問卷編號	作業平台	重量輕巧	顏色炫麗	螢幕大小	操作方式	附屬功能多
9	208	7	5	3	5	4	3
14	213	6	3	3	4	4	3
18	217	7	5	3	4	3	3

Excel 會暫時隱藏不符合條件之記錄，僅顯示目前有錯誤之記錄列。設定有過濾條件之下拉鈕，外觀將改為 🔽，符合條件之記錄，其列標題亦改以藍色顯示，由其列號可看出不符合條件之記錄係被暫時隱藏。同時，螢幕左下角之訊息列也會顯示出，由總計幾筆記錄中，篩選出多少筆符合條件之記錄。

　　找到錯誤後，當然也是透過編號，找出原問卷，檢查看問題出在哪裡？並加以更正。這就是為何要記得為每份問卷加上編號之原因。

小秘訣

欲解除某欄所設定之條件，可於該欄所提供之下拉選擇方塊內選「(全選)」項。若欲解除所有條件，可直接按『清除』 🔽清除 鈕。欲解除各欄名右側之下拉鈕，可重按一次『篩選』 🔽篩選 鈕。如此，也可使資料還原為全部顯示。

▶▶ 以自動篩選找出不合理之關聯題

　　如果受訪者未曾購買手機，那他就不應該會回答到每月平均月費之問題。所以，下表 B 欄是否有手機處若為 2，表其無手機；那 F 欄的平均月費就應該是 0。否則，就表示資料錯誤，不是 B 欄錯；就是 F 欄錯！應找出原問卷來檢查看問題何在？

　　範例 Ch04.xlsx『關聯題-自動篩選』工作表，第 3 列就是無手機而有月費之錯誤例子：

	A	B	C	D	E	F
1	問卷編號	是否有手機	購買原因1	購買原因2	購買原因3	平均月費
2	201	2	0	0	0	0
3	202	2	0	0	0	200
4	203	1	1	7	8	400

可利用下示步驟來找出此類錯誤：

STEP **1** 按『**資料/排序與篩選/篩選**』 鈕，將直接於各欄名右側加入一

下拉鈕

STEP **2** 按『是否有手機』欄位右側的下
拉鈕，可顯示該欄位內之各種內
容

STEP **3** 取消『(全選)』與『1』，僅留下
『2』，表示欲找尋內容為 2（無
手機者）之記錄。

STEP **4** 按 ┌ 確定 ┐ 鈕後，Excel 會暫時隱藏不符合條件之記錄，僅顯示 2（無手機者）之記錄列

	A	B	C	D	E	F
1	問卷編號	是否有手機	購買原因1	購買原因2	購買原因3	平均月費
2	201	2	0	0	0	0
3	202	2	0	0	0	200
5	204	2	0	0	0	0
8	207	2	2		0	800

STEP **5** 由於還有一個條件：平均月費不應為 0（負值或有月費均表錯誤），按『平均月費』欄位右側的箭號，於其下拉選擇方塊內選「**數字篩選(F)**」，續於其右側之選單，選擇「**不等於(N)...**」，轉入『自訂自動篩選』對話方塊，將條件設定為『平均月費不等於 0』

STEP **6** 按 ┌ 確定 ┐ 鈕結束，這樣等於同時使用了兩個條件『是否有手機欄為 2 且平均月費不等於 0』，可找出犯有此一類型錯誤之記錄

	A	B	C	D	E	F
1	問卷編號	是否有手機	購買原因1	購買原因2	購買原因3	平均月費
3	202	2	0	0	0	200
8	207	2	2		0	800
11	210	2	2	7	8	800
21	220	2				400

馬上練習

續前例，若情況恰好相反，有手機而未填答每月平均月費，那也是一種錯誤，請找出所有此類錯誤之記錄。

	A	B	C	D	E	F
1	問卷編號	是否有手機	購買原因1	購買原因2	購買原因3	平均月費
2	201	2	0	0	0	0
5	204	2	0	0	0	0

▶▶ 以進階篩選找出不合理之關聯題

上一個例子，以自動篩選得分兩次，才可找出所有錯誤。一次找『無手機（2）卻有每月平均月費（非 0）』；另一次找『有手機（1）而無每月平均月費（0）』。這是因為自動篩選，對多重欄位只能處理『且』（同時成立）之問題；而我們的問題是『或』（有任一個成立即可）的問題。

若以『進階篩選』則可解決『或』的問題。進行進階篩選前，須先安排準則範圍之內容，其內又分成欄名列與條件式兩個部份。

▶▶ 安排準則範圍欄名列

準則範圍之第一列內容必須為資料欄名稱。通常，為省去自行輸入之麻煩，且為求其欄名之正確性，可以複製方式將資料表之欄名列抄到準則範圍之第一列。若自行輸入則較可能出錯。如：有時於螢幕上外觀看似相同之內容："是否有手機　　"與"是否有手機"（因肉眼一般是無法看到尾部是否存有空白），在電腦看來是完全不同之內容，故將造成在進行資料查詢，會有找不到符合條件之記錄的情況發生。

抄錄準則範圍之資料欄名稱時，若僅欲抄錄部份欄位，除可使用『複製/貼上』進行抄錄外（可按住 Ctrl 鍵，續以滑鼠拖曳或點選，進行不連續之選取，僅需一次『複製/貼上』即可全數貼上，可增快抄錄速度）；亦可以先輸入 = 號，再輸入欲抄錄之來源格位址。如：於 B33 位置輸入

```
=B1
```

即可透過運算式之方式，取得 B1 之『是否有手機』內容。

▶▶ 安排準則範圍條件式

準則範圍之第二列開始的內容即必須是條件式，其條件式之列數並無限制。僅使用一列條件式時稱為單一準則，使用多列條件式時則稱為多重準則。

任何標於同一列之條件式，即如同以「且」將其連結在一起般，記錄內容唯有完全符合其交集條件才算符合條件。如，將準則範圍定成：

是否有手機	平均月費
1	0

表欲找出『是否有手機』欄為 1 且『平均月費』等於 0（有手機而無平均月費）之資料。

有時，為組合成複雜之條件式，甚至允許同一欄名出現多次。如：

是否有手機	平均月費	平均月費
1	>=500	<=1000

表欲找出『是否有手機』欄為 1 且『平均月費』介於 500～1000 之資料（有手機且平均月費 500～1000）。

標於不同列之條件式，即如同以「或」將其連結在一起般，記錄之內容若能符合其聯集條件，即算符合條件。如，將準則範圍安排成：

是否有手機	平均月費
1	0
2	<>0

其意義表欲找尋：『是否有手機』欄為 1 且『平均月費』等於 0（有手機而無平均月費）或『是否有手機』欄為 2 且『平均月費』不等於 0（無手機而有平均月費）之資料。

若處理對象為文字串，尚可以 *? 等萬用字元（wild card）來組成條件式。茲假定，欲利用『部門』欄進行過濾資料。若將準則範圍之內容安排成：

部門
會計

則其意義表：欲找出所有『部門』欄內容為"會計"之記錄。若偷懶，亦可將之安排成：

部門
會*

或

部門
會

其意義均表：欲找出所有『部門』欄內容的第一個字為"會"者之記錄。

▶▶ 於原資料範圍進行進階篩選

茲假定，欲於範例 Ch04.xlsx 的『關聯題-進階篩選』工作表，找出所有『是否有手機』欄為 1 且『平均月費』≦0（有手機而無平均月費或月費為負值）；或『是否有手機』欄為 2 且『平均月費』≠0（無手機而有平均月費）之記錄。執行步驟為：

STEP **1** 按住 Ctrl 鍵，續以滑鼠點按 B1 與 F1，可同時選取『是否有手機』與『平均月費』

	A	B	C	D	E	F
1	問卷編號	是否有手機	購買原因1	購買原因2	購買原因3	平均月費
2	201	2	0	0	0	0

STEP **2** 按『常用/剪貼簿/複製』 鈕，記下兩儲存格之內容

STEP **3** 移往 B32，按『常用/剪貼簿/貼上』 鈕，將兩儲存格之內容抄到 B32、C32（準則範圍不應與原資料相連，至少得間隔一列或一欄）

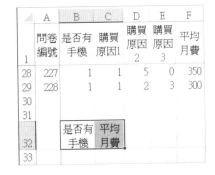

	A	B	C	D	E	F
1	問卷編號	是否有手機	購買原因1	購買原因2	購買原因3	平均月費
28	227	1	1	5	0	350
29	228	1	1	2	3	300
30						
31						
32		是否有手機	平均月費			
33						

STEP **4** 於 B33:C34 輸入條件內容

	是否有手機	平均月費
32		
33	1	<=0
34	2	<>0

表欲找出所有『是否有手機』欄為 1 且『平均月費』≦0（有手機而無平均月費或月費為負值）或『是否有手機』欄為 2 且『平均月費』≠0（無手機而有平均月費）之記錄。

STEP **5** 以滑鼠單按問卷資料上之任一儲存格（**這個步驟很重要**）

STEP **6** 按『資料/排序與篩選/進階篩選』 鈕，會先選取整個資料庫範圍，續轉入『進階篩選』對話方塊

其『資料範圍(<u>L</u>):』處，已標定出欲進行進階篩選的資料範圍（Excel會依步驟 5 所停位置自動判斷，通常不用更改）。

STEP **7** 單按『準則範圍(<u>C</u>):』後之文字方塊，續輸入條件準則所在之範圍。可直接輸入；或移回工作表上，以拖曳方式標出準則範圍（本例以後者選取 B32:C34）

STEP **8** 按 ┌─確定─┐ 鈕進行篩選，由於預設之動作係「**在原有範圍顯示篩選結果(F)**」，故將直接於原資料範圍上顯示符合條件之記錄（B 欄＝1 且 F 欄≦0 或 B 欄＝2 且 F 欄≠0），將不符合條件之記錄隱藏

	A	B	C	D	E	F
1	問卷編號	是否有手機	購買原因1	購買原因2	購買原因3	平均月費
3	202	2	0	0	0	200
8	207	2	2		0	800
11	210	2	2	7	8	800
15	214	1	2	0	0	0
20	219	1	1	2	0	0

> **小秘訣**
>
> 於所有查詢動作結束，直接按『清除』 ⫧清除 鈕，可將資料庫還原為
> 顯示所有記錄。

▶▶ 以進階篩選找出不合理之關聯題─多欄

問卷中，常有填答某題後，續問甲題；否則，跳問乙題之關聯題。如：

Q1.請問您現在是否擁有智慧型手機？

　　□1.有　　　　　　□2.沒有(跳答 Q12)

Q2.請問您當初購買智慧型手機的原因為何？（可複選，最多三項）

　　□1.方便與人聯絡　　　□2.追求流行　　　　□3.工作需要
　　□4.玩 GAME　　　　　□5.同儕間比較　　　□6.可隨時上網
　　□7.業者的促銷方案　　□8.需要衛星導航　　□9.其他_____

若於 Q1 答了『□2.沒有（跳答 Q12）』，將因跳答 Q12，而不必填答
Q2 之內容，故該列 C、D、E 三個儲存格將無答案，而只能是 0。

因此，若 B 欄為 2 而 C、D、E
欄並不是 0，就表示資料打錯了！如
範例 Ch04.xlsx 的『關聯題-進階篩
選-多欄』工作表之第 11 列：

	A	B	C	D	E	F
1	問卷編號	是否有手機	購買原因1	購買原因2	購買原因3	平均月費
10	209	1	1	2	8	600
11	210	2	2	7	8	800
12	211	1	1	2	0	800

可依下示步驟，將錯誤資料找出來：

STEP **1** 　選取 B1:E1，同時選取『是否有手機』、『購買原因 1』、『購買
　　　　　原因 2』與『購買原因 3』

STEP **2** 　按『常用/剪貼簿/複製』 🗐 鈕，記下選取內容

STEP **3** 　移往 B32，按『常用/剪貼簿/貼上』 📋 鈕，將選取內容抄到 B32:E32

STEP **4** 於 B33:E35 輸入條件內容

	是否有手機	購買原因1	購買原因2	購買原因3
32				
33	2	<>0		
34	2		<>0	
35	2			<>0

表欲找出所有:

『是否有手機』欄為 2 且『購買原因1』不為 0,或

『是否有手機』欄為 2 且『購買原因2』不為 0,或

『是否有手機』欄為 2 且『購買原因3』不為 0

之記錄。也就是,無手機但卻填答了手機購買原因之記錄(無論正負值)。

STEP **5** 以滑鼠單按問卷資料上之任一儲存格

STEP **6** 按『**資料/排序與篩選/進階篩選**』 進階... 鈕,會先選取整個資料庫範圍,續轉入『進階篩選』對話方塊

STEP **7** 單按『準則範圍(C):』後之文字方塊，續移回工作表上，以拖曳方式標出準則範圍（B32:E35）

STEP **8** 按 ┌─────┐ 鈕進行篩選，由於預設之動作係「**在原有範圍顯示篩選結果(F)**」，故將直接於原資料上獲致篩選結果：找出無手機，但卻填答了手機購買原因之記錄。

	A	B	C	D	E	F
1	問卷編號	是否有手機	購買原因1	購買原因2	購買原因3	平均月費
8	207	2	2	0	0	800
11	210	2	2	7	8	800

▶▶ 移除重複之記錄

問卷資料的鍵入，難免會有重複輸入同一問卷資料之情況。如範例 Ch04.xlsx『移除重複記錄』工作表之第 3 與 6 列編號同為 230：

	A	B	C	D	E	F
1	問卷編號	是否有手機	購買原因1	購買原因2	購買原因3	平均月費
2	229	2	0	0	0	0
3	230	2	0	0	0	0
4	231	1	1	2	8	200
5	232	2	1	4	0	0
6	230	2	0	0	0	0

可以下示步驟，將其移除：

STEP **1** 不必建立條件範圍，以滑鼠單按問卷資料上之任一儲存格

STEP **2** 按『**資料/資料工具/移除重複**』  鈕，會先選取整個資料庫範圍，續轉入『**移除重複項**』對話方塊

其內已勾選所有欄位，表示所有欄位均應拿來作為判斷是否為重複記錄之依據。（我們也可以自行勾選判斷依據之欄位）

STEP **3** 按 確定 鈕，若記錄存有完全相同之內容（原第 3 與 6 列編號同為 230，所有欄位之內容均相同），將僅保留其中之一筆，而將多餘之重複記錄刪除，以確保記錄均為唯一

STEP **4** 按 確定 鈕，即可得到沒有重複輸入之資料內容

	A	B	C	D	E	F
1	問卷編號	是否有手機	購買原因1	購買原因2	購買原因3	平均月費
2	229	2	0	0	0	0
3	230	2	0	0	0	0
4	231	1	1	2	8	200
5	232	2	1	4	0	0
6	301	1	1	0	0	0

次數分配 5

學習重點

- ☑ 傳統的建表方式
- ☑ 間斷變數 ─ 單選題次數分配
- ☑ 繪製次數分配統計圖表
- ☑ 間斷變數 ─ 複選題次數分配
- ☑ 連續變數 ─ 填充題次數分配
- ☑ 利用『直方圖』求次數分配並繪圖
- ☑ 依次數分配排等級

　　次數分配表是所有問卷調查中，最廣泛使用之分析技巧。因為它的建表方式最簡單，判讀也最容易；且也是一般大眾最能接受的分析結果。

　　普通報章雜誌上，對調查結果，通常也只是止於建立次數分配表而已。因為，若使用其他分析方法，閱讀者也不見得看得懂，如何引起共鳴？

5-1 傳統的建表方式

　　在還沒有電腦以前，建立次數分配表是以人工進行，先將各選項排好，然後，就像投票所開票一樣，取得一份問卷，看其答案編號為幾？即於該答案項下，劃一記號（一）；再有另一答案出現時，再劃一記號（丁）、…，等慢慢組成一個『正』字後，則再換另一新字重新劃記號、…。如：

參加無線上網	正正正正正正正正正正正正正丁
未參加無線上網	正丁

　　由於，每個『正』字，剛好 5 劃，很方便就可統計出最後結果。如，上圖之資料：手機參加無線上網（吃到飽）者有 69 人；手機未參加無線上網者有 7 人。

然後，再計算出各組所佔之比例：

組別	樣本數	百分比
參加無線上網	69	90.8%
未參加無線上網	7	9.2%
合計	76	100.0%

手機參加無線上網者佔 90.8%；手機未參加無線上網佔 9.2%。

5-2 間斷變數 ─ 單選題次數分配

間斷變數—單選題的次數分配表，可以利用COUNTIF() 或 FREQUENCY() 函數求得。底下，就先介紹一下這兩個函數。

▶▶ 依單一條件求算筆數 COUNTIF() 函數

COUNTIF() 函數之語法為：

```
COUNTIF(範圍,條件準則)
COUNTIF(range,criteria)
```

此函數可於指定之**範圍**內，依**條件準則**進行求算符合條件之筆數。

條件準則可以是數字、比較式或文字。但除非恰好找等於某數值，可省略等號及雙引號，如：2 表找恰為 2；600 表找恰為 600。否則，應以雙引號將其條件準則包圍。如："男"表要找出男性，">=600" 表要找 ≧600。

如，擬於範例 Ch05.xlsx 『COUNTIF 函數』工作表中，分別求男女人數：

	A	B	C	D	E	F	G	H	I	J
						=COUNTIF($C$2:$C$201,"男")				
1	編號	月費	性別							
2	1	400	男		男性人數	103	← =COUNTIF($C$2:$C$201,"男")			
3	2	800	男		女性人數	97	← =COUNTIF($C$2:$C$201,"女")			
4	3	400	女							
5	4	600	男		600及以上	72	← =COUNTIF($B$2:$B$201,">=600")			
6	5	800	男		600以下	128	← =COUNTIF($B$2:$B$201,"<600")			

其 F2 求男性人數之公式應為：

```
=COUNTIF($C$2:$C$201,"男")
```

表要在 C2:C201 之性別欄中，求算內容為"男"之人數。同理，其 F3 求女性人數之公式則為：

```
=COUNTIF($C$2:$C$201,"女")
```

較特殊者為：加有比較符號之條件式仍得以雙引號將其包圍。如，於 F5 求月費 600 及以上之人數的公式應為：

```
=COUNTIF($B$2:$B$201,">=600")
```

表要在 B2:B201 之月費欄中，求算內容大於等於 600（">=600"）之人數。同理，其 F6 求 600 以下之人數的公式則為：

```
=COUNTIF($B$2:$B$201,"<600")
```

同樣之例子，也可將**條件準則**輸入於儲存格內，省去於函數內得加雙引號包圍之麻煩：（詳範例 Ch05.xlsx『COUNTIF 函數 2』工作表）

| F2 | ✓ fx | =COUNTIF($C$2:$C$201,E2) |

	A	B	C	D	E	F	G	H	I
1	編號	月費	性別		性別	人數			
2	1	400	男		男	103	← =COUNTIF($C$2:$C$201,E2)
3	2	800	男		女	97	← =COUNTIF($C$2:$C$201,E3)
4	3	400	女						
5	4	600	男		月費	人數			
6	5	800	男		>=600	72	← =COUNTIF($B$2:$B$201,E6)
7	6	400	女		<600	128	← =COUNTIF($B$2:$B$201,E7)

馬上練習

依範例 Ch05.xlsx『成績』工作表，求全班及格與不及格之人數：

	A	B	C	D	E
1	學號	成績			
2	1079001	85			
3	1079002	25		及格	15
4	1079003	66		不及格	9
5	1079004	80			
6	1079005	91		>=60	15
7	1079006	90		<60	9

▶▶ 以 COUNTIF() 求次數分配表

範例 Ch05.xlsx 的『便利商店 1』工作表，為於受訪之 200 人中，訪問取得其性別及最常去的便利商店：

	A	B	C	D	E	F
1	編號	便利商店	性別		代碼	便利商店
2	1	1	2		1	7-11
3	2	1	1		2	全家
4	3	1	1		3	萊爾富
5	4	2	2		4	OK
6	5	1	1		5	其他
7	6	2	1			總計

以 COUNTIF() 函數來求得最常去的便利商店之人數後，將其除以總樣本數，即為最常去的便利商店之分配情況：（詳範例 Ch05.xlsx 的『便利商店次數分配 1』工作表）

	E	F	G	H
1	代碼	便利商店	人數	比例
2	1	7-11	116	58.0%
3	2	全家	31	15.5%
4	3	萊爾富	20	10.0%
5	4	OK	13	6.5%
6	5	其他	20	10.0%
7		總計	200	100.0%

其建表之步驟為：

STEP **1** 輸妥 E 欄之代碼、F 欄之便利商店名稱，以及第 1 列之標題字

	A	B	C	D	E	F	G	H
1	編號	便利商店	性別		代碼	便利商店	人數	比例
2	1	1	2		1	7-11		
3	2	1	1		2	全家		
4	3	1	1		3	萊爾富		
5	4	2	2		4	OK		
6	5	1	1		5	其他		
7	6	2	1			總計		

STEP **2** 停於 G2，輸入

```
=COUNTIF(
```

Excel 會先顯示該函數之語法提示

STEP **3** 以滑鼠點按 B2，續按 Ctrl + Shift + ↓ 鍵，可選取連續之範圍
B2:B201。函數轉成

```
=COUNTIF(B2:B201
```

由於，考慮到整組公式要向下抄，故按 F4 『絕對』鍵，將範圍轉
為$B$2:$B$201。函數轉成

```
=COUNTIF($B$2:$B$201
```

意指無論如何複製，函數內之範圍永遠固定在 $B$2:$B$201。

STEP **4** 補上標開參數之逗號，續點選 E2 儲存格，函數轉成

```
=COUNTIF($B$2:$B$201,E2
```

STEP **5** 補上函數結尾之右括號，函數轉成

```
=COUNTIF($B$2:$B$201,E2)
```

其意義指：要於 \$B\$2:\$B\$201 之範圍內，找尋便利商店代碼恰為 E2 儲存格之值（1）的筆數（儲存格個數）。

STEP **6**　按 ✓ 鈕結束，將求得 7-11 之樣本數

	B	C	D	E	F	G	H
						=COUNTIF(\$B\$2:\$B\$201,E2)	
1	便利商店	性別		代碼	便利商店	人數	比例
2	1	2		1	7-11	116	
3	1	1		2	全家		

STEP **7**　拖曳 G2 右下角之複製控點，將其複製到 G6 位置，將求得各便利商店之樣本數

	B	C	D	E	F	G	H
						=COUNTIF(\$B\$2:\$B\$201,E2)	
1	便利商店	性別		代碼	便利商店	人數	比例
2	1	2		1	7-11	116	
3	1	1		2	全家	31	
4	1	1		3	萊爾富	20	
5	2	2		4	OK	13	
6	1	1		5	其他	20	
7	2	1			總計		

STEP **8**　停於 G7，按『常用/編輯/自動加總』Σ 鈕，將自動取得 =SUM(G2:G6) 之公式

	B	C	D	E	F	G	H	I
						=SUM(G2:G6)		
1	便利商店	性別		代碼	便利商店	人數	比例	
2	1	2		1	7-11	116		
3	1	1		2	全家	31		
4	1	1		3	萊爾富	20		
5	2	2		4	OK	13		
6	1	1		5	其他	20		
7	2	1			總計	=SUM(G2:G6)		
8	1	2				SUM(number1, [number2], ...)		

STEP **9** 按 ✓ 鈕，完成加總

	B	C	D	E	F	G	H
	G7			fx	=SUM(G2:G6)		
1	便利商店	性別		代碼	便利商店	人數	比例
2	1	2		1	7-11	116	
3	1	1		2	全家	31	
4	1	1		3	萊爾富	20	
5	2	2		4	OK	13	
6	1	1		5	其他	20	
7	2	1			總計	200	

STEP **10** 停於 H2，輸入=G2/$G$7 之公式，意指無論如何複製，分母將永遠固定為 G7（可先輸入=G2/G7，再按 **F4** 『絕對』鍵，將分母轉為絕對）

	B	C	D	E	F	G	H
	H2			fx	=G2/$G$7		
1	便利商店	性別		代碼	便利商店	人數	比例
2	1	2		1	7-11	116	58%
3	1	1		2	全家	31	

STEP **11** 按『常用/數值/百分比樣式』 **%** 鈕，將格式設定為百分比樣式

STEP **12** 按『常用/數值/增加小數位數』 鈕，增加 1 位小數

	B	C	D	E	F	G	H
	H2			fx	=G2/$G$7		
1	便利商店	性別		代碼	便利商店	人數	比例
2	1	2		1	7-11	116	58.0%
3	1	1		2	全家	31	

STEP **13** 拖曳 H2 右下角之複製控點，將其複製到填滿 H2:H7，即為所求

	B	C	D	E	F	G	H
	H2			fx	=G2/$G$7		
1	便利商店	性別		代碼	便利商店	人數	比例
2	1	2		1	7-11	116	58.0%
3	1	1		2	全家	31	15.5%
4	1	1		3	萊爾富	20	10.0%
5	2	2		4	OK	13	6.5%
6	1	1		5	其他	20	10.0%
7	2	1			總計	200	100.0%

我們就可以說，根據此次調查之結果顯示：受訪者中，最常去的便利商店為『7-11』（58.0%）。

▶ 依多重條件求算筆數 COUNTIFS()

COUNTIFS() 之用法類似 COUNTIF()，只差其允許使用多重條件，最多允許使用 127 組條件準則。其語法為：

```
COUNTIFS(criteria_range1, criteria1, [criteria_range2,iteria2]…)
COUNTIFS(準則範圍1,條件準則1,[準則範圍2,條件準則2],…)
```

如，擬於範例 Ch05.xlsx『COUNTIFS 函數 1』工作表中，分別求:男性月費 600 以下、男性月費 600 及以上、女性月費 600 以下與女性月費 600 及以上，四種組合條件之人數：

F2					fx	=COUNTIFS($C$1:$C$201,"男",$B$1:$B$201,"<600")

	B	C	D	E	F	G H I J K L
1	月費	性別				
2	400	男		男性月費600以下	62	← =COUNTIFS($C$1:$C$201,"男",$B$1:$B$201,"<600")
3	800	男		男性月費600及以上	41	← =COUNTIFS($C$1:$C$201,"男",$B$1:$B$201,">=600")
4	400	女				
5	600	男		女性月費600以下	66	← =COUNTIFS($C$1:$C$201,"女",$B$1:$B$201,"<600")
6	800	男		女性月費600及以上	31	← =COUNTIFS($C$1:$C$201,"女",$B$1:$B$201,">=600")
7	400	女				
8	400	男		總人數	200	← =COUNT(B2:B201)

其 F2 求男性月費 600 以下之人數的公式應為：

```
=COUNTIFS($C$1:$C$201,"男",$B$1:$B$201,"<600")
```

表要在$C$2:$C$201 之性別欄中，求算內容為"男"；且於$B$2:$B$201 之月費欄中，內容<600 之人數。其位址分別加上$，轉為絕對位址，係為了方便向下抄錄之故。

同理，其 F3 求男性月費 600 及以上之人數的公式則為：

```
=COUNTIFS($C$1:$C$201,"男",$B$1:$B$201,">=600")
```

F5 求女性月費 600 以下之人數的公式為：

```
=COUNTIFS($C$1:$C$201,"女",$B$1:$B$201,"<600")
```

F6 求女性月費 600 及以上之人數的公式則為：

```
=COUNTIFS($C$1:$C$201,"女",$B$1:$B$201,">=600")
```

同樣之例子，也可將**條件準則**輸入於儲存格內，省去於函數內得加雙引號包圍之麻煩，且也方便抄錄：（詳範例 Ch05.xlsx『COUNTIFS 函數 2』工作表）

	A	B	C	D	E	F	G	H	I	J
G2				fx	=COUNTIFS($C$1:$C$201,E2,$B$1:$B$201,F2)					
1	編號	月費	性別		性別	月費	人數			
2	1	400	男		男	<600	62			
3	2	800	男		男	>=600	41			
4	3	400	女		女	<600	66			
5	4	600	男		女	>=600	31			
6	5	800	男		總計		200	← =COUNT(B2:B201)		

G2 求男性月費 600 以下之人數的公式為：

```
=COUNTIFS($C$1:$C$201,E2,$B$1:$B$201,F2)
```

以拖曳複製控點之方式，向下依序向下抄給 G3:G5，即可分別求出:男性月費 600 以下、男性月費 600 及以上、女性月費 600 以下與女性月費 600 及以上，四種組合條件之人數。

由於 COUNTIFS 函數允許使多組條件準則，故可以用來求多組數值區間之筆數。如，擬於範例 Ch05.xlsx『COUNTIFS 函數 3』工作表中，求算月費分別為~400、400~599、600~799、800~等四組區間之資料筆數：

	B	C	D	E	F	G	H	I	J	K	L
F3				fx	=COUNTIFS($B$2:$B$201,">=600",$B$2:$B$201,"<800")						
1	月費	性別		組別	人數						
2	400	男		800~	37	← =COUNTIF($B$2:$B$201,">=800")					
3	800	男		600~799	35	← =COUNTIFS($B$2:$B$201,">=600",$B$2:$B$201,"<800")					
4	400	女		400~599	85	← =COUNTIFS($B$2:$B$201,">=400",$B$2:$B$201,"<600")					
5	600	男		~400	43	← =COUNTIF($B$2:$B$201,"<400")					
6	800	男		合計	200						

其 F3 求月費 600~799 之人數的公式為：

```
=COUNTIFS($B$2:$B$201,">=600",$B$2:$B$201,"<800")
```

表要在$B$2:$B$201 之月費欄中，找出>=600 且<800 之人數。同理，其 F4 求月費 400~599 之人數的公式則為：

```
=COUNTIFS($B$2:$B$201,">=400",$B$2:$B$201,"<600")
```

表要在$B$2:$B$201 之月費欄中，找出>=400 且<600 之人數。

▶▶ 利用 COUNTIFS() 求交叉分析表

　　既然，COUNTIFS() 允許使用多重條件，我們就可利用它來求算同時擁有兩組條件的交叉分析表：（詳範例 Ch05.xlsx『月費交叉性別』工作表）

	B	C	D	E	F	G	H
1	月費	性別					
2	400	男			性別	性別	
3	800	男		月費	男	女	合計
4	400	女		<600	62	66	128
5	600	男		>=600	41	31	72
6	800	男		合計	103	97	200

　　其建表之步驟為：

STEP **1**　　輸妥 F2:H3 之標題及性別、E3:E6 之標題及月費之條件

	B	C	D	E	F	G	H
1	月費	性別					
2	400	男			性別	性別	
3	800	男		月費	男	女	合計
4	400	女		<600			
5	600	男		>=600			
6	800	男		合計			

STEP **2**　　停於 F4，輸入

```
=COUNTIFS($C$1:$C$201,F$3,$B$1:$B$201,$E4)
```

　　輸入時，絕對位址及混合位址可利用 F4 按鍵進行切換。求算出男性其月費小於 600 之樣本數：

F4	∨ ⋮ × ✓ *fx*	=COUNTIFS($C$1:$C$201,F3,$B$1:$B$201,$E4)

	B	C	D	E	F	G	H	I	J
1	月費	性別							
2	400	男			性別	性別			
3	800	男		月費	男	女	合計		
4	400	女		<600	62				
5	600	男		>=600					
6	800	男		合計					

STEP 3 拖曳其右下角之複製控點，往下拖曳將其複製到 F5

F4	∨ ⋮ × ✓ *fx*	=COUNTIFS($C$1:$C$201,F3,$B$1:$B$201,$E4)

	B	C	D	E	F	G	H	I	J
1	月費	性別							
2	400	男			性別	性別			
3	800	男		月費	男	女	合計		
4	400	女		<600	62				
5	600	男		>=600	41				
6	800	男		合計					

STEP 4 於 F4:F5 尚呈選取狀態，拖曳其右下角之複製控點，往右拖曳將其
複製到 G4:G5，完成各種條件組合情況的樣本數

F4	∨ ⋮ × ✓ *fx*	=COUNTIFS($C$1:$C$201,F3,$B$1:$B$201,$E4)

	B	C	D	E	F	G	H	I	J
1	月費	性別							
2	400	男			性別	性別			
3	800	男		月費	男	女	合計		
4	400	女		<600	62	66			
5	600	男		>=600	41	31			
6	800	男		合計					

STEP 5 選取 F4:H6，各合計欄及列，均尚無加總結果

	B	C	D	E	F	G	H
1	月費	性別					
2	400	男			性別	性別	
3	800	男		月費	男	女	合計
4	400	女		<600	62	66	
5	600	男		>=600	41	31	
6	800	男		合計			

STEP **6** 　按『**常用/編輯/自動加總**』 Σ 鈕，即可一次求得合計欄及合計列的加總結果，完成整個交叉表

	B	C	D	E	F	G	H
1	月費	性別					
2	400	男			性別	性別	
3	800	男		月費	男	女	合計
4	400	女		<600	62	66	128
5	600	男		>=600	41	31	72
6	800	男		合計	103	97	200

以 F 欄之資料為例，可知男性其月費小於 600 之樣本數為 62，男性其月費大於等於 600 之樣本數為 41，男性總人數為 103。最右下角之 200，為總樣本數。

▶ FREQUENCY() 函數

FREQUENCY() 函數之語法：

```
FREQUENCY(資料陣列,組界範圍陣列)
FREQUENCY(data_array,bins_array)
```

可用來計算某一個範圍內，各不同值出現的次數，但其回應值為一縱向之陣列，故輸入前應先選取相當陣列元素之儲存格，輸妥公式後，以 Ctrl + Shift + Enter 完成輸入。

資料陣列是一個要計算次數分配的數值陣列或數值參照位址。

組界範圍陣列是一個陣列或儲存格範圍參照位址，用來安排各答案之分組結果。

▶ 以 FREQUENCY() 求次數分配表

如，於範例 Ch05.xlsx 的『便利商店次數分配 2』工作表中，擬以 FREQUENCY() 函數求算各便利商店之次數分配表：

	E	F	G	H	I	J	K
			G2 ∨ : × ✓ fx {=FREQUENCY(B2:B201,E2:E6)}				

	E	F	G	H
1	代碼	便利商店	人數	比例
2	1	7-11	116	58.0%
3	2	全家	31	15.5%
4	3	萊爾富	20	10.0%
5	4	OK	13	6.5%
6	5	其他	20	10.0%
7		總計	200	100.0%

其處理步驟為：

STEP **1** 輸妥 F 欄便利商店名稱以及第 1 列之標題字

STEP **2** 於 E 欄便利商店代碼處，輸入所有可能出現之答案，如 1、2、⋯、5，作為**組界範圍陣列**

STEP **3** 選取恰與答案數同格數之垂直範圍 G2:G6

	B	C	D	E	F	G	H
1	便利商店	性別		代碼	便利商店	人數	比例
2	1	2		1	7-11		
3	1	1		2	全家		
4	1	1		3	萊爾富		
5	2	2		4	OK		
6	1	1		5	其他		
7	2	1			總計		

STEP **4** 輸入

`=FREQUENCY(`

Excel 會先顯示該函數之語法提示

				SUM ∨ : × ✓ fx =FREQUENCY(		

FREQUENCY(data_array, bins_array)

	B	C	D	E	F	G	H
1	便利商店	性別		代碼	便利商店	人數	比例
2	1	2		1	7-11	ENCY(	
3	1	1		2	全家		
4	1	1		3	萊爾富		
5	2	2		4	OK		
6	1	1		5	其他		
7	2	1			總計		

STEP **5** 以滑鼠點按 B2，續按 Ctrl + Shift + ↓ 鍵，可選取連續之範圍
B2:B201。函數轉成

```
=FREQUENCY(B2:B201
```

STEP **6** 補上標開參數之逗號，續選取 E2:E6 所有可能出現之答案，作為**組
界範圍陣列**。函數轉成

```
=FREQUENCY(B2:B201,E2:E6
```

E2		⌄	:	×	✓	fx	=FREQUENCY(B2:B201,E2:E6

	B	C	D		E	F	G	H
1	便利商店	性別				代碼	便利商店	人數	比例
2	1	2			1	7-11	E2:E6	
3	1	1			2	全家		
4	1	1			3	萊爾富		
5	2	2			4	OK		
6	1	1			5	其他		
7	2	1				總計		

FREQUENCY(data_array, bins_array)

STEP **7** 補上函數結尾之右括號，函數轉成

```
=FREQUENCY(B2:B201,E2:E6)
```

STEP **8** 按 Ctrl + Shift + Enter 完成輸入，即可獲致一陣列之內容，求得各
答案之次數分配表

G2		⌄	:	×	✓	fx	{=FREQUENCY(B2:B201,E2:E6)}

	B	C	D	E	F	G	H
1	便利商店	性別			代碼 便利商店	人數	比例
2	1	2			1 7-11	116	
3	1	1			2 全家	31	
4	1	1			3 萊爾富	20	
5	2	2			4 OK	13	
6	1	1			5 其他	20	
7	2	1			總計		

馬上練習

原公式左右以一對大括號（{ }）包圍，表其為陣列內容。這五格內容
將視為一個整體，要刪除時，必須五個一起刪。也無法僅單獨變更某
一格之內容。其錯誤訊息為：

若範圍選錯了（如：選成 G2:G5），或公式打錯了（如：**=FREQUENCY
(B2:B201,E2)**）：

G2		f_x	{=FREQUENCY(B2:B201,E2)}				
	B	C	D	E	F	G	H
1	便利商店	性別		代碼	便利商店	人數	比例
2	1	2		1	7-11	116	
3	1	1		2	全家	84	
4	1	1		3	萊爾富	#N/A	
5	2	2		4	OK	#N/A	
6	1	1		5	其他		
7	2	1			總計		

可重選正確範圍（G2:G6），然後以滑鼠點按編輯列之公式，即可進
入編輯狀態：

SUM		f_x	=FREQUENCY(B2:B201,E2)				
	B	C	D	E	F	G	H
1	便利商店	性別		代碼	便利商店	人數	比例
2	1	2		1	7-11	E2)	
3	1	1		2	全家	84	
4	1	1		3	萊爾富		
5	2	2		4	OK		
6	1	1		5	其他		
7	2	1			總計		

僅須就錯誤部份進行修改即可，不用整組公式重新輸入。**修改後，記得
按** Ctrl + Shift + Enter **完成輸入。**

STEP **9**　　仿前節步驟 8～13，完成 G7 之加總及 H 欄之比例

H2	fx =G2/$G$7

	E	F	G	H
1	代碼	便利商店	人數	比例
2	1	7-11	116	58.0%
3	2	全家	31	15.5%
4	3	萊爾富	20	10.0%
5	4	OK	13	6.5%
6	5	其他	20	10.0%
7		總計	200	100.0%

馬上練習

以範例 Ch05.xlsx 的『FREQUENCY 函數』工作表之資料，利用 FREQUENCY() 函數，求性別、第一題及第二題之答案分佈情況：

	A	B	C	D	E	F	G	H
1	問卷編號	性別	第一題	第二題				
2	1001	1	3	1		第一題	答案數	%
3	1002	2	2	2		1	1	9.1%
4	1003	1	1	4		2	4	36.4%
5	1004	2	2	3		3	6	54.5%
6	1005	1	3	2		合計	11	100.0%
7	1006	1	2	3				
8	1007	1	3	4				
9	1008	2	3	3		第二題	答案數	%
10	1009	2	3	4		1	1	9.1%
11	1010	1	2	4		2	3	27.3%
12	1011	2	3	2		3	3	27.3%
13						4	4	36.4%
14	性別	人數	%			合計	11	100.0%
15	1	6	54.5%					
16	2	5	45.5%					
17	總計	11	100.0%					

5-3 繪製次數分配統計圖表

▶ 直方圖

有道是:「文不如表,表不如圖。」一大堆的數據,以文字進行說明,只怕無法解釋得很詳盡,將其彙總成表,固然有利閱讀與比較;但若能繪成圖表,不僅可使資料變得生動有趣,且有助於分析和比較資料,不是更能一目瞭然嗎?

取得次數分配表後,於分析上,為方便解釋,經常將其繪製成直方圖、橫條圖或圓形圖。由於,繪製統計圖表是 Excel 的專長,所繪之圖表肯定遠比 Minitab、SPSS 或 SAS 等統計分析軟體來得漂亮多了。如:

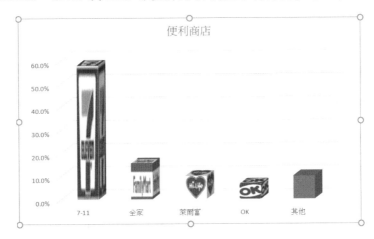

其建立步驟為:

STEP **1** 於範例 Ch05.xlsx 的『便利商店-直方圖』工作表,先選取 F1:F6,續按住 **Ctrl** 鈕,再選取 H1:H6。可選取這兩個不連續之範圍

	E	F	G	H
1	代碼	便利商店	人數	比例
2	1	7-11	116	58.0%
3	2	全家	31	15.5%
4	3	萊爾富	20	10.0%
5	4	OK	13	6.5%
6	5	其他	20	10.0%
7		總計	200	100.0%

STEP **2** 按『插入/圖表/插入直條圖或橫條圖』 鈕，選「立體群組直條圖」

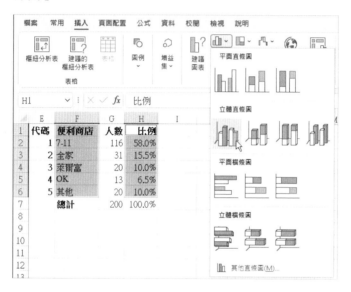

STEP **3** 選妥後，即可於目前工表顯示出其圖表

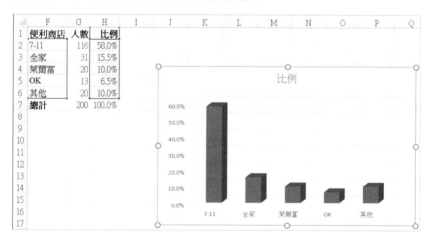

STEP **4** 將滑鼠移往圖框內空白處，最好停在右上角『圖表區』位置，稍將滑鼠停住，其下會有一小方塊，指出所停位置。如：

STEP **5** 按住滑鼠進行拖曳即可移動其位置，指標將轉為四向箭頭（✛）。
將圖表移到 J1 位置

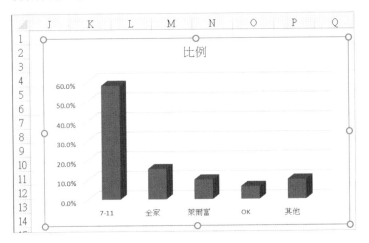

STEP **6** 目前圖表呈被選取狀態，其外緣將有八個調整控點。將滑鼠移往調整控點上，指標將轉為左右、上下或斜向之雙向箭頭。按住滑鼠進行拖曳，即可調整圖框大小。

STEP **7** 於上方之『比例』之標題上，分兩次點按滑鼠，即可輸入或編輯其內容，將其改為：『便利商店』

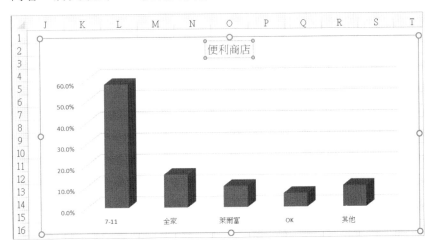

▶ 加入商標圖案

若覺得直方圖仍嫌單調，可續以下列步驟，將其資料數列之圖點改為各便利商店之商標圖案：

STEP **1**　選取欲變更圖樣之資料數列圖點（於其上，分兩次單按滑鼠左鍵，不是直接雙按），第一次是選取所有資料數列，所有圖點之邊緣均會有圓形之控點

STEP **2**　再按一次，才只選取欲變更圖樣之資料數列圖點，僅該圖點之邊緣有圓形控點而已

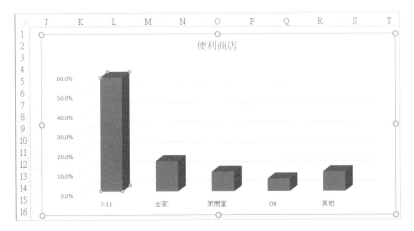

STEP **3**　按『圖表工具/格式/圖案樣式/圖案填滿』 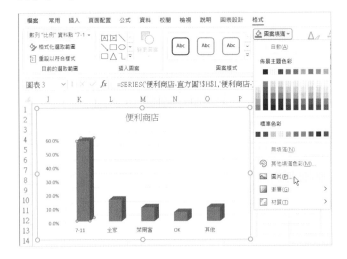 鈕，續選「圖片(P)…」

STEP **4** 轉入『插入圖片』對話方塊

STEP **5** 選「**從檔案**」，轉入適當之資料匣（本書範例內有各便利商店之商標圖案），選妥適當之檔案

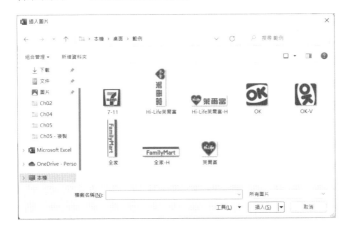

STEP **6** 續按 插入(S) ▼ 鈕，即可將該圖形檔之圖像載入

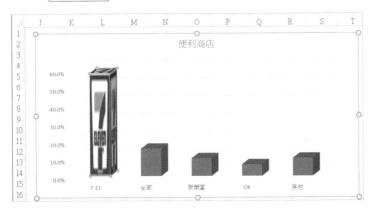

STEP **7** 仿前述步驟,將所有資料數列的圖點,均改為各便利商店之商標圖案,即為所求

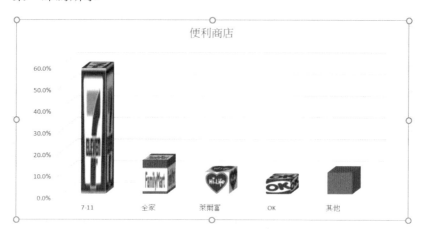

▶▶ 堆疊圖案

將資料數列轉為使用某一圖案後,Excel 是預設使用伸展格式之圖案。故而,當數值較大,其條狀圖較長,就會使原圖延伸較長而導致變形。

此時,可以下列步驟,將前面之便利商店商標改為堆疊圖案:(詳範例 Ch05.xlsx 的『便利商店-堆疊圖』工作表)

STEP **1** 分兩次單按已改為商標圖案之資料數列的任一圖塊,將其選取,僅該圖點之邊緣有圓形控點而已

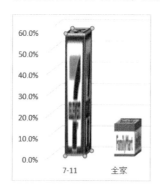

STEP **2** 按『圖表工具/格式/目前的選取範圍/格式化選取範圍』 鈕，右側將顯示『資料點格式』窗格

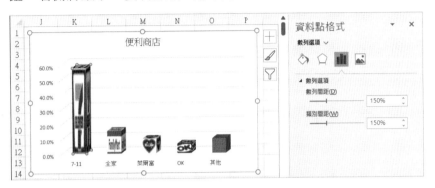

STEP **3** 選按『填滿與線條』 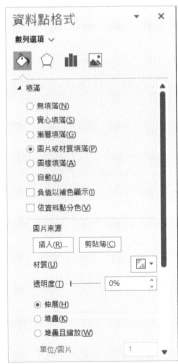 圖示

STEP **4** 點選『填滿』

STEP **5** 於下方，選用「**堆疊(K)**」格式（或「**堆疊且縮放(W)**」至某一單位）。
選「**堆疊(K)**」之效果，會將圖案轉為原比例大小，但難免會有無
法顯示完整圖案之情況：

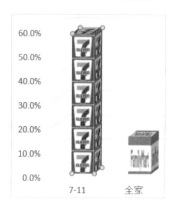

選「**堆疊且縮放(W)**」，得再於其下方**單位/圖片**之數字方格內自訂
一個單位（如：0.2 或 0.1）：

⦿ 堆疊且縮放(W)

單位/圖片　　　　　　0.2

其效果會將數列之數值除以所指定之單位，以算出應顯示幾個圖
案，同樣也難免會有無法顯示完整圖案之情況。如，以 0.2 為單位
時，其圖表外觀將為：

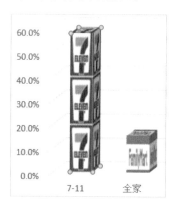

本例最後選「**堆疊且縮放(W)**」，單位 0.1。

STEP **6** 如有多個資料點須進行設定，不用關閉『資料點格式』窗格，續點
選另一圖點（如：全家），重複前述步驟，直至所有圖點均完成設
定。（均選「**堆疊且縮放(W)**」，單位 0.1。）

STEP **7** 最後，按右上角 ╳ 鈕離開。獲致堆疊圖案

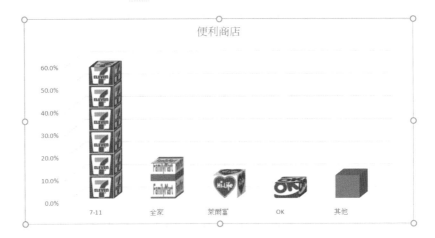

▶▶ 圓形圖、資料標籤與圖塊脫離圓心

單選題之次數分配，各答案之百分比累計後恰為 100%。故也常常以
圓形圖來進行解說。假定，要續將前文所繪製含商標圖案之直方圖改為立
體圓形圖、加上資料標籤並使某一圖塊脫離圓心：

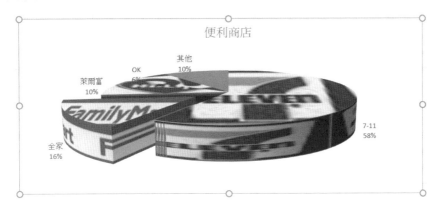

其處理步驟為：（詳範例 Ch05.xlsx 的『便利商店-圓形圖』工作表）

STEP **1**　選取已經將圖塊轉為便利商店商標之圖案

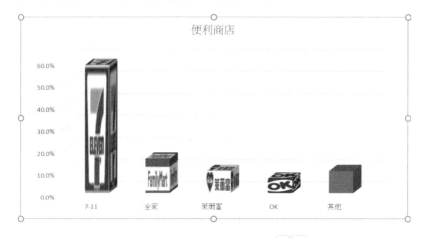

STEP **2**　按『圖表工具/設計/類型/變更圖表類型』　　鈕，轉入『變更圖
表類型』對話方塊

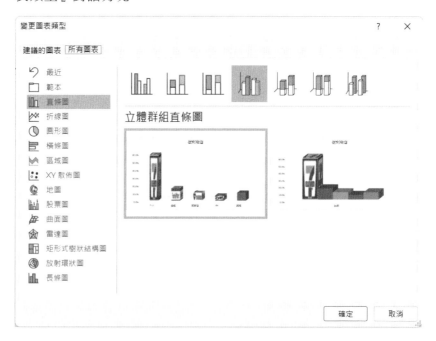

STEP **3** 　重新選擇圖表類型，將其類型改為立體圓形圖

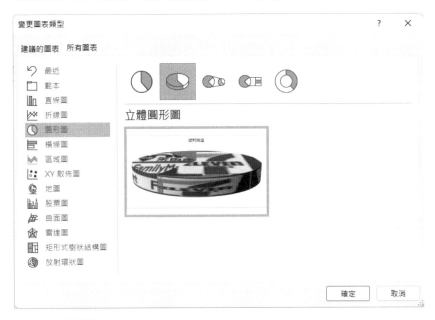

STEP **4** 　按 ┌ 確定 ┐ 鈕，將原圖改為立體圓形圖

STEP **5** 　按『圖表工具/設計/圖表版面設計/新增圖表項目』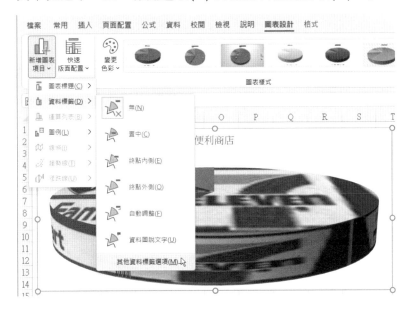 鈕，續就

　其下拉選單，選「標籤選項(D)/其他資料標籤選項(M)...」

STEP **6**　　轉入『資料標籤格式』窗格，將其標籤設定為包含「類別名稱(G)」、「百分比(P)」與標籤位置為「終點外側(O)」

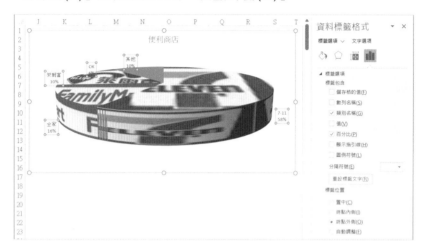

STEP **7**　　按右上角 ☒ 鈕離開，取得含資料標籤之立體圓形圖

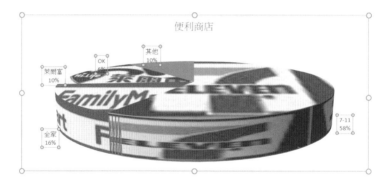

STEP **8**　　於立體圖之圖扇上單按滑鼠將其選取，所選取者為整個圓形圖之各圖扇，各圖扇上均有控點

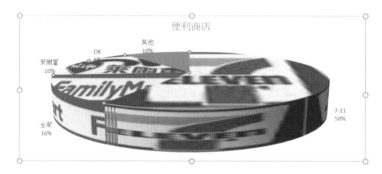

STEP **9** 以滑鼠單按欲脫離圓心之某圖扇（本例選『全家』圖扇），將其選
取，會轉成僅該圖扇有控點而已

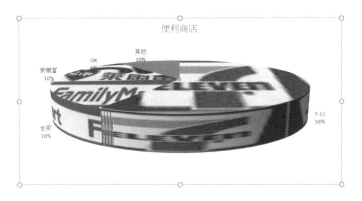

STEP **10** 以拖曳方式，將『全家』圖扇往外移，可使其圖扇脫離圓心

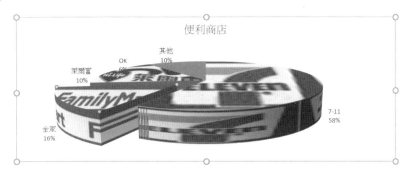

▶▶ 自 Internet 網頁剪貼圖片

　　由於 Internet 上之各網站的畫面多采多姿且資料豐富。因此，若找不
到所要使用之圖案，大可到 Internet 上去找，利用業者提供之搜尋引擎，
輸入幾個簡單之關鍵字，可能就可順利找到所要之圖案。

　　範例 Ch05.xlsx『自網路匯入圖像』工作表之資料，為美國華府智庫卡
托研究所（Cato Institute）公佈之「2020 全球痛苦指數」（2020 Misery Index
Scores-Global），在 156 個評比國家地區中，台灣為 3.8%，排名 155，居
全球第二低。痛苦指數為一種總體經濟指標，代表令人不愉快的經濟狀
況，其公式為：痛苦指數 = 通貨膨脹百分比 + 失業率百分比。

假定，要將範例 Ch05.xlsx『自網路匯入圖像』工作表之圖表：

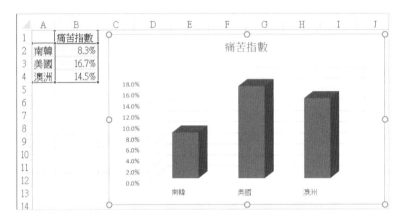

轉為使用國旗為其圖案。其處理步驟為：

STEP **1**　到 https://www.ifreesite.com/world/ 取得各國國旗畫面(利用搜尋網站，以『各國國旗』進行查詢，即可順利查得『世界各國國旗』之超連結)

STEP **2**　於要使用之圖案上，單按滑鼠右鍵，續選「**複製**」記下其內容

STEP **3** 回到 Excel，選取欲變更圖樣之資料數列的圖點（於其上，分兩次單按滑鼠左鍵）

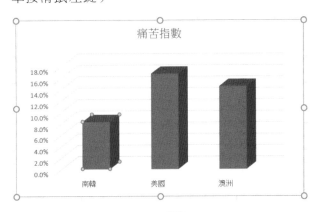

STEP **4** 按『**常用/剪貼簿/貼上**』 鈕，即可將所記下之圖案，貼到選取之資料數列圖點

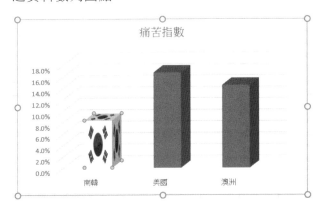

STEP **5** 仿前述步驟，將所有資料數列的圖點均改為國旗圖案。

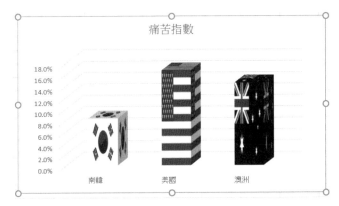

5-4 間斷變數 ─ 複選題次數分配

複選題的次數分配表，仍可以利用 COUNTIF() 或 FREQUENCY() 函數來求得。不過，以 COUNTIF() 函數明顯比 FREQUENCY() 函數來得簡單！

處理時，得視複選答案之個數，分幾次處理，然後再將其加總。由於係複選，同一個受訪者可能回答不只一個答案，故其百分比之加總會超過100%。

▶ 利用 COUNTIF() 函數

假定，要處理

請問您現在是否持有信用卡？

　□1.有

　□2.沒有。未申辦原因為何？〔可複選，最多三項〕

□1.沒興趣	□2.不需要用到	□3.年齡資格不符
□4.不清楚其功能	□5.習慣用現金	□6.刷卡麻煩
□7.怕被盜刷	□8.怕花錢沒節制	□9.循環利息太高
□10.經濟不允許	□11.其他_____	

之問卷題目，其資料列於範例 Ch05.xlsx『複選題-未申辦信用卡原因』工作表：

	A	B	C	D	E	F	G	H
1	問卷編號	是否有信	未辦原因	未辦原因	未辦原因		未辦原因	代碼
2	1	2	9	0	0		1.沒興趣，不喜歡	1
3	2	2	4	7	9		2.不需要用到	2
4	3	2	2	0	0		3.年齡資格不符	3
5	6	2	3	4	5		4.不清楚信用卡的使用或功能	4
6	8	2	11	0	0		5.習慣用現金	5
7	10	2	4	9	10		6.刷卡麻煩	6
8	10	2	6	9	0		7.怕被盜刷	7
9	11	2	4	10	0		8.刷卡會花錢沒節制	8
10	12	2	3	4	0		9.循環利息太高	9
11	13	2	9	10	0		10.經濟不允許	10
12	14	2	3	7	9		11.其他	11

本資料是針對 92 位大學生進行調查而得，其最後一筆資料是安排於第93 列。底下，就先以 COUNTIF() 來處理這個複選題之結果：

STEP **1** 輸妥標題、答案內容及其代碼。由於有三個複選答案,故保留三欄來計算次數分配

	G	H	I	J	K	L	M
1	未辦原因	代碼	未辦原因1	未辦原因2	未辦原因3	合計	百分比
2	1.沒興趣,不喜歡	1					
3	2.不需要用到	2					
4	3.年齡資格不符	3					
5	4.不清楚信用卡的使用或功能	4					
6	5.習慣用現金	5					
7	6.刷卡麻煩	6					
8	7.怕被盜刷	7					
9	8.刷卡會花錢沒節制	8					
10	9.循環利息太高	9					
11	10.經濟不允許	10					
12	11.其他	11					
13	合計						
14	樣本數						

STEP **2** 於 I2 輸入

```
=COUNTIF(C$2:C$93,$H2)
```

請注意混合參照之位址的用法,這是考慮到同時向下抄及向右抄。向下抄時,三個答案範圍均固定於 2～93 列;向右抄時,代碼則固定於 H 欄。先以拖曳複製控點之方式,將其往下抄給 I2:I12。求得第一組答案之次數分配:

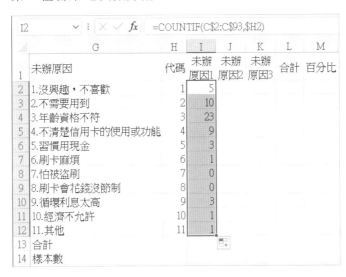

I2		✓ fx	=COUNTIF(C$2:C$93,$H2)				
	G	H	I	J	K	L	M
1	未辦原因	代碼	未辦原因1	未辦原因2	未辦原因3	合計	百分比
2	1.沒興趣,不喜歡	1	5				
3	2.不需要用到	2	10				
4	3.年齡資格不符	3	23				
5	4.不清楚信用卡的使用或功能	4	9				
6	5.習慣用現金	5	3				
7	6.刷卡麻煩	6	1				
8	7.怕被盜刷	7	0				
9	8.刷卡會花錢沒節制	8	0				
10	9.循環利息太高	9	3				
11	10.經濟不允許	10	1				
12	11.其他	11	1				
13	合計						
14	樣本數						

STEP **3**　將 I2:I12，以拖曳複製控點之方式，將其往右抄給 J2:K12。求得三組答案之次數分配

STEP **4**　選取 I2:L13，於答案外圍多選一列及一欄

STEP **5** 　按『**常用/編輯/自動加總**』 Σ 鈕，可同時求得欄/列之加總

	G	H	I	J	K	L	M
	未辦原因	代碼	未辦原因1	未辦原因2	未辦原因3	合計	百分比
2	1.沒興趣，不喜歡	1	5	0	0	5	
3	2.不需要用到	2	10	0	0	10	
4	3.年齡資格不符	3	23	4	0	27	
5	4.不清楚信用卡的使用或功能	4	9	9	0	18	
6	5.習慣用現金	5	3	8	4	15	
7	6.刷卡麻煩	6	1	3	1	5	
8	7.怕被盜刷	7	0	8	2	10	
9	8.刷卡會花錢沒節制	8	0	1	1	2	
10	9.循環利息太高	9	3	6	15	24	
11	10.經濟不允許	10	1	2	4	7	
12	11.其他	11	1	1	0	2	
13	合計		56	42	27	125	
14	樣本數						

公式列：I2 = `=COUNTIF(C$2:C$93,$H2)`

STEP **6** 　於 H14 輸入

```
=COUNTIF(B2:B93,2)
```

求算出未曾申辦信用卡之人數（2 表無信用卡者）

	G	H	I	J	K	L	M
	未辦原因	代碼	未辦原因1	未辦原因2	未辦原因3	合計	百分比
2	1.沒興趣，不喜歡	1	5	0	0	5	
3	2.不需要用到	2	10	0	0	10	
4	3.年齡資格不符	3	23	4	0	27	
5	4.不清楚信用卡的使用或功能	4	9	9	0	18	
6	5.習慣用現金	5	3	8	4	15	
7	6.刷卡麻煩	6	1	3	1	5	
8	7.怕被盜刷	7	0	8	2	10	
9	8.刷卡會花錢沒節制	8	0	1	1	2	
10	9.循環利息太高	9	3	6	15	24	
11	10.經濟不允許	10	1	2	4	7	
12	11.其他	11	1	1	0	2	
13	合計		56	42	27	125	
14	樣本數	56					

公式列：H14 = `=COUNTIF(B2:B93,2)`

STEP **7**　　於 M2 輸入

```
=L2/$H$14
```

計算出第 1 個未申辦原因之比例，將其設定為百分比格式，續將其複製給 M2:M13，計算出所有未申辦原因之比例。獲致複選題之次數分配表：

	G	H	I	J	K	L	M
M2			f_x	=L2/$H$14			
1	未辦原因	代碼	未辦原因1	未辦原因2	未辦原因3	合計	百分比
2	1.沒興趣，不喜歡	1	5	0	0	5	8.9%
3	2.不需要用到	2	10	0	0	10	17.9%
4	3.年齡資格不符	3	23	4	0	27	48.2%
5	4.不清楚信用卡的使用或功能	4	9	9	0	18	32.1%
6	5.習慣用現金	5	3	8	4	15	26.8%
7	6.刷卡麻煩	6	1	3	1	5	8.9%
8	7.怕被盜刷	7	0	8	2	10	17.9%
9	8.刷卡會花錢沒節制	8	0	1	1	2	3.6%
10	9.循環利息太高	9	3	6	15	24	42.9%
11	10.經濟不允許	10	1	2	4	7	12.5%
12	11.其他	11	1	1	0	2	3.6%
13	合計		56	42	27	125	223.2%
14	樣本數	56					

　　由此結果可看出，無信用卡之大學生，主要未申辦原因為：年齡資格不符（48.2%）與循環利息太高（42.9%）。其次為：不清楚其功能（32.1%）與習慣用現金（26.8%）。

　　由於是複選題的關係，M13 儲存格之加總數字為 223.2%，已超過 100%，表示於最多可答三項之複選題中，每個人平均答了 2.232 個答案。

馬上練習

於範例 Ch05.xlsx『複選題-光顧星巴克的原因』工作表，存有受訪者光顧星巴克的原因資料。原問卷之內容為：

請問您選擇光顧星巴克的原因〈可複選，最多 3 項〉

□1.企業品牌吸引　　□2.產品品質　　　　□3.產品種類

□4.產品外形設計　　□5.餐廳環境　　　　□6.人員服務態度

□7.廣告促銷活動　　□8.地點之便利性

（續下頁）

（承上頁）

求算此複選題之次數分配表，並加以說明。

	F	G	H	I	J	K	L
1	代碼	光顧原因	原因1	原因2	原因3	合計	百分比
2	1	企業品牌吸引	102	0	0	102	51.0%
3	2	產品品質	65	53	0	118	59.0%
4	3	產品種類	11	37	6	54	27.0%
5	4	產品外形設計	1	13	9	23	11.5%
6	5	餐廳環境	15	52	38	105	52.5%
7	6	人員服務態度	0	11	32	43	21.5%
8	7	廣告促銷活動	2	12	22	36	18.0%
9	8	地點之便利性	4	7	43	54	27.0%
10		合計	200	185	150	535	267.5%
11		樣本數	200				

可發現，受訪者光顧星巴克之主要原因為：『產品品質』（59.0%）、『餐廳環境』（52.5%）與『企業品牌吸引』（51.0%）。

▶▶ 利用 FREQUENCY()

假定，要處理

1. 請問您現在是否使用臉書(Facebook)？
   □1.有　　　　□2.沒有

2. 請問您當初使用臉書(Facebook)的原因為何？（可複選，最多三項）
   □1.方便與家人聯絡　　　　□2.方便與朋友同學聯絡
   □3.追求流行　　　　　　　□4.同儕間比較的心理
   □5.找失散多年的朋友　　　□6.朋友邀請
   □7.玩遊戲、心理測驗等　　□8.其他_____

之問卷題目，其資料列於範例 Ch05.xlsx『複選題-使用 Facebook 原因』工作表（本資料是針對 200 位大學生進行調查而得）：

	A	B	C	D	E
1	問卷編號	是否使用 Facebook	使用原因1	使用原因2	使用原因3
2	1	1	2	6	7
3	2	1	2	3	6
4	3	1	1	2	0

底下，就以 FREQUENCY() 來處理這個複選題之結果：

STEP **1** 輸妥標題、答案內容及其代碼。由於有三個複選答案，故保留三欄來計算次數分配。答案內容處，第一列代碼 0，不要忘了！否則，會將所有已經有數位相機之受訪者均計算到代碼 1 之內。因為，若省略 0，代碼 1 之意義是所有 ≤1 的結果。所以，表內代碼 2 之意義是所有 >1 且 ≤2 的結果、代碼 3 之意義是所有 >2 且 ≤3 的結果、……。

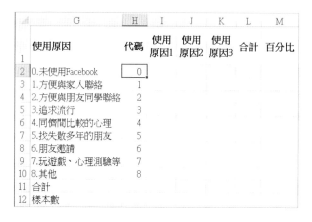

STEP **2** 選取 I2:I10，輸入

```
=FREQUENCY(C2:C201,$H$2:$H$10)
```

按 Ctrl + Shift + Enter 完成輸入，即可完成一陣列之內容，求得第一組答案之次數分配表

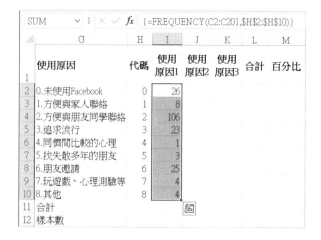

STEP **3** 續以拖曳方式將 I2:I10，向右抄給 J2:K10，求得三組答案之答案數

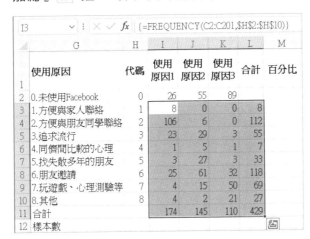

STEP **4** 選取 I3:L11，即於答案外圍多選一列及一欄。按『**常用/編輯/自動加總**』 Σ 鈕，可同時求得欄/列之加總

計算加總時，將 0 排除出計算之外，是因為 0 是未使用 Facebook 者，於問卷上並未勾填任何使用原因，將其加總已不具任何意義。

STEP **5** 於 H12 輸入

```
=COUNTIF(B2:B201,1)
```

求算出已使用 Facebook 之人數（1 表已使用 Facebook）

H12		f_x	=COUNTIF(B2:B201,1)				
	G	代碼	使用原因1	使用原因2	使用原因3	合計	百分比
1	使用原因						
2	0.未使用Facebook	0	26	55	89		
3	1.方便與家人聯絡	1	8	0	0	8	
4	2.方便與朋友同學聯絡	2	106	6	0	112	
5	3.追求流行	3	23	29	3	55	
6	4.同儕間比較的心理	4	1	5	1	7	
7	5.找失散多年的朋友	5	3	27	3	33	
8	6.朋友邀請	6	25	61	32	118	
9	7.玩遊戲、心理測驗等	7	4	15	50	69	
10	8.其他	8		2	21	27	
11	合計		174	145	110	429	
12	樣本數	174					

STEP **6** 於 M3 輸入

=L3/$H$12

計算出第 1 個使用原因之比例，將其設定為百分比格式，續將其複製給 M4:M11，計算出所有使用原因之比例。獲致複選題之次數分配表：

M3		f_x	=L3/$H$12				
	G	代碼	使用原因1	使用原因2	使用原因3	合計	百分比
1	使用原因						
2	0.未使用Facebook	0	26	55	89		
3	1.方便與家人聯絡	1	8	0	0	8	4.6%
4	2.方便與朋友同學聯絡	2	106	6	0	112	64.4%
5	3.追求流行	3	23	29	3	55	31.6%
6	4.同儕間比較的心理	4	1	5	1	7	4.0%
7	5.找失散多年的朋友	5	3	27	3	33	19.0%
8	6.朋友邀請	6	25	61	32	118	67.8%
9	7.玩遊戲、心理測驗等	7	4	15	50	69	39.7%
10	8.其他	8		2	21	27	15.5%
11	合計		174	145	110	429	246.6%
12	樣本數	174					

由此結果可看出，大學生使用 Facebook 之主要原因為『朋友邀請』（67.8%）與『方便與朋友同學聯絡』（64.4%）；其次為『玩遊戲、心理測驗等』（39.7%）與『追求流行』（31.6%）。

　　由於是複選題的關係，M11 儲存格之加總數字為 246.6.%，已超過 100%，表示於最多可答三項之複選題中，每個人平均答了 2.466 個答案。

5-5 連續變數 ― 填充題次數分配

　　前面所有次數分配表的例子，其答案均非連續性之數字資料。但若碰上如：月費、刷卡金額、所得、身高、……等，連續性之數字資料。就得將其資料分成幾個區間，再計算落於各區間之分佈情況，才可計算出次數分配表。

　　其處理方式可利用 IF()、VLOOKUP() 與 FREQUENCY() 函數，其中，又以 FREQUENCY() 函數較為方便。

▶▶ 以 IF() 函數分組

　　IF() 函數之語法為：

```
IF(條件,成立值,不成立值)
IF(logical_test,value_if_true,value_if_false)
```

條件為一個可以產生 TRUE 或 FALSE 結果的條件式。若**條件**式成立，即取**成立值**之運算結果；反之，則取用**不成立值**之運算結果。

　　如，原於範例 Ch05.xlsx『IF 函數』工作表之 B3 輸入 "賺/賠" 字串，其賺與賠之情況可能為：

C3	∨ : × ✓ fx	=C1-C2		C3	∨ : × ✓ fx	=C1-C2
	A	B	C	D		A	B	C	D
1		售價	200		1		售價	200	
2		成本	150		2		成本	256	
3		賺/賠	50		3		賺/賠	-56	

無論賺或賠，B3 恆只能顯示相同之"賺/賠"字串。

　　若將其改為：

```
=IF(C1>=C2,"賺","賠")
```

當 C1 之值大於 C2 時，將顯示 "賺"；反之，則顯示 "賠"：

假定，欲處理

請問您每次使用 Facebook 約多少＿＿＿＿＿＿分鐘

之問卷題目，其資料列於範例 Ch05.xlsx『每次使用時間分配表-IF 分組』工作表，本資料是針對 200 位受訪者進行調查而得，僅有使用 Facebook 者才會問此一問題：

問卷編號	是否使用 Facebook	每次使用時間(分)	組別
1	1	60	
2	1	180	
3	1	180	
4	1	60	

假定，要分為：0～30、31～60、61～120、121～等四組。其處理步驟為：

STEP **1**　於 D2 輸入

```
=IF(C2=0,0,IF(C2<=30,1,IF(C2<=60,2,IF(C2<=120,3,4))))
```

計算出第 1 個受訪者之使用時間的組別，續將其複製給 D2:D201（計有 200 筆記錄）

A	B	C	D	E	F	G	H	I	J
197	1	30	1						
198	1	12	1						
199	1	120	3						
200	2	0	0						

STEP **2** 於右側輸妥標題、答案內容及其組別代碼

	B	C	D	E	F	G	H	I
1	是否使用 Facebook	每次使用時間(分)	組別		時間分組	組別代碼	人數	百分比
2	1	60	2		~30	1		
3	1	180	4		31~60	2		
4	1	180	4		61~120	3		
5	1	60	2		121~	4		
6	1	180	4		合計			

STEP **3** 停於 H2，輸入

```
=COUNTIF($D$2:$D$201,G2)
```

續將其以拖曳方式複製到 H5 位置，求得各組之樣本數

H2				fx	=COUNTIF($D$2:$D$201,G2)			
	C	D	E	F	G	H	I	
1	每次使用時間(分)	組別		時間分組	組別代碼	人數	百分比	
2	60	2		~30	1	39		
3	180	4		31~60	2	60		
4	180	4		61~120	3	44		
5	60	2		121~	4	30		
6	180	4		合計				

STEP **4** 停於 H6，按『常用/編輯/自動加總』 Σ 鈕，將自動取得 =SUM(H2:H5)之公式，按 ✓ 鈕，完成加總

H6				fx	=SUM(H2:H5)			
	C	D	E	F	G	H	I	
1	每次使用時間(分)	組別		時間分組	組別代碼	人數	百分比	
2	60	2		~30	1	39		
3	180	4		31~60	2	60		
4	180	4		61~120	3	44		
5	60	2		121~	4	30		
6	180	4		合計		173		

STEP **5**　停於 I2，輸入 =H2/$H$6 之公式，將格式設定為百分比，並將其複製到 I2:I6，即為所求

	每次使用時間(分)	組別	時間分組	組別代碼	人數	百分比
	C	D	E F	G	H	I
2	60	2	~30	1	39	22.5%
3	180	4	31~60	2	60	34.7%
4	180	4	61~120	3	44	25.4%
5	60	2	121~	4	30	17.3%
6	180	4	合計		173	100.0%

由此結果可看出，每次使用 Facebook 的時間，主要集中於 31~60 分（34.7%），其次為 61~120 分（25.4%）及 0~30 分（22.5%）。可見大多數人的每次平均使用時間，都不超過 60 分（57.2%）。

▶ 以 VLOOKUP() 函數分組

若覺得要以 IF() 對每次使用 Facebook 的時間進行分組，其公式

```
=IF(C2=0,0,IF(C2<=30,1,IF(C2<=60,2,IF(C2<=120,3,4))))
```

過長且不易懂，可改為使用 VLOOKUP() 函數。其語法為：

```
VLOOKUP(查表依據,表格,第幾欄,是否不用找到完全相同值)
VLOOKUP(lookup_value,table_array,col_index_num,range_lookup)
```

在一表格的最左欄中，尋找含**查表依據**的欄位，並傳回同一列中**第幾欄**所指定之儲存格內容。

表格是要在其中進行找尋資料的陣列範圍，且必須按其第一欄之內容遞增排序。

是否不用找到完全相同值為一邏輯值，為 TRUE（或省略）時，如果找不到完全符合的值，會找出僅次於**查表依據**的值。當此引數值為 FALSE 時，必須找尋完全符合的值，如果找不到，則傳回錯誤值#N/A!。

假定，仍要將每次使用時間分為：0～30、31～60、61～120、121～等四組。先將其對照表安排於範例 Ch05.xlsx『使用時間次數分配表-VLOOKUP 分組』工作表之 F2:G6：

	F	G
1	每次使用時間(分)	組別
2	0	0
3	1	1
4	31	2
5	61	3
6	121	4

安排此一表格時，**務必記得要依第一欄之使用時間遞增排序**。標題之文字內容並無作用，重點為代表**使用時間**及其代碼之數字，『每次使用時間(分)』欄第 2 列之 0 與第 3 列之 1 很重要，那是表示介於 0～1 之值，將被歸類到代碼 0，那就是未使用 Facebook 之受訪者。接著，第 3 列之 1 右側之組別代碼為 1，表示 1～30 將被歸類到代碼 1、第 4 列之 31 右側之組別代碼為 2，表示 31～60 將被歸類到代碼 2、……第 6 列之 121 右側之組別代碼為 4，表示 121～將被歸類到代碼 4。

接著，依下示步驟來進行分組，並求次數分配表：

STEP **1** 於 D2 輸入

```
=VLOOKUP(C2,$F$2:$G$6,2,TRUE)
```

表依 C 欄之『每次使用時間(分)』（**查表依據**），於 $F$2:$G$6（**表格**）中找出適當（**第 2 欄**）之分組代碼，並將其抄給 D2:D201：

	A	B	C	D	E	F	G
1	問卷編號	是否使用 Facebook	每次使用時間(分)	組別		每次使用時間(分)	組別
199	198	1	12	1			
200	199	1	120	3			
201	200	2	0	0			

最後一個引數為何要使用 TRUE？這是因為使用時間內容很少恰好等於 F2:F6 的間距數字。將其安排為 TRUE（或省略）時，於 F2:F6 找不到完全符合 F 欄之時間值，將找出僅次於**查表依據**的值。如：使用時間 45 分，將找到僅次於 45 之 31，而回應與 31 同列之 2 為其組別代碼。

STEP **2**　於右側輸妥標題、答案內容及其組別代碼

	每次使用時間(分)	組別		時間分組	組別代碼	人數	百分比
1							
2	0	0		~30	1		
3	1	1		31~60	2		
4	31	2		61~120	3		
5	61	3		121~	4		
6	121	4		合計			

STEP **3**　仿前文步驟 3～5，以 COUNTIF() 求得人數並完成次數分配表

L2 　　fx　=K2/$K$6

	時間分組	組別代碼	人數	百分比	
1					
2	~30	1	39	22.5%	
3	31~60	2	60	34.7%	
4	61~120	3	44	25.4%	
5	121~	4	30	17.3%	
6	合計		173	100.0%	

▶ 以 FREQUENCY() 函數分組

假定，仍要將每次使用 Facebook 之時間分為：0～30、31～60、61～120、121～等四組。以 FREQUENCY() 來處理之步驟為：(詳範例 Ch05.xlsx『每次使用時間分配表-FREQUENCY 分組』工作表)

STEP **1**　輸妥標題、使用時間之組界。F 欄組界內，第 2 列之 0，不要忘了！否則，會將未使用 Facebook 之受訪者計算到 0～30 之組內。F2:F6 之**組界範圍陣列**：0、30、60、120 與空格，相當於將其分為：0、1～30、31～60、61～120、121～等五組

	C	D	E	F	G	H
1	每次使用 時間(分)		使用時間分組		人數	百分比
2	60			0		
3	180		1～	30		
4	180		31～	60		
5	60		61～	120		
6	180		121～			
7	120		合計			

STEP **2** 選取 G2:G6，輸入

```
=FREQUENCY(C2:C201,F2:F6)
```

按 Ctrl + Shift + Enter 完成輸入，即可完成一陣列之內容，求得各組使用時間之次數分配表

G2				f_x	{=FREQUENCY(C2:C201,F2:F6)}	
	C	D	E	F	G	H
1	每次使用 時間(分)		使用時間分組		人數	百分比
2	60			0	27	
3	180		1～	30	39	
4	180		31～	60	60	
5	60		61～	120	44	
6	180		121～		30	
7	120		合計			

STEP **3** 選取 G3:G7，按『常用/編輯/自動加總』 Σ 鈕，可於 G7 求得 G3:G6 之加總

G3				f_x	{=FREQUENCY(C2:C201,F2:F6)}	
	C	D	E	F	G	H
1	每次使用 時間(分)		使用時間分組		人數	百分比
2	60			0	27	
3	180		1～	30	39	
4	180		31～	60	60	
5	60		61～	120	44	
6	180		121～		30	
7	120		合計		173	

計算加總時,將 0 排除出計算之外,是因為 0 是未使用 Facebook 者,自然無使用時間,將其加總不具任何意義。

STEP **4** 於 H3 輸入

```
=G3/$G$7
```

計算出使用時間 1~30 組之比例,將其設定為百分比格式,續將其複製給 H4:H7,計算出所有組別之比例

	C	D	E	F	G	H
	H3			f_x	=G3/$G$7	
1	每次使用 時間(分)		使用時間分組		人數	百分比
2	60			0	27	
3	180		1~	30	39	22.5%
4	180		31~	60	60	34.7%
5	60		61~	120	44	25.4%
6	180		121~		30	17.3%
7	120		合計		173	100.0%

前例,會稍微有點複雜是因為:有的受訪者因為使用 Facebook 而不用回答使用時間,故有些儲存格之內容為 0,才導致要將 0 排除於加總之外的問題。若碰上如下例之所得,由於每一位受訪者均得回答,就無前述之問題:(詳範例 Ch05.xlsx『所得分組次數分配』工作表)

	D	E	F	G	H	I	J
1	第二題	所得					
2	1	36000			所得分組	次數	百分比
3	2	52000			30000		
4	4	64000			50000		
5	3	18000			70000		
6	2	22000					
7	3	76000		合計			

H3:H6 之**組界範圍陣列**:30000、50000、70000 與空白,相當於將其分為:~30000、30001~50000、50001~70000 與 70001~等四個組別。I3:I6 之公式為:

```
=FREQUENCY(E2:E51,H3:H6)
```

| I3 | | ∨ | ⋮ | ✕ | ✓ | fx | {=FREQUENCY(E2:E51,H3:H6)} |

	D	E	F	G	H	I	J	K
1	第二題	所得						
2	1	36000			所得分組	次數	百分比	
3	2	52000			30000	18		
4	4	64000			50000	12		
5	3	18000			70000	12		
6	2	22000				8		
7	3	76000		合計				

按 Ctrl + Shift + Enter 完成輸入，即可完成一陣列之內容，求得各組所得之次數分配表。

更適當之作法，還可於 G3:G6 輸入字串：30000~、50000 與 70000~，讓 G3:H6 看似標示區間之內容，更能讓讀者看出其次數分配結果所代表之意義，最好還按『**常用/儲存格/格式**』 格式∨ 鈕之下拉鈕，續選「**儲存格格式(E)...**」，轉入『儲存格格式』對話方塊『外框』標籤進行設定，為其加上框線：（本例設定雙線外框、單線內框）

| J3 | | ∨ | ⋮ | ✕ | ✓ | fx | =I3/$I$7 |

	E	F	G	H	I	J
1	所得					
2	36000		所得分組		次數	百分比
3	52000			30000	18	36.0%
4	64000		30000~	50000	12	24.0%
5	18000		50000~	70000	12	24.0%
6	22000		70000~		8	16.0%
7	76000		合計		50	100.0%

馬上練習

將範例 Ch05.xlsx『成績分組』工作表內之成績，分為～40、41～60、61～80、81～四組，並求其次數分配表。

	B	C	D	E	F	G
1	成績					
2	85		組別		人數	百分比
3	25		0~	40	4	26.7%
4	60		41	60	3	20.0%
5	80		61	80	3	20.0%
6	87		81		5	33.3%
7	90		合計		15	100.0%

5-6 利用『直方圖』求次數分配並繪圖

若曾安裝『**分析工具箱**』（詳第一章『安裝分析工具箱』處之說明），則可以『**資料分析**』協助完成資料分析之工作，其內之『**直方圖**』，也可用來求次數分配表及繪製直方圖或柏拉圖（經排序的直方圖）。

▶ 間斷性質之類別變數

假定，要求範例 Ch05.xlsx『教育程度次數分配直方圖』工作表之『教育程度』的次數分配表並繪製直方圖。

	D	E	F	G	H
1	第二題	教育程度		教育程度	
2	1	2		1	
3	2	2		2	
4	4	3		3	
5	3	4		4	
6	2	1			
7	3	1			
8	4	4			
9	3	3			
10	4	4			
11	4	4			
12	2	1			

其處理步驟為：

STEP **1**　按『**資料/分析/資料分析**』 資料分析 鈕，進入『**資料分析**』對話方塊，選「**直方圖**」

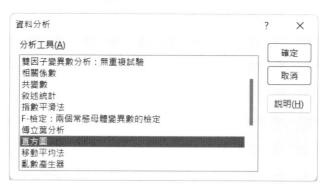

STEP **2** 續按 ┌ 確定 ┐ 鈕

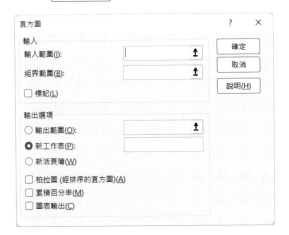

STEP **3** 於『輸入範圍』處，設定要處理之資料範圍（E1:E12）

STEP **4** 於『組界範圍』處，設定組界範圍（G1:G4）（**此處要少定一組，否則會多一組『其他』**）

STEP **5** 點選「**標記(L)**」（因所選範圍均含標題文字）

STEP **6** 選「**累計百分率(M)**」，可計算出累計百分比

STEP **7** 選「**圖表輸出(C)**」，依原答案順序繪製直方圖

STEP **8** 設定輸出範圍，本例安排於目前工作表之 I2 位置

STEP **9** 按 [確定] 鈕，結束。可同時獲致次數分配表及其直方圖（得稍加調整圖表位置）

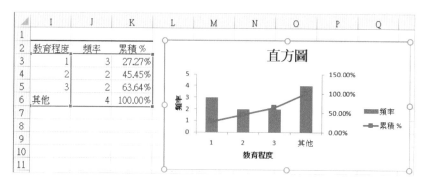

STEP **10** 將 I6 之『其他』，改最後一組答案（4），才符合我們的答案內容

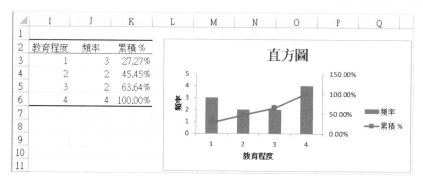

也可以將 I3:I6 改為教育程度之適當文字，使圖表更易看懂：

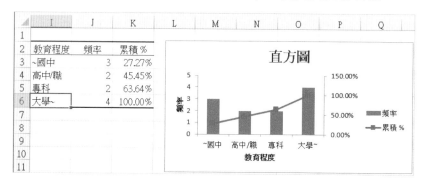

▶ 連續性數值資料

　　前例之教育程度為間斷性質之類別變數，利用『**資料分析/直方圖**』，也可用來求連續性數值資料之次數分配表並繪製直方圖。

	E	F	G
1	所得		所得組界
2	36000		30000
3	52000		50000
4	64000		70000
5	18000		

假定，要求範例 Ch05.xlsx『所得分組次數分配與直方圖』工作表之所得的次數分配表並繪製直方圖。先輸妥 G2:G5 之組界範圍，表示要將其分為：~30000、30001~50000、50001~70000 與 70001~等四個組別：

接著，以下示步驟進行處理：

STEP **1** 按『**資料/分析/資料分析**』 ⊟ 資料分析 鈕，進入『資料分析』對話方塊，選「**直方圖**」，續按 確定 鈕

STEP **2** 於『**輸入範圍**』處，設定要處理之資料範圍（E1:E51）

STEP **3** 於『**組界範圍**』處，設定組界範圍（G1:G5）

STEP **4** 由於前述兩範圍均含文字標題，故加選「**標記(L)**」項

STEP **5** 選「**累計百分率(M)**」，可計算出累計百分比

STEP **6** 選「**圖表輸出(C)**」，依原答案順序繪製直方圖

STEP **7** 設定輸出範圍，本例安排於目前工作表之 I2 位置

STEP **8** 按 確定 鈕結束，可同時獲致次數分配表及其直方圖

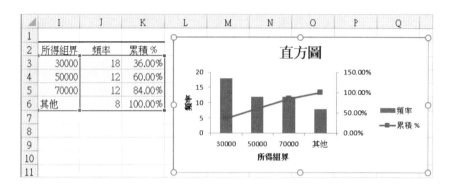

STEP **9** 將 I3:I6 改為所得組界之文字（0~30000、30001~50000、……），並調整圖形大小，使圖表更易看懂；並稍微調整一下圖表大小，以免橫軸標題字重疊

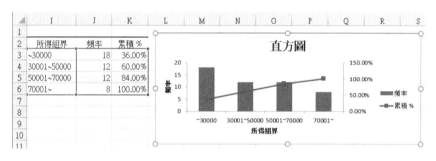

5-7 依次數分配排等級

　　求得次數分配表後，於撰寫研究報告進行文字解說時，通常會加以排等級順序。如：依本次調查之結果，便利商店依其使用率之高低排名，依序為：『7-11』、『全家』、『萊爾富』、『其他』、『OK』。

　　在進行此一排等級順序之動作時，若項目很少，我們一眼就可看出結果。若項目較多，就得利用排序鍵或 RANK.EQ() 函數來處理。

▶ 利用排序鍵處理

假定，要將範例檔 Ch05.xlsx『便利商店排名』內之受訪者最常去的便利商店次數分配表，依其比率高低進行排名：

	E	F	G	H	I
1	代碼	便利商店	人數	比例	排名
2	1	7-11	116	58.0%	
3	2	全家	31	15.5%	
4	3	萊爾富	20	10.0%	
5	4	OK	13	6.5%	
6	5	其他	20	10.0%	
7		總計	200	100.0%	

以排序鍵來處理之步驟為：

STEP **1**　由比例所在之 H2 開始（這點很重要，表要依比例排序），選取 H2:E6 範圍，避開第 1 列之標題與第 7 列之總計

	E	F	G	H	I
1	代碼	便利商店	人數	比例	排名
2	1	7-11	116	58.0%	
3	2	全家	31	15.5%	
4	3	萊爾富	20	10.0%	
5	4	OK	13	6.5%	
6	5	其他	20	10.0%	
7		總計	200	100.0%	

STEP **2**　按『資料/排序與篩選/從最大到最小排序』 鈕，可依比例遞減排序

	E	F	G	H	I
1	代碼	便利商店	人數	比例	排名
2	1	7-11	116	58.0%	
3	5	其他	20	10.0%	
4	4	OK	13	6.5%	
5	3	萊爾富	20	10.0%	
6	2	全家	31	15.5%	
7		總計	200	100.0%	

STEP **3**　於『排名』下之 I2 輸入 1，按住 Ctrl 並拖曳右下角之複製控點，即可拉出其排名數字

	E	F	G	H	I
1	代碼	便利商店	人數	比例	排名
2	1	7-11	116	58.0%	1
3	5	其他	20	10.0%	2
4	4	OK	13	6.5%	3
5	3	萊爾富	20	10.0%	4
6	2	全家	31	15.5%	5
7		總計	200	100.0%	

STEP **4**　點選 E2，按『**資料/排序與篩選/
從最小到最大排序**』 $\begin{smallmatrix}A\\Z\end{smallmatrix}\downarrow$ 鈕，可
依代碼遞增排序，還原其原有之
排列順序

	E	F	G	H	I
1	代碼	便利商店	人數	比例	排名
2	1	7-11	116	58.0%	1
3	2	全家	31	15.5%	5
4	3	萊爾富	20	10.0%	4
5	4	OK	13	6.5%	3
6	5	其他	20	10.0%	2
7		總計	200	100.0%	

▶ 利用 RANK.EQ() 函數處理

前例之缺點是：當排名依據之比例變動，其排名並不會自動調整；且
若有兩個比例相同時，也不會將其安排為同一個排名。

若交由 RANK.EQ() 函數來處理，則無此缺點。其語法為：

```
RANK.EQ(數值,範圍,[順序])
RANK.EQ(number,ref,[order])
```

數值為要安排等級之數字（如：某人之成績）。

範圍是標定要進行排名次之數值範圍（如：全班之成績），非數值將
被忽略。

[順序]是用來指定排等級順序之方式，為 0 或省略，表要遞減排等級，
即數值大者在前；小者在後。反之，若不是 0，則表要遞增排等級，即數
值小者在前；大者在後。

當有同值之情況，會給相同之等級。如，第三
名有兩位同分數，其等級均為 3；且下一位就變成
第 5 名，而無第 4 名。

	A	B	C
1	姓名	成績	名次
2	李碧華	88	
3	林淑芬	90	
4	王嘉育	85	
5	吳育仁	88	
6	呂姿瀅	75	
7	孫國華	92	
8	李慶昭	76	

假定，要針對範例 Ch05.xlsx『成績排名次』工
作表之成績資料排名次。其內有兩位學生之成績同
為 88 分（第 2 與 5 列）：

於 C2 輸入

```
=RANK.EQ(B2,$B$2:$B$8)
```

表要根據 B2 之分數,於\$B\$2:\$B\$8 之全體成績內,以遞減方式排列名次(高分者在前)。續將 C2 抄給 C3:C8,即可排出正確之名次:

C2				fx	=RANK.EQ(B2,$B$2:$B$8)	
	A	B	C	D	E	F	G
1	姓名	成績	名次				
2	李碧華	88	3				
3	林淑芬	90	2				
4	王嘉育	85	5				
5	吳育仁	88	3				
6	呂姿瀅	75	7				
7	孫國華	92	1				
8	李慶昭	76	6				

可發現兩位同為 88 分之學生均為第 3 名,接下來之 85 分的學生即排為第 5 名(而非第 4 名)。

且若成績有所變動,如:將第 8 列之 76 分改為 96。其排名將立即調整,除了該記錄由排名 6 跳為排名 1 外;其它各筆記錄排名也自動調整:

C8				fx	=RANK.EQ(B8,$B$2:$B$8)	
	A	B	C	D	E	F	G
1	姓名	成績	名次				
2	李碧華	88	4				
3	林淑芬	90	3				
4	王嘉育	85	6				
5	吳育仁	88	4				
6	呂姿瀅	75	7				
7	孫國華	92	2				
8	李慶昭	96	1				

馬上練習

求範例 Ch05.xlsx『體操排名-練習』工作表,體操選手之總分的名次:

	A	B	C	D	E	F	G	H	I	J
1	選手	裁判1	裁判2	裁判3	裁判4	裁判5	裁判6	裁判7	總分	名次
2	1001	5.0	8.0	8.0	8.0	8.0	8.0	10.0	55.0	4
3	1002	8.6	9.2	7.8	8.5	9.1	8.8	8.7	60.7	2
4	1025	7.5	7.6	7.4	7.5	7.8	8.1	9.0	54.9	5
5	1026	9.1	8.5	8.6	8.5	8.7	9.2	9.6	62.2	1
6	1034	6.9	6.5	7.3	7.5	7.4	6.5	8.1	50.2	7
7	1037	8.0	8.2	7.6	8.5	6.5	7.2	7.3	53.3	6
8	1102	8.0	9.1	7.8	8.7	7.4	8.6	7.5	57.1	3

馬上練習

將範例 Ch05.xlsx『未申辦信用卡原因之排名』工作表之複選題次數分配表，依其百分比高低進行排名：

	G	H	I	J	K	L	M	N
1	未辦原因	代碼	未辦原因1	未辦原因2	未辦原因3	合計	百分比	排名
2	1.沒興趣，不喜歡	1	5	0	0	5	8.9%	8
3	2.不需要用到	2	10	0	0	10	17.9%	5
4	3.年齡資格不符	3	23	4	0	27	48.2%	1
5	4.不清楚信用卡的使用或功能	4	9	9	0	18	32.1%	3
6	5.習慣用現金	5	3	8	4	15	26.8%	4
7	6.刷卡麻煩	6	1	3	1	5	8.9%	8
8	7.怕被盜刷	7	0	8	2	10	17.9%	5
9	8.刷卡會花錢沒節制	8	0	1	1	2	3.6%	10
10	9.循環利息太高	9	3	6	15	24	42.9%	2
11	10.經濟不允許	10	1	2	4	7	12.5%	7
12	11.其他	11	1	1	0	2	3.6%	10
13	合計		56	42	27	125	223.2%	
14	樣本數	56						

交叉分析表

6

Chapter

學習重點

- ☑ 建立樞紐分析表
- ☑ 加入百分比
- ☑ 加入篩選
- ☑ 變更樞紐分析表的版面配置
- ☑ 區間分組
- ☑ 直接對數值區間分組
- ☑ 地區文字內容分組
- ☑ 取消群組

- ☑ 取得樞紐分析表內容
  GETPIVOTDATA()
- ☑ 卡方分配右尾機率
  CHISQ.DIST.RT()
- ☑ 卡方分配右尾機率反函數
  CHISQ.INV.RT()
- ☑ 卡方檢定 CHISQ.TEST()
- ☑ 複選題

市場調查或民意調查，常利用交叉分析表來以探討兩個類別變數間之關聯性（如：地區別與某政策之贊成與否、性別與偏好政黨、教育程度與使用品牌、品牌與購買原因、……）。

於 Excel 中，交叉分析表除可利用前章所提到之 COUNTIFS() 函數進行求算以外；還可以利用『樞紐分析表』或『模擬分析/運算列表』來建立。不過，還是以『樞紐分析表』較為簡單。所以，我們就僅介紹『樞紐分析表』。

6-1 建立樞紐分析表

茲以範例 Ch06.xlsx『每月次數與零用金』工作表為例，進行說明建立交叉分析表之過程，該表有 200 筆受訪者每月到星巴克消費之次數及其基本資料，各欄內之代碼意義請參見表內文字說明。

	A	B	C	D	E	F	G	H	I
1	編號	次數	零用金	性別	年齡				
2	1	1	2	2	2		每月到星巴克次數		性別
3	2	2	2	2	2		1. ~3		1. 男
4	3	2	2	1	1		2. 4~9		2. 女
5	4	1	1	2	2		3. 10~		
6	5	1	2	1	2				
7	6	1	1	1	2		每月零用金		年齡
8	7	1	3	2	1		1. <5000		1.~20歲
9	8	1	3	1	2		2. 5001~10000		2. 21~30歲
10	9	2	3	2	2		3. 10001~		3. 30歲~

建立交叉分析表（樞紐分析表）之步驟為：

STEP **1**　以滑鼠單按問卷資料之任一儲存格

STEP **2**　按『**插入/表格/樞紐分析表**』 鈕，轉入『建立樞紐分析表』

對話方塊

STEP **3**　於上半部，選「**選取表格或範圍(S)**」，其內所顯示者恰為問卷資料之範圍（Excel 會自動判斷正確範圍，若有不適，仍可自行輸入或重選正確之範圍）

STEP **4**　於下半部，選「**已經存在的工作表(E)**」項，續選按 K3 儲存格。表欲將樞紐分析表安排於目前工作表之 K3 處

若選「**新工作表(N)**」，將再自動產生一新的工作表，以顯示樞紐分析表。

STEP **5** 按 ┌──確定──┐ 鈕，續利用捲動軸，轉到可以看見 K3 儲存格之位置，可發現已有一空白的樞紐分析表，且右側也有一個『樞紐分析表欄位』窗格

STEP **6** 於右側『樞紐分析表欄位』窗格上方之『選擇要新增到報表的欄位：』處，以拖曳之方式，將『□零用金』拉到下方『在以下區域之間拖

曳欄位：』處之『欄』方塊（▥ 欄）內；將『□次數』項拉到『列』方塊（☰ 列）內；將『□性別』拉到『Σ值』方塊（Σ 值）內，可求得初始樞紐分析表，表內所求算之統計量，其預設值為求算選取欄位（性別）之加總。因為，係要求人數（即項目個數），故將那一個欄位拖曳到『Σ值』方塊，均不影響本例之求算動作。

STEP **7**　於『Σ值』方塊，單按『加總-性別』項（ 加總 - 性別 　▼ ）右側之下拉鈕，續選「值欄位設定(N)...」，轉入『值欄位設定』對話方塊

STEP **8**　於『摘要值欄位方式(S)』處將其改為「計數」，以求算出現次數（即記錄數）；續於上方『自訂名稱(C)』處，將原內容改為『人數』

STEP **9**　按 ⬚確定⬚ 鈕，K3 儲存格處之樞紐分析表已改為人數

STEP **10**　利用捲動軸按鈕，將表格調往螢幕左上角，以節省畫面空間。點按 L3 儲存格，將其『欄標籤』字串改為『零用金』；點按 K4 儲存格，將其『列標籤』字串改為『次數』，於 L4:N4 輸入各數字所對應之

零用金，並調整適當欄寬；於 K5:K7 輸入各數字所對應之次數，以
利閱讀

人數	零用金 ▾			
次數 ▾	~5000	5001~10000	10001~	總計
~3	50	70	25	145
4~9	7	17	16	40
10~	3	6	6	15
總計	60	93	47	200

輸入時，得逐格輸入，無法一次複製多格內容。否則，將獲致下示
之錯誤訊息：

按 **次數** ▾ 或 **零用金** ▾ 之下拉鈕，可就如下示之選單：

選擇要保留或取消那一類別之資料，續按 [確定] 鈕，樞紐分析
表可立即改成最新之交叉結果：（假定，取消次數為「10~」之類
別）

馬上練習

針對範例 Ch06.xlsx 之『每月次數
與性別』工作表，求每月到星巴克
次數交叉性別之樞紐分析表。

人數	性別		
次數	男	女	總計
3~	49	96	145
4~9	15	25	40
10~	5	10	15
總計	69	131	200

馬上練習

針對範例 Ch06.xlsx『品牌交叉偏好原因』工作表，求品牌交叉偏好原
因之樞紐分析表。

	A	B	C	D	E	F	G	H	I	J	K
1	編號	性別	品牌	偏好原因	所得						
2	1001	1	1	1	28000		性別	1=男，2=女			
3	1002	2	2	2	30000		品牌	使用品牌：1=A牌、2=B牌、3=C牌			
4	1003	1	1	1	26000		偏好原因	偏好該品牌之主要原因			
5	1004	2	2	2	32000			1. 價格便宜			
6	1005	1	1	2	45000			2. 品質優良			
7	1006	1	2	3	54000			3. 外型美觀			

	M	N	O	P	Q
4	偏好原因	A牌	B牌	C牌	總計
5	1. 價格便宜	11	1	6	18
6	2. 品質優良	2	8	5	15
7	3. 外型美觀	4	2	11	17
8	總計	17	11	22	50

6-2 加入百分比

就算求得前述之樞紐分析表，我們也不太會分析。得再加入百分比資料，才方便解釋。於表中可加入三種百分比：

◉ **總百分比**：各儲存格之數字除以總樣本數

◉ **欄百分比**：各欄內之儲存格數字除以該欄總樣本數

◉ **列百分比**：各列內之儲存格數字除以該列總樣本數

如於前例『品牌交叉偏好原因』之表內，欄百分比可用以分析各種不同品牌之受訪者受偏好之原因高低；列百分比可用以分析同一個偏好原因之受訪者，其使用品牌的分佈情況。

假定，欲於原建立之『每月次數與零用金』交叉表內，加入欄百分比。其操作步驟為：（詳範例 Ch06.xlsx『加入欄百分比』工作表）

STEP **1** 以滑鼠單按樞紐分析表內任一儲存格

	K	L	M	N	O
3	人數	零用金 ▾			
4	次數 ▾	~5000	5001~10000	10001~	總計
5	~3	50	70	25	145
6	4~9	7	17	16	40
7	10~	3	6	6	15
8	總計	60	93	47	200

STEP **2** 於右側『樞紐分析表欄位』窗格上方之『選擇要新增到報表的欄位』處，以滑鼠拖曳『□性別』欄位。將其拉到下方『在以下區域之間拖曳欄位：』處之『Σ值』方塊內，『人數』項目之下。所增加之內容，目前係加於原各欄之右側

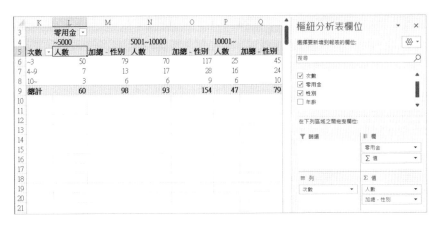

6

STEP **3** 以滑鼠拖曳『欄』方塊內『Σ值』項目（ Σ 值 ▼ ），將其拉
到『列』方塊內，『次數』項目之下

STEP **4** 按右下方『Σ值』方塊內，『加總-性別』項右側之下拉鈕，續選「值欄位設定(N)...」，轉入『值欄位設定』對話方塊，於『摘要值欄位方式(S)』處將其改為「**計數**」，以求算出現次數，另於『自訂名稱(C)』處，將原內容『加總-性別』改為『**%**』

STEP **5** 切換到『值的顯示方式』標籤，按『值的顯示方式(A)』下方右側之下拉鈕，選取使用「**欄總和百分比**」

STEP **6** 按 確定 鈕，獲致含人數及縱向百分比之交叉分析表

由表上之資料可看出：整體言，受訪者中，以每月到星巴克之次數以『~3』次者居最（72.5%），其次依序為每月『4~9』次（20.0%）與每月『10~』次（7.5%）。

經由與零用金交叉分析後，可發現：受訪者每月到星巴克之次數與零用金高低應存有明顯關係，零用金愈低每月到星巴克之次數愈低；隨零用金逐步增加，每月到星巴克之次數則同步增加。每月到星巴克未滿 3 次者，主要集中於低零用金（~5000）那群（83.33%）；每月到星巴克 4~9 次及 10 次以上者，均以高零用金者（10001~）那群的比率最高（34.04%與 12.77%）。

不過，由於未進行獨立性檢定，我們還不能斷下結論。有關獨立性檢定之作法，詳本章下文之說明。

馬上練習

針對範例 Ch06.xlsx『每月次數與性別之欄百分比』工作表，求每月次數交叉性別之樞紐分析表，同時顯示人數及其縱向之欄百分比，並解釋其結果。

可約略看出，無論男女，到星巴克之次數高低並無多大差異。不過，由於未進行獨立性檢定，我們還不能斷下結論。

	性別		
次數	男	女	總計
~3			
人數	49	96	145
%	71.01%	73.28%	72.50%
4~9			
人數	15	25	40
%	21.74%	19.08%	20.00%
10~			
人數	5	10	15
%	7.25%	7.63%	7.50%
人數 的加總	69	131	200
% 的加總	100.00%	100.00%	100.00%

馬上練習

針對範例 Ch06.xlsx『品
牌交叉偏好原因之欄百
分比』工作表，求品牌
交叉偏好原因之樞紐分
析表。於表中同時顯示
人數及其縱向之欄百分
比，並解釋其結果。

	M	N	O	P	Q
3		品牌			
4	偏好原因	A牌	B牌	C牌	總計
5	1. 價格便宜				
6	人數	11	1	6	18
7	%	64.71%	9.09%	27.27%	36.00%
8	2. 品質優良				
9	人數	2	8	5	15
10	%	11.76%	72.73%	22.73%	30.00%
11	3. 外型美觀				
12	人數	4	2	11	17
13	%	23.53%	18.18%	50.00%	34.00%
14	人數 的加總	17	11	22	50
15	% 的加總	100.00%	100.00%	100.00%	100.00%

由表上之資料可看出：整體上消費者偏好其使用之品牌的主要原因，依
序為『價格便宜』（36%）、『外型美觀』（34%）與『品質優良』（30%）。
另由交叉分析，可看出：A 牌之使用者，主要是因『價格便宜』（64.7%）
而使用 A 牌產品。B 牌之使用者，主要是因『品質優良』（72.7%）而
使用 B 牌產品。C 牌之使用者，主要是因『外型美觀』（50.0%）而使
用 C 牌產品。

6-3 加入篩選

　　樞紐分析表內，尚允許加入篩選（如：性別），作為交叉表的上一層
分組依據，以便查閱不同性別，各地區的品牌使用例。

　　假定，欲續於前文之樞紐分析表內，再加入『年齡』作為篩選。其處
理步驟為：（詳範例 Ch06.xlsx『加入篩選』工作表）

STEP **1**　　以滑鼠單按樞紐分析表內任一儲存格

	K	L	M	N	O
3		零用金 ▾			
4	次數 ▾	~5000	5001~10000	10001~	總計
5	~3				
6	人數	50	70	25	145
7	%	83.33%	75.27%	53.19%	72.50%
8	4~9				
9	人數	7	17	16	40
10	%	11.67%	18.28%	34.04%	20.00%
11	10~				
12	人數	3	6	6	15
13	%	5.00%	6.45%	12.77%	7.50%
14	人數 的加總	60	93	47	200
15	% 的加總	100.00%	100.00%	100.00%	100.00%

STEP **2** 　於右側『樞紐分析表欄位』窗格上方之『選擇要新增到報表的欄位』
　　　　　處，以滑鼠拖曳『☐年齡』欄位。將其拉到『在以下區域之間拖曳
　　　　　欄位：』處之『篩選』方塊（ ▼ 篩選 ）內，即可完成加入篩選依據
　　　　　之設定，獲致新的樞紐分析表，其篩選欄位係安排於 K1 位置

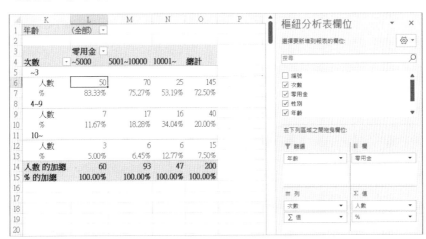

　　　　　若要刪除，亦同樣以拖曳方式將篩選欄位（『年齡』），拖離『篩
　　　　　選』方塊即可。

　　　以「**年齡**」為篩選依據之樞紐分析表，會於上方加有一下拉式選擇表
（ 年齡　　　　（全部）　▾ ）。目前其上顯示「（**全部**）」，故樞紐分析表內，所
顯示者為全部資料的交叉表分析結果。欲查閱不同年齡資料時，可單按右
側之下拉鈕，將顯示各年齡之內容以供選擇：

選妥後，按 確定 鈕，樞紐分析表內容將轉為僅顯示該年齡之內容而已。如，僅過濾出「2」（年齡 21~30）之資料而已：

年齡	2			
		零用金		
次數	~5000	5001~10000	10001~	總計
~3				
人數	38	58	18	114
%	84.44%	77.33%	48.65%	72.61%
4~9				
人數	5	13	14	32
%	11.11%	17.33%	37.84%	20.38%
10~				
人數	2	4	5	11
%	4.44%	5.33%	13.51%	7.01%
人數 的加總	45	75	37	157
% 的加總	100.00%	100.00%	100.00%	100.00%

6-4 變更樞紐分析表的版面配置

欲變更樞紐分析表的版面配置，如：將樞紐分析表資料進行轉軸（移轉欄列方向）或移動資料項位置，均可以直接拖放欄位方式，來更改樞紐分析表資料的版面配置。當重新組織樞紐分析表的資料時，它會自動重新計算，且不影響來源資料。

▶▶ 欄列位置互換

欲將樞紐分析表進行轉軸（移轉欄列方向），其處理步驟為：（詳範例 Ch06.xlsx『欄列位置互換』工作表）

人數	零用金			
次數	~5000	5001~10000	10001~	總計
~3	50	70	25	145
4~9	7	17	16	40
10~	3	6	6	15
總計	60	93	47	200

STEP **1** 以滑鼠單按樞紐分析表內任一儲存格

STEP **2** 於右側『樞紐分析表欄位』窗格，以滑鼠拖曳方式，將『欄』與『列』之內容互換位置，欄/列內容即可互換：（目前 K5:K7 之欄標籤內容為各不同之零用金別，只是 K4 之標題仍為"次數"；L4:N4 之列標籤內容為各次數別，只是 L3 之標題仍為"零用金"）

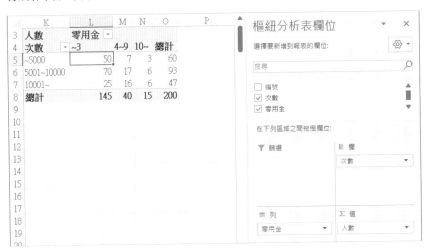

STEP **3** 將 K4 之標題改為"零用金"，L3 之標題改為"次數"，使標題與其內容相符

▶▶ 移動樞紐分析表資料項目

移動樞紐分析表資料項目位置，當然可於『樞紐分析表欄位』窗格之『Σ值』方塊，以拖曳方式進行移動位置。但也可以於樞紐分析表上，直接以滑鼠進行拖曳！

人數	次數			
零用金	~3		4~9	10~ 總計
~5000		50	7	3	60
5001~10000		70	17	6	93
10001~		25	16	6	47
總計		145	40	15	200

於範例 Ch06.xlsx『移動資料項目』工作表之樞紐分析表，若欲將『人數』與『%』兩資料項，進行互換位置：

	零用金			
次數	~5000	5001~10000	10001~	總計
~3				
人數	50	70	25	145
%	83.33%	75.27%	53.19%	72.50%
4~9				
人數	7	17	16	40
%	11.67%	18.28%	34.04%	20.00%
10~				
人數	3	6	6	15
%	5.00%	6.45%	12.77%	7.50%
人數 的加總	60	93	47	200
% 的加總	100.00%	100.00%	100.00%	100.00%

其處理步驟為：

STEP **1**　以滑鼠單按 K6 之『人數』標題

STEP **2**　將滑鼠移往『人數』標題之上緣框邊，指標將由空心十字轉為四向箭頭（⊕），按住滑鼠拖曳，拖到『%』標題之下，再鬆開滑鼠，將可獲致已移妥資料項目的新樞紐分析表

	零用金			
次數	~5000	5001~10000	10001~	總計
~3				
%	83.33%	75.27%	53.19%	72.50%
人數	50	70	25	145
4~9				
%	11.67%	18.28%	34.04%	20.00%
人數	7	17	16	40
10~				
%	5.00%	6.45%	12.77%	7.50%
人數	3	6	6	15
% 的加總	100.00%	100.00%	100.00%	100.00%
人數 的加總	60	93	47	200

6-5 區間分組

　　無論是文字、日期或數字，於樞紐分析表中，均是將不重複出現之內容視為一個類別，去求算交叉表之相關統計數字。當碰上重複性較低之日期或數字，很可能每一個數值均是唯一，而產生幾乎無法縮減類別之情況。

　　如，範例 Ch06.xlsx『運動時間未分組』工作表，性別交叉每次運動時間之結果，有很多種時間係獨立存在產生一列內容，由於組數太多，於資料分析時並無多大作用：

	B	C	D	E	F	G	H
1	性別	每次運動時間/分					
2	1	120					
3	1	10		人數	性別		
4	2	0		運動時間	男	女	總計
5	2	120		0		3 7	10
6	1	120		10		1 1	2
7	1	15		15		1 2	3
8	1	150		30		2 9	11
9	2	30		40		1	1
10	2	0		45		1	1

　　較理想之方式為將每次運動時間分組，以縮減其組數。假定，要將每次運動時間分為 0~30、31~60、61~90、91~120 與 121~五組。可於資料表尾部，新增一『時間分組』欄以

```
=IF(C2<=30,1,IF(C2<=60,2,IF(C2<=90,3,IF(C2<=120,4,5))))
```

之運算式，將其分為五組。重建一次樞紐分析表，即可得到經縮減組數後之交叉表：（詳範例 Ch06.xlsx『性別交叉運動時間-分組』工作表）

D2			fx	=IF(C2<=30,1,IF(C2<=60,2,IF(C2<=90,3,IF(C2<=120,4,5))))						
	C	D	E	F	G	H	I	J	K	L
1	每次運動時間/分	時間分組								
2	120	4								
3	10	1		人數	性別					
4	0	1		時間分組	男	女	總計			
5	120	4		1	7	19	26			
6	120	4		2	18	9	27			
7	15	1		3	7	10	17			
8	150	5		4	20	15	35			
9	30	1		5	7	3	10			
10	0	1		總計	59	56	115			

將 F5:F9 時間分組與 G4:H4 性別之數字改為字串，將更易判讀樞紐分析表之內容：

D2			✓	fx	=IF(C2<=30,1,IF(C2<=60,2,IF(C2<=90,3,IF(C2<=120,4,5))))						
	C	D	E	F	G	H	I	J	K	L	
1	每次運動 時間/分	時間 分組									
2	120	4									
3	10	1		人數	性別 ▾						
4	0	1		時間分組 ▾	男	女	總計				
5	120	4		0~30	7	19	26				
6	120	4		31~60	18	9	27				
7	15	1		61~90	7	10	17				
8	150	5		91~120	20	15	35				
9	30	1		121~	7	3	10				
10	0	1		總計	59	56	115				

當然，也可以前文之技巧，一次即求出人數及縱向百分比：（詳範例 Ch06.xlsx『性別交叉運動時間-分組加上%』工作表）

	F	G	H	I
3		性別 ▾		
4	時間分組 ▾	男	女	總計
5	0~30			
6	人數	7	19	26
7	%	11.9%	33.9%	22.6%
8	31~60			
9	人數	18	9	27
10	%	30.5%	16.1%	23.5%
11	61~90			
12	人數	7	10	17
13	%	11.9%	17.9%	14.8%
14	91~120			
15	人數	20	15	35
16	%	33.9%	26.8%	30.4%
17	121~			
18	人數	7	3	10
19	%	11.9%	5.4%	8.7%
20	人數 的加總	59	56	115
21	% 的加總	100.0%	100.0%	100.0%

由此一表中，可看出：男性運動時間以 91~120 分鐘居最多數（33.9%）；女性則為 0~30 分鐘（33.9%），看起來女生似乎比男生較不願意運動。不過，由於未進行獨立性檢定，我們還不能斷下結論。有關獨立性檢定之作法，詳本章下文之說明。

馬上練習

依範例 Ch06.xlsx『年齡分組
交叉性別』工作表之性別與
年齡資料，將年齡分為『~35』
與『36~』兩組，建立性別交
叉年齡之筆數與縱向百分比：

	A	B	C	D	E	F	G
1	姓名	性別	部門	職稱	年齡	薪資	年齡分組
2	謝龍盛	男	業務	專員	33	45,000	
3	梁國棟	男	業務	專員	27	26,800	
4	黃啟川	男	業務	專員	28	39,800	
5	吳志明	男	業務	主任	43	52,000	

	G	H	I	J	K	L
1	年齡分組			性別		
2	~35		年齡	女	男	總計
3	~35		~35			
4	~35		人數	2	3	5
5	36~		%	40.00%	75.00%	55.56%
6	36~		36~			
7	~35		人數	3	1	4
8	36~		%	60.00%	25.00%	44.44%
9	~35		人數 的加總	5	4	9
10	36~		% 的加總	100.00%	100.00%	100.00%

年齡分組處 G2 可使用：=IF(E2<=35,"~35","36~")

馬上練習

依範例 Ch06.xlsx『性別交叉
所得』工作表資料，將所得
分為『 ~40000 』、
『40001~50000』與『50001~』
三組，建立性別交叉所得之
筆數與縱向百分比：

分組依據可使用：

	B	C	D	E	F
1	性別	品牌	偏好原因	所得	所得分組
2	1	1	1	28000	
3	2	2	2	30000	
4	1	1	1	26000	

	N	O	P	Q
3		性別		
4	薪資分組	男	女	總計
5	~40000			
6	人數	18	10	28
7	%	66.7%	43.5%	56.0%
8	40001~50000			
9	人數	4	2	6
10	%	14.8%	8.7%	12.0%
11	50001~			
12	人數	5	11	16
13	%	18.5%	47.8%	32.0%
14	人數 的加總	27	23	50
15	% 的加總	100.0%	100.0%	100.0%

=IF(E2<=40000,"~40000",IF(E2<=50000,"40001~50000","50001~"))

6-6 直接對數值區間分組

其實，針對上述分佈很散之數值，並不一定要使用 IF() 函數來加以分組，Excel 本身就具有分組之功能。如，於範例 Ch06.xlsx『業績未分組』工作表，其性別交叉業績之結果，幾乎是一種業績即獨立存在產生一列內容，於資料分析時並無多大作用：

可以下示步驟，對其數值性之業績資料進行分組，以縮減其組數：(參見範例 Ch07.xls『業績分組』工作表)

STEP **1** 點選 F 欄之任一業績數字

STEP **2** 按『**樞紐分析表工具/分析/群組/將欄位組成群組**』 ⑦ 將欄位組成群組(R) 鈕 (或單按滑鼠右鍵，續選「**組成群組(G)...**」)，轉入『**數列群組**』對話方塊，其上顯示所有數值之最小值 (開始) 與最大值 (結束)

STEP **3** 就其開始值與結束值判斷，自行輸入擬分組之開始、結束值以及間距值。本例輸入開始於 0，結束於 2500000，間距值 500000

STEP **4** 按 ▭確定 鈕離開，即可將原凌亂之數字，依所安排之開始、結束與間距值進行分組，重新建立樞紐分析表

由此結果，可看出所有員工之業績的分佈情況，主要是集中於 500,000 ～2,000,000 之間。其中，又以『500000-999999』的人數最多。

6-7 地區文字內容分組

可進行分組之內容，並不限定是數值、日期或時間資料而已。更特別的是，連文字性之內容也可以進行分組。以範例 Ch06.xlsx『地區分組交叉性別』工作表為例，未分組時，應有四個地區：

	地區	業績		人數	性別 ▾		
1	地區	業績		人數	性別 ▾		
2	北區	2,159,370		地區 ▾	女	男	總計
3	北區	678,995		中區	13	8	21
4	南區	1,555,925		北區	20	13	33
5	中區	1,065,135		東區	11	7	18
6	北區	1,393,475		南區	18	10	28
7	中區	1,216,257		總計	62	38	100

若擬將其中區、東區與南區合併為『其他』，可以下示步驟進行：

STEP **1**　按住 Ctrl 鍵，續以滑鼠點選『中區』、『東區』與『南區』之標題，選取此不連續範圍

	F	G	H	I
1	人數	性別		
2	地區	女	男	總計
3	中區		13	8	21
4	北區		20	13	33
5	東區		11	7	18
6	南區		18	10	28
7	總計		62	38	100

STEP **2**　按『樞紐分析表工具/分析/群組/將選取項目組成群組』 → 將選取項目組成群組 鈕，可將所選取之三區，合併成『資料組 1』

	F	G	H	I
1	人數	性別		
2	地區	女	男	總計
3	⊟資料組1			
4	中區	13	8	21
5	東區	11	7	18
6	南區	18	10	28
7	⊟北區			
8	北區	20	13	33
9	總計	62	38	100

STEP **3**　將 F3 之『資料組 1』改為『其他』

	F	G	H	I
1	人數	性別		
2	地區	女	男	總計
3	⊟其他			
4	中區	13	8	21
5	東區	11	7	18
6	南區	18	10	28
7	⊟北區			
8	北區	20	13	33
9	總計	62	38	100

STEP **4**　利用其前面之摺疊鈕（⊟），將其等收合起來，續以拖曳方式，將『其他』移往『北區』之下方，即為所求

	F	G	H	I
1	人數	性別		
2	地區	女	男	總計
3	⊞北區	20	13	33
4	⊞其他	42	25	67
5	總計	62	38	100

將地區以『**群組選取**』縮減組數進行分組後，樞紐分析表會記下此一分組結果，供後續之分析使用。如本例將『地區』欄內中區、東區與南區合併為『其他』，於『樞紐分析表欄位』窗格內，將會多增加一項『地區 2』，將來若直接使用『地區 2』即可取得其分組結果：

6-8 取消群組

經合併為群組之內容，可以利用『樞紐分析表工具/分析/群組/取消群組』 鈕，來取消其群組。

以範例 Ch06.xlsx『取消群組』工作表為例，其處理步驟為：

STEP **1**　點選 F4『其他』儲存格

	F	G	H	I
1	人數	性別 ▾		
2	地區 ▾	女	男	總計
3	⊞北區	20	13	33
4	⊞其他	42	25	67
5	總計	62	38	100

STEP **2**　按『樞紐分析表工具/分析/群組/取消群組』 鈕，取消其群組。『其他』群組可還原成：『中區』、『東區』與『南區』

	F	G	H	I
1	人數	性別 ▾		
2	地區 ▾	女	男	總計
3	中區	13	8	21
4	北區	20	13	33
5	東區	11	7	18
6	南區	18	10	28
7	總計	62	38	100

6-9 取得樞紐分析表內容 GETPIVOTDATA()

由於要進行卡方分析時，得同時使用到『觀察值範圍』與『期望值範圍』，故得先介紹如何以 GETPIVOTDATA() 函數取得『觀察值範圍』。

GETPIVOTDATA() 函數可用來取得樞紐分析表之內容，其語法為：

```
GETPIVOTDATA(data_field,pivot_table,field1,item1,field2,item2,...)
GETPIVOTDATA(欄位名稱,樞紐分析表,欄位 1,項目 1,…)
```

- **欄位名稱**為用雙引號括起來的文字串或以文字型態存放之儲存格內容，用來指明要在樞紐分析表取得何種標籤文字下所對應之資料。如："人數"、"%"。

- **樞紐分析表**可以是表中的一個儲存格或是儲存格範圍，或是樞紐分析表上方的一個標籤。

- **欄位 1,項目 1,...** 為 1 到 126 組成對的欄位名稱與項目名稱，用以標明要擷取的資料，其配對組合可依任何順序排列。

茲以範例 Ch06.xlsx『GETPIVOTDATA』工作表每月到星巴克次數交叉零用金之資料為例，若要以下表取得零用金『~5000』，每月到星巴克『~3』次之觀察值（人數），可使用

```
=GETPIVOTDATA("人數",$I$3,"次數","~3","零用金","~5000")
```

表示要於 I3 這個樞紐分析表中，取得『人數』列（第 6、第 9、第 12）之內容，其對應位置為：『次數』為「~3」、『零用金』為「~5000」。取得此一公式甚為簡單，於 P5 先輸入=號再點選 J6 即可：

由於其欄位與項目之配對組合可依任何順序排列，故公式也可輸入成：

```
=GETPIVOTDATA("人數",$I$3,"零用金","~5000","次數","~3")
```

但這種公式，所有內容均為常數，不適合抄給別的儲存格。故將其改為

```
=GETPIVOTDATA("人數",$I$3,"次數",$O5,"零用金",P$4)
```

並抄給 P5:R7，即可取得各零用金群組交叉不同次數之觀察值：

| P5 | | f_x | =GETPIVOTDATA("人數",$I$3,"次數",$O5,"零用金",P$4) | | | | | | | |

	I	J	K	L	M	N	O	P	Q	R
3		零用金 ▾								
4	次數 ▾	~5000	5001~10000	10001~	總計			~5000	5001~10000	10001~
5	~3						~3	50	70	25
6	人數	50	70	25	145		4~9	7	17	16
7	%	83.33%	75.27%	53.19%	72.50%		10~	3	6	6
8	4~9									
9	人數	7	17	16	40					
10	%	11.67%	18.28%	34.04%	20.00%					
11	10~									
12	人數	3	6	6	15					
13	%	5.00%	6.45%	12.77%	7.50%					
14	人數 的加總	60	93	47	200					
15	% 的加總	100.00%	100.00%	100.00%	100.00%					

當然，您也會認為：為何不直接於『北區』欄使用

=J6
=J9
=J12

來取得，續再將 P5:P7 抄給 P5:R7？
（詳範例 Ch06.xlsx『不使用 GETPIVOTDATA』工作表）

| P5 | | f_x | =J6 | | | | | | | |

	I	J	K	L	M	N	O	P	Q	R
3		零用金 ▾								
4	次數 ▾	~5000	5001~10000	10001~	總計			~5000	5001~10000	10001~
5	~3						~3	50	70	25
6	人數	50	70	25	145		4~9	7	17	16
7	%	83.33%	75.27%	53.19%	72.50%		10~	3	6	6
8	4~9									
9	人數	7	17	16	40					
10	%	11.67%	18.28%	34.04%	20.00%					
11	10~									
12	人數	3	6	6	15					
13	%	5.00%	6.45%	12.77%	7.50%					
14	人數 的加總	60	93	47	200					
15	% 的加總	100.00%	100.00%	100.00%	100.00%					

其理由有二：

◉ 由於列間夾有『%』資料，輸入公式=J6、=J9、=J12 時，無法使用
複製方式進行，得逐一輸入

◉ 若樞紐分析表之篩選標準一旦改變，如以

將樞紐分析表改為不顯示零用金『~5000』之資料。我們將很容易發現，因樞紐分析表欄數變少了，導致 P5:R7 所取得之觀察值均向左遞移一欄，而取得錯誤資料。以零用金『10001~』之資料為例，其資料係原總計欄之人數：

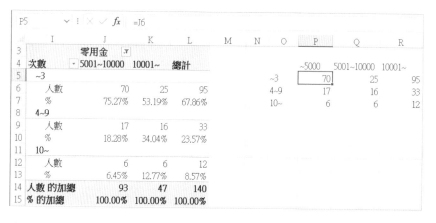

但若改為使用 GETPIVOTDATA() 函數，則無論樞紐分析表如何改變，均不會有前述之缺點發生：

P5 | : × ✓ fx =GETPIVOTDATA("人數",$I$3,"次數",$O5,"零用金",P$4)

	I	J	K	L	M	N	O	P	Q	R
3		零用金	▼							
4	次數	▼ 5001~10000	10001~	總計				~5000	5001~10000	10001~
5	~3						~3	#REF!	70	25
6	人數	70	25	95						
7	%	75.27%	53.19%	67.86%			4~9	#REF!	17	16
8	4~9									
9	人數	17	16	33			10~	#REF!	6	6
10	%	18.28%	34.04%	23.57%						
11	10~									
12	人數	6	6	12						
13	%	6.45%	12.77%	8.57%						
14	人數 的加總	93	47	140						
15	% 的加總	100.00%	100.00%	100.00%						

P 欄零用金『~5000』目前顯示參照錯誤『#REF!』，係因為樞紐分析表之零用金『~5000』欄被隱藏之故。

馬上練習

針對範例 Ch06.xlsx『性別交叉運動時間之觀察值』工作表內容，求其觀察值之範圍：

	F	G	H	I	J	K	L	M
3		性別 ▼						
4	時間分組 ▼	男	女	總計			男	女
5	0~30					0~30	7	19
6	人數	7	19	26		31~60	18	9
7	%	11.9%	33.9%	22.6%		61~90	7	10
8	31~60					91~120	20	15
9	人數	18	9	27		121~	7	3
10	%	30.5%	16.1%	23.5%				
11	61~90							
12	人數	7	10	17				
13	%	11.9%	17.9%	14.8%				
14	91~120							
15	人數	20	15	35				
16	%	33.9%	26.8%	30.4%				
17	121~							
18	人數	7	3	10				
19	%	11.9%	5.4%	8.7%				
20	人數 的加總	59	56	115				
21	% 的加總	100.0%	100.0%	100.0%				

6-10 卡方分配右尾機率 CHISQ.DIST.RT()

由於建妥單選題之交叉表後，通常得進行卡方獨立性檢定，故得先介紹幾個與卡方有關之函數。卡方分配右尾機率 CHISQ.DIST.RT() 函數之語法為：

```
CHISQ.DIST.RT(x,自由度)
CHISQ.DIST.RT(x,degrees_freedom)
```

x 是要用來計算累計機率之卡方值（χ^2）。

自由度（d.f.）將隨所使用之適合度檢定、獨立性檢定或同質性檢定而不同。適合度檢定之自由度為組數減 1（k-1）、獨立性檢定或同質性檢定之自由度均為(列數-1)×（行數-1）即(r-1)*（c-1）。

本函數在求：於某一自由度下之卡方分配中，求 x 值以外之右尾的總面積。即傳回卡方分配之右尾累計機率值（下圖之陰影部份）：

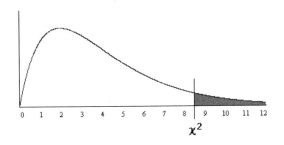

卡方分配之圖形及機率值，將隨自由度不同而略有不同。以自由度為 10 與 20 之情況下，不同卡方值所求得之單尾累計機率分別為：（詳範例 Ch06.xlsx『CHISQ.DIST.RT』工作表）

B3		f_x =CHISQ.DIST.RT(A3,$B$1)		
	A	B	C	D	E
1	d.f.	10		d.f.	20
2	**卡方值**	右尾機率		**卡方值**	右尾機率
3	12.55	0.250		23.82	0.250
4	16.00	0.100		28.40	0.100
5	18.30	0.050		31.40	0.050
6	20.50	0.025		34.20	0.025
7	23.20	0.010		37.60	0.010
8	25.20	0.005		40.00	0.005

6-11 卡方分配右尾機率反函數 CHISQ.INV.RT()

卡方分配右尾機率反函數 CHISQ.INV.RT() 之語法為：

```
CHISQ.INV.RT(累計機率,自由度)
CHISQ.INV.RT(probability,degrees_freedom)
```

於已知**自由度**之卡方分配中，求右尾某**累計機率**所對應之卡方值。此卡方值為依單尾累計機率所求。

由於卡方分配之圖形及機率值，將隨自由度不同而略有不同。右表是以自由度為 10 之情況下，所求得之結果：（詳範例 Ch06.xlsx『 CHISQ.INV.RT 』工作表）

	E4	⌄ ┊ ✕ ✓ fx	=CHISQ.INV.RT(D4,$E$2)		
	A	B	C	D	E	F
1	CHISQ.DIST.RT()			CHISQ.INV.RT()		
2	d.f.	10		d.f.	10	
3	卡方值	右尾機率		右尾機率	卡方值	
4	12.55	0.250		25.0%	12.55	
5	16.00	0.100		10.0%	16.00	
6	18.30	0.050		5.0%	18.30	
7	20.50	0.025		2.5%	20.50	
8	23.20	0.010		1.0%	23.20	
9	25.20	0.005		0.5%	25.20	

有了此函數，即可省去查卡方分配表之麻煩。（卡方分配的臨界值詳附錄 A-3）

馬上練習

以範例 Ch06.xlsx『以 CHISQ.INV.RT 查卡方值』工作表，求自由度（ d.f. ）為 1~15 之情況下，單尾機率為 25%、10%、5%、2.5%、1% 與 0.5% 之卡方值：

	A	B	C	D	E	F	G
1		右尾機率					
2	d.f.	25%	10%	5%	2.5%	1%	0.5%
3	1	1.32	2.71	3.84	5.02	6.63	7.88
4	2	2.77	4.61	5.99	7.38	9.21	10.60
5	3	4.11	6.25	7.81	9.35	11.34	12.84
6	4	5.39	7.78	9.49	11.14	13.28	14.86
7	5	6.63	9.24	11.07	12.83	15.09	16.75
8	6	7.84	10.64	12.59	14.45	16.81	18.55
9	7	9.04	12.02	14.07	16.01	18.48	20.28
10	8	10.22	13.36	15.51	17.53	20.09	21.95
11	9	11.39	14.68	16.92	19.02	21.67	23.59
12	10	12.55	15.99	18.31	20.48	23.21	25.19
13	11	13.70	17.28	19.68	21.92	24.72	26.76
14	12	14.85	18.55	21.03	23.34	26.22	28.30
15	13	15.98	19.81	22.36	24.74	27.69	29.82
16	14	17.12	21.06	23.68	26.12	29.14	31.32
17	15	18.25	22.31	25.00	27.49	30.58	32.80

不過,要特別注意的是:若卡方分配右尾機率反函數 CHISQ.DIST.RT 內之累計機率太小,通常於非常顯著之情況,其 P 值已為 0 值,則本函數之結果將為 #NUM! 之錯誤。如,下表之 B8 內容:(詳範例 Ch06.xlsx 『CHISQ.INV.RT 之缺點』工作表)

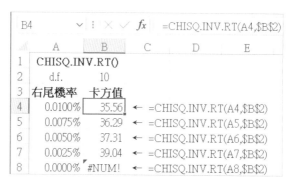

如此,將使得我們於已知 P 值與自由度時,想逆向求其卡方值,會發生無法求算其卡方值之窘境,僅能取得 #NUM! 之錯誤(當 P 值已為 0 值時)。此時,只好利用下文『傳統計算方式』之方式來求算卡方值。

6-12 卡方檢定 CHISQ.TEST()

卡方檢定 CHISQ.TEST() 函數之語法為:

```
CHISQ.TEST(觀察值範圍,期望值範圍)
CHISQ.TEST(actual_range,expected_range)
```

本函數將依**觀察值範圍**與**期望值範圍**計算其卡方值,再傳回該值於卡方分配之右尾機率(P)。判斷檢定結果時很簡單,只須看此 P 值是否小於所指定顯著水準之 α 值。若是,即表示要捨棄交叉表之兩個變項間無任何關聯的虛無假設,也就是說交叉表之兩個變項間存有顯著關聯。

觀察值範圍為交叉表之實際資料,**期望值範圍**則為依各欄列之機率所計算而得之期望值。

卡方之運算公式為:

$$\chi^2 = \sum_{allcell} \frac{(O-E)^2}{E}$$

即讓**觀察值範圍**的每一格減去**期望值範圍**對應位置之每一格的值，求平方，再除以**期望值範圍**對應位置之每一格的值，將這些值逐一加總，即為卡方值：

$$\chi^2 = \frac{(O_{1,1} - E_{1,1})^2}{E_{1,1}} + \frac{(O_{1,2} - E_{1,2})^2}{E_{1,2}} + ... + \frac{(O_{r,c} - E_{r,c})^2}{E_{r,c}}$$

然後，計算自由度(r-1)*(c-1)，r 為列數、c 為欄數，並查表算出此一卡方值於卡方分配之右尾機率（P）。

▶ 傳統計算方式

茲以範例 Ch06.xlsx『卡方-傳統計算』工作表之每月到星巴克之次數交叉零用金資料為例：

	I	J	K	L	M
3		零用金			
4	次數	~5000	5001~10000	10001~	總計
5	~3				
6	人數	50	70	25	145
7	%	83.33%	75.27%	53.19%	72.50%
8	4~9				
9	人數	7	17	16	40
10	%	11.67%	18.28%	34.04%	20.00%
11	10~				
12	人數	3	6	6	15
13	%	5.00%	6.45%	12.77%	7.50%
14	人數 的加總	60	93	47	200
15	% 的加總	100.00%	100.00%	100.00%	100.00%

說明如何進行卡方檢定，以判斷每月到星巴克之次數，會不會因零用金高低不同而有顯著差異，也就是要進行其獨立性檢定。其虛無假設（H_0）與對立假設（H_1）為：

H_0：每月到星巴克之次數與零用金高低無關

H_1：兩者有關

$\alpha = 0.05$

其操作步驟為：

STEP **1** 　輸入標題

○	P	Q	R	S	T	U	V	W	X
3	觀察值範圍					期望值範圍			
4		~5000	5001~10000	10001~	總計		~5000	5001~10000	10001~
5 ~3						~3			
6 4~9						4~9			
7 10~						10~			
8 總計									

STEP **2** 　於 P5 輸入=，續點選樞紐分析表之 J6，可取得

=GETPIVOTDATA("人數",$I$3,"次數","~3","零用金","~5000")

將其改為

=GETPIVOTDATA("人數",$I$3,"次數",$O5,"零用金",P$4)

P5		✓ : × ✓ *fx*	=GETPIVOTDATA("人數",$I$3,"次數",$O5,"零用金",P$4)						
○	P	Q	R	S	T	U	V	W	X
3	觀察值範圍					期望值範圍			
4		~5000	5001~10000	10001~	總計		~5000	5001~10000	10001~
5 ~3	50					~3			
6 4~9						4~9			
7 10~						10~			
8 總計									

STEP **3** 　續將其抄給 P5:P7，再抄給 P5:R7，取得各儲存格之觀察值

P5		✓ : × ✓ *fx*	=GETPIVOTDATA("人數",$I$3,"次數",$O5,"零用金",P$4)						
○	P	Q	R	S	T	U	V	W	X
3	觀察值範圍					期望值範圍			
4		~5000	5001~10000	10001~	總計		~5000	5001~10000	10001~
5 ~3	50	70	25			~3			
6 4~9	7	17	16			4~9			
7 10~	3	6	6			10~			
8 總計									

STEP **4** 　選取 P5:S8，按『**常用/編輯/自動加 總**』 ∑ 鈕，取得欄/列之加總

○	P	Q	R	S
3	觀察值範圍			
4		~5000	5001~10000	10001~	總計
5 ~3	50	70	25	145
6 4~9	7	17	16	40
7 10~	3	6	6	15
8 總計	60	93	47	200

STEP **5** 期望值範圍處，第一欄第一列第一欄（V5）之期望值應為樞紐分析
表之：

第一欄% × 第一列% × 總樣本數
60/200 × 145/200 × 200

可簡化成

第一欄% × 第一列總計
60/200 × 145

或

第一欄總計 × 第一列%
60 × 145/200

以 P5:S8 之觀察值範圍之內容來表示，其公式將為

=P\$8*\$S5/\$S\$8

V5			f_x	=P\$8*\$S5/\$S\$8					
	O	P	Q	R	S	T	U	V	W	X
3	**觀察值範圍**						**期望值範圍**			
4		~5000	5001~10000	10001~	**總計**			~5000	5001~10000	10001~
5	~3	50	70	25	145		~3	43.5		
6	4~9	7	17	16	40		4~9			
7	10~	3	6	6	15		10~			
8	**總計**	60	93	47	200					

STEP **6** 續將其抄給 V5:V7，再抄給 V5:X7，取得各儲存格之期望值

V5			f_x	=P\$8*\$S5/\$S\$8					
	O	P	Q	R	S	T	U	V	W	X
3	**觀察值範圍**						**期望值範圍**			
4		~5000	5001~10000	10001~	**總計**			~5000	5001~10000	10001~
5	~3	50	70	25	145		~3	43.5	67.425	34.075
6	4~9	7	17	16	40		4~9	12	18.6	9.4
7	10~	3	6	6	15		10~	4.5	6.975	3.525
8	**總計**	60	93	47	200					

STEP **7**　接著，來計算每格之

$$\frac{(O-E)^2}{E}$$

假定，要將其安排於 P11:R13。P11 處之公式應為：

$$\frac{\left(O_{1,1}-E_{1,1}\right)^2}{E_{1,1}}$$

即

```
=(P5-V5)^2/V5
```

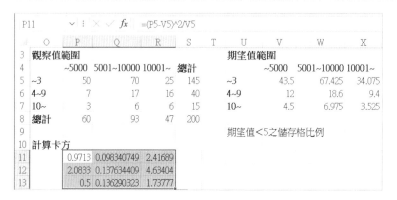

STEP **8**　將 P11:R13 之值加總，即卡方值 12.716：

傳統之作法，是查附錄 A-3 卡方分配的臨界值，於自由度 4
（(3-1)*(3-1)=4）、α=0.05，其臨界值為 9.49。而我們所求算出之
χ^2=12.716＞9.49，故應捨棄次數與零用金無關之虛無假設。也就是
說，每月到星巴克之次數，會因其零用金高低不同而有顯著差異。

STEP **9** 但由於有 CHISQ.DIST.RT() 函數，只須將卡方值與自由度，代入函數

```
=CHISQ.DIST.RT(P15,P16)
```

即可求得其右尾之機率（P 值，卡方獨立性檢定的顯著水準）

	O	P	Q	R	S	T	U
15	卡方	12.716		P值	0.013		
16	d.f.	4					

S15 的公式為 =CHISQ.DIST.RT(P15,P16)

判斷檢定結果時很簡單，只須看此 P 值是否小於所指定顯著水準之 α 值。若是，即表示交叉表之兩個變項間存有顯著關聯，故可省去查表之麻煩。本例，由於其 P 值 0.013<α=0.05，故應捨棄次數與零用金無關之虛無假設。也就是說，每月到星巴克之次數，會因其零用金高低不同而有顯著差異。再回步驟 1 之交叉表檢視，可發現隨其零用金遞增，每月到星巴克之次數也逐漸遞增。

▶▶ 應注意下列事項

使用卡方檢定進行分析時，應注意下列事項：

1. 卡方檢定僅適用於類別資料（名目變數，如：性別、地區、使用品牌、宗教信仰、是否購買、⋯⋯）。

2. 各細格之期望次數不應少於 5。通常要有 80% 以上的期望次數≥5，否則會影響其卡方檢定的效果。若有期望次數小於 5 時，可將其合併。如：原所得以

~20000	15 人
20001~40000	80 人
40001~60000	150 人
60001~80000	40 人
80001~	5 人

分成五組，於卡方檢定時，發現有太多細格之期望次數小於 5，可將其合併成：

~40000	95 人
40001~60000	150 人
60001~	45 人

縮減成三組，使每組人數變大後，可望消除部份期望次數小於 5 之情況。

由於，各細格之期望次數不應少於 5。通常要有 80% 以上的期望次數 ≧5，否則會影響其卡方檢定的效果。故而，我們於 X9 以

```
=COUNTIF(V5:X7,"<5")/COUNT(V5:X7)
```

計算期望值＜5 之儲存格比例，發現其為 22.2%，超出 20% 並不算很嚴重，故不擬進行任何調整：

本例，若覺得其期望值＜5 之儲存格比例超過 20%，擬進行合併時，可考慮將樣本數比較少之兩組『4~9』與『10~』合併成『4~』。

▶ 利用 CHISQ.TEST() 函數

同樣之例子，於求得觀察值範圍（P5:R7）與其期望值範圍（V5:X7）後，即可直接以

```
=CHISQ.TEST(P5:R7,V5:X7)
```

利用 CHISQ.TEST() 函數，求得其檢定結果（P 值）：（詳範例 Ch07.xls『卡方-CHISQ.TEST』工作表）

R11	✓ : × ✓ fx	=CHISQ.TEST(P5:R7,V5:X7)							
◢	O	P	Q	R	S	T	U	V	W	X
4		~5000	5001~10000	10001~	總計				~5000	5001~10000	10001~
5	~3	50	70	25	145		~3		43.5	67.425	34.075
6	4~9	7	17	16	40		4~9		12	18.6	9.4
7	10~	3	6	6	15		10~		4.5	6.975	3.525
8	總計	60	93	47	200					
9								期望值<5之儲存格比例		22.2%
10										
11	直接以CHISQ.TEST()求P值			0.013						

　　當然，也可以透過顯著水準之 P 值與自由度，利用 CHISQ.INV.RT() 函數，以

```
=CHISQ.INV.RT(R11,S13)
```

逆向求得其卡方值 12.716：

P13		∨ ⋮ × ✓ fx	=CHISQ.INV.RT(R11,S13)		
▲	O	P	Q	R	S	U
11	直接以CHISQ.TEST()求P值			0.013		
12						
13	卡方	12.716		.d.f	4	

馬上練習

針對範例 Ch06.xlsx『卡方-性別交叉運動時間』工作表之交叉表，以卡方檢定運動時間與性別是否存有顯著之關聯（$\alpha=0.05$）：

	F	G	H	I
3		性別 ▾		
4	時間分組 ▾	男	女	總計
5	0~30			
6	人數	7	19	26
7	%	11.9%	33.9%	22.6%
8	31~60			
9	人數	18	9	27
10	%	30.5%	16.1%	23.5%
11	61~90			
12	人數	7	10	17
13	%	11.9%	17.9%	14.8%
14	91~120			
15	人數	20	15	35
16	%	33.9%	26.8%	30.4%
17	121~			
18	人數	7	3	10
19	%	11.9%	5.4%	8.7%
20	人數 的加總	59	56	115
21	% 的加總	100.0%	100.0%	100.0%

	L	M	N	O	P	Q	R	S
4	觀察值範圍				期望值範圍			
5		男	女	總計			男	女
6	0~30	7	19	26	0~30		13.3	12.7
7	31~60	18	9	27	31~60		13.9	13.1
8	61~90	7	10	17	61~90		8.7	8.3
9	91~120	20	15	35	91~120		18.0	17.0
10	121~	7	3	10	121~		5.1	4.9
11	總計	59	56	115				
12								
13	直接以CHISQ.TEST()求算P值			0.023				
14	卡方	11.312		d. f.		4		
15	期望值<5之儲存格比例			10%				
16	由於其P值0.023< α =0.05							
17	所以應捨棄運動時間長短與性別無關之虛無假設							

由於其 P 值 0.023< α =0.05，所以應捨棄運動時間長短與性別無關之虛無假設。可發現男性之運動時間主要以 91~120 分鐘居多（33.9%）；而女性之運動時間主要以 0~30 分鐘居多（33.9%）。就相對比例言，在較長之運動時間部份（31~60、91~120 分鐘與 120 分鐘~）的比例，男性明顯高過女性；而女性則在較短之運動時間部份（0~31 與 61~90 分鐘）的比例，明顯高過男性。可見男性之運動時間普遍較女性來得長一點！

6-13 複選題

複選題雖可多獲得幾個答案，但於分析時，卻多了很多限制。即便是使用 SPSS 或 SAS 統計套裝軟體，複選題也只能進行次數分配與交叉分析而已，且還無法進行卡方檢定。若無法檢定，將會使我們寫報告時，寫得非常沒有信心。更何況，Excel 是無法直接處理複選題的，得加上許多額外步驟。所以，應儘量避免將問題設計成複選題！

假定，要處理

1. 請問您現在是否常上網？
   □1.有　　　　　　　　□2.沒有（請跳答第 12 題）

2. 請問您常上網原因為何？（可複選，最多三項）
   □1.方便與家人聯絡　　　□2.方便與朋友同學聯絡
   □3.追求流行　　　　　　□4.工作(作業)需要
   □5.親人提供　　　　　　□6.同儕間比較的心理
   □7.網路價格下降　　　　□8.網路業者推出的促銷方案
   □9.玩線上遊戲　　　　　□10.其他_____
   …

請填寫您的基本資料：
   性別：□1.男　　　　　　　□2.女

之問卷題目，其資料列於範例 Ch06.xlsx『上網原因交叉性別』工作表，本資料是針對 107 位大學生進行調查而得，常上網者有 104 筆資料：

	A	B	C	D	E	F
1	編號	是否常上網	原因1	原因2	原因3	性別
2	1	1	4	5	8	1
3	2	1	1	3	5	2
4	3	1	2	3	6	1
5	4	1	2	4	7	1

底下，就以樞紐分析表，分幾次來處理這個複選題之交叉表：

STEP 1　停於 B 欄，按『資料/排序與篩選/從最小到最大排序』 ⬚↓ 鈕，將其遞增排序，使常上網者之樣本集中在前面

STEP **2**　　按『**插入/表格/樞紐分析表**』  鈕，轉入『**建立樞紐分析表**』

對話方塊，將滑鼠移回工作表上，重新選取 A1:F105 當來源範圍（此範圍即為常上網者之資料）

往後之操作步驟即同於前文各節。由於複選題有三個答案，故先求性別交叉第一個上網原因之答案數（項目個數）及其欄百分比，將其安排於 H3。我們使用『答案數』而不使用『人數』，是因為本題係複選題，其答案數會大於樣本數，為避免混淆而不使用『人數』。獲致性別交叉第一個上網原因之答案數及其欄百分比

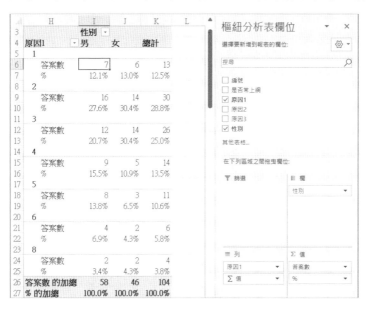

STEP **3**　由於複選題有三個答案，故回原問卷之資料的任一儲存格，再仿前文操作步驟，於 H31 求性別交叉第二個上網原因之答案數及其欄百分比

	H	I	J	K
31		性別 ▾		
32	原因2 ▾	男	女	總計
33	2			
34	答案數	6	3	9
35	%	10.3%	6.5%	8.7%
36	3			
37	答案數	10	11	21
38	%	17.2%	23.9%	20.2%
39	4			
40	答案數	10	10	20
41	%	17.2%	21.7%	19.2%
42	5			
43	答案數	13	11	24
44	%	22.4%	23.9%	23.1%
45	6			
46	答案數	12	4	16
47	%	20.7%	8.7%	15.4%
48	7			
49	答案數	3	4	7
50	%	5.2%	8.7%	6.7%
51	8			
52	答案數	2	1	3
53	%	3.4%	2.2%	2.9%
54	9			
55	答案數	2	2	4
56	%	3.4%	4.3%	3.8%
57	答案數 的加總	58	46	104
58	% 的加總	100.0%	100.0%	100.0%

STEP **4**　仿前文之作法，於 H61 求性別交叉第三個上網原因之答案數及其欄百分比

	H	I	J	K
61		性別 ▾		
62	原因3 ▾	男	女	總計
63	0			
64	答案數	3	2	5
65	%	5.2%	4.3%	4.8%
66	3			
67	答案數		1	1
68	%	0.0%	2.2%	1.0%
69	4			
70	答案數	1	3	4
71	%	1.7%	6.5%	3.8%
72	5			
73	答案數	8	8	16
74	%	13.8%	17.4%	15.4%
75	6			
76	答案數	10	10	20
77	%	17.2%	21.7%	19.2%
78	7			
79	答案數	6	1	7
80	%	10.3%	2.2%	6.7%
81	8			
82	答案數	14	10	24
83	%	24.1%	21.7%	23.1%
84	9			
85	答案數	16	11	27
86	%	27.6%	23.9%	26.0%
87	答案數 的加總	58	46	104
88	% 的加總	100.0%	100.0%	100.0%

STEP **5**　於 N5 右下輸妥標題、答案、性別內容及其對應編號

	N	O	P	Q	R	S
5					性別	
6					1	2
7	答案編號	原因	資料	男	女	總計
8	1	方便與家人聯絡	答案數			
9	1		%			
10	2	方便與朋友同學聯絡	答案數			
11	2		%			
12	3	追求流行	答案數			
13	3		%			
14	4	工作(作業)需要	答案數			
15	4		%			
16	5	親人提供	答案數			
17	5		%			
18	6	同儕間比較的心理	答案數			
19	6		%			
20	7	網路價格下降	答案數			
21	7		%			
22	8	網路業者推出的促銷方案	答案數			
23	8		%			
24	9	玩線上遊戲	答案數			
25	9		%			
26	10	其他	答案數			
27	10		%			
28			答案數加總			
29			%加總			
30			樣本數			

雖然，前面幾個交叉表中，有答案 0 之情況，那只是受訪者未填答之現象，如：可複選三項，但受訪者僅填兩項原因而已。故於最後之總表，並未列出答案為 0 之編號，是要將 0 排除出去。

STEP **6**　停於 Q8，先輸入=號，續以滑鼠點選 I6，取得第一個原因之第一列第一欄內容，公式轉為

```
=GETPIVOTDATA("答案數",$H$3,"原因 1",1,"性別","男")
```

補上 + 號，續以滑鼠點選 I34，取得第二個原因之第一列第一欄內容，公式轉為

```
=GETPIVOTDATA("答案數",$H$3,"原因 1",1,"性別","男
")+GETPIVOTDATA("答案數",$H$31,"原因 2",2,"性別","男")
```

補上 + 號，續以滑鼠點選 I64，取得第三個原因之第一列第一欄內容，公式轉為

```
=GETPIVOTDATA("答案數",$H$3,"原因1",1,"性別","男
")+GETPIVOTDATA("答案數",$H$31,"原因2",2,"性別","男
")+GETPIVOTDATA("答案數",$H$61,"原因3",0,"性別","男")
```

STEP **7**　按 ✓ 鈕結束，取得三個原因表之第一列第一欄的答案數加總

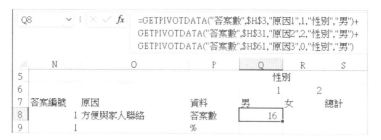

不過，應注意的的是：第一個表之第一列第一欄為原因答 1 之答案數、第二個表之第一列第一欄為原因答 2 之答案數，第三個表之第一列第一欄為原因答 0 之答案數，故其加總之數字並非原因答 1 之答案數總計！

STEP **8**　將公式改為

```
=GETPIVOTDATA("答案數",$H$3,"原因1",$N8,"性別
",Q$7)+GETPIVOTDATA("答案數",$H$31,"原因2",$N8,"性別
",Q$7)+GETPIVOTDATA("答案數",$H$61,"原因3",$N8,"性別",Q$7)
```

以加總三個表中之性別為男（Q$7）、原因答 1（$N8）之人數加總。但卻獲致 #REF! 之錯誤：

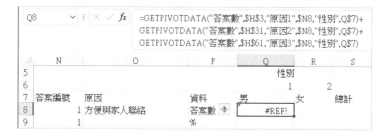

此乃第二、三個原因之交叉表上，並無填答第 1 個原因『方便與家人聯絡』之故。

STEP **9** 將公式改為先以 ISERROR() 判斷 GETPIVOTDATA() 是否無資料？若無資料（ISERROR() 成立），安排 0 以免取得 #REF! 錯誤；反之，若有資料（ISERROR() 不成立），則取該函數之結果：

```
=IF(ISERR(GETPIVOTDATA("答案數",$H$3,"原因1",$N8,"性別
",Q$7)),0,GETPIVOTDATA("答案數",$H$3,"原因1",$N8,"性別
",Q$7))+IF(ISERR(GETPIVOTDATA("答案數",$H$31,"原因2",$N8,"
性別",Q$7)),0,GETPIVOTDATA("答案數",$H$31,"原因2",$N8,"性別
",Q$7))+IF(ISERR(GETPIVOTDATA("答案數",$H$61,"原因3",$N8,"
性別",Q$7)),0,GETPIVOTDATA("答案數",$H$61,"原因3",$N8,"性別
",Q$7))
```

方可取得正確之結果 7：

小秘訣

ISERROR() 函數之語法為：

```
ISERROR(儲存格)
ISERROR(value)
```

本函數用以判斷某一儲存格之內容是否為任何一種錯誤值(#N/A、#VALUE!、#REF!、#DIV/0!、#NUM!、#NAME?或#NULL!)？成立時，其值為 TRUE；否則，為 FALSE。

STEP **10** 將公式以拖曳方式向下抄給 Q9，取得

```
=IF(ISERR(GETPIVOTDATA("答案數",$H$3,"原因1",$N9,"性別
",Q$7)),0,GETPIVOTDATA("答案數",$H$3,"原因1",$N9,"性別
",Q$7))+IF(ISERR(GETPIVOTDATA("答案數",$H$31,"原因2",$N9,"
性別",Q$7)),0,GETPIVOTDATA("答案數",$H$31,"原因2",$N9,"性別
",Q$7))+IF(ISERR(GETPIVOTDATA("答案數",$H$61,"原因3",$N9,"
性別",Q$7)),0,GETPIVOTDATA("答案數",$H$61,"原因3",$N9,"性別
",Q$7))
```

之公式

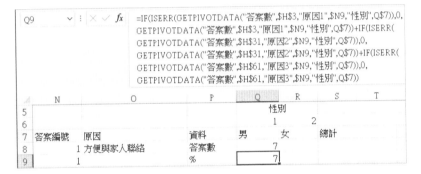

STEP **11** 停於該格（Q9），按『常用/編輯/尋找與選取』鈕續選「取代 (R)...」，進入『尋找及取代』對話方塊，於『尋找目標』輸入『答案數』；於『取代成』輸入『%』

STEP **12** 按 <kbd>取代(R)</kbd> 鈕（不是全部取代），可將公式內之『答案數』全改
為『%』，按 <kbd>關閉</kbd> 鈕結束，公式改為：

```
=IF(ISERR(GETPIVOTDATA("%",$H$3,"原因1",$N9,"性別
",Q$7)),0,GETPIVOTDATA("%",$H$3,"原因1",$N9,"性別
",Q$7))+IF(ISERR(GETPIVOTDATA("%",$H$31,"原因2",$N9,"性別
",Q$7)),0,GETPIVOTDATA("%",$H$31,"原因2",$N9,"性別
",Q$7))+IF(ISERR(GETPIVOTDATA("%",$H$61,"原因3",$N9,"性別
",Q$7)),0,GETPIVOTDATA("%",$H$61,"原因3",$N9,"性別",Q$7))
```

加總出三個表中之性別為男（Q$7）、上網原因答 1（$N9）之%加總：

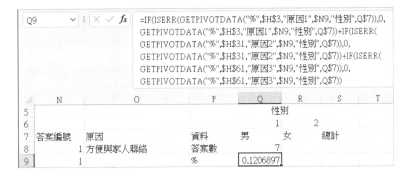

STEP **13** 將 Q9 之格式安排為含一位小數的百分比樣式

STEP **14** 選取 Q8:Q9，將兩個公式以拖曳方式向下抄給 Q10:Q27

	N	O	P	Q
22	8	網路業者推出的促銷方案	答案數	18
23	8		%	31.0%
24	9	玩線上遊戲	答案數	18
25	9		%	31.0%
26	10	其他	答案數	0
27	10		%	0.0%
28			答案數加總	

可求得男性受訪者之複選題各答案數及其百分比。

STEP **15** 於 Q8:Q27 尚呈選取狀態下，以拖曳方式向右抄給 R8:R27

	N	O	P	Q	R
22	8	網路業者推出的促銷方案	答案數	18	13
23	8		%	31.0%	28.3%
24	9	玩線上遊戲	答案數	18	13
25	9		%	31.0%	28.3%
26	10	其他	答案數	0	0
27	10		%	0.0%	0.0%
28			答案數加總		

可求得男/女受訪者之複選題各答案數及其百分比，即常上網原因交叉性別之結果及其欄百分比

	N	O	P	Q	R
5				性別	
6				1	2
7	答案編號	原因	資料	男	女
8	1	方便與家人聯絡	答案數	7	6
9	1		%	12.1%	13.0%
10	2	方便與朋友同學聯絡	答案數	22	17
11	2		%	37.9%	37.0%
12	3	追求流行	答案數	22	26
13	3		%	37.9%	56.5%
14	4	工作(作業)需要	答案數	20	18
15	4		%	34.5%	39.1%
16	5	親人提供	答案數	29	22
17	5		%	50.0%	47.8%
18	6	同儕間比較的心理	答案數	26	16
19	6		%	44.8%	34.8%
20	7	網路價格下降	答案數	9	5
21	7		%	15.5%	10.9%
22	8	網路業者推出的促銷方案	答案數	18	13
23	8		%	31.0%	28.3%
24	9	玩線上遊戲	答案數	18	13
25	9		%	31.0%	28.3%
26	10	其他	答案數	0	0
27	10		%	0.0%	0.0%
28			答案數加總		

STEP **16** 以 SUM() 求算 Q28:R29 之總計，Q28 儲存格之公式為：

```
=SUM(Q8,Q10,Q12,Q14,Q16,Q18,Q20,Q22,Q24,Q26)
```

抄給 Q29 後，將格式改為百分比格式。選取兩格，將其抄到 R28:R29：

Q28	⌄	: × ✓ _fx_	=SUM(Q8,Q10,Q12,Q14,Q16,Q18,Q20,Q22,Q24,Q26)		
	N	O	P	Q	R	S
24	9	玩線上遊戲	答案數	18	13	
25	9		%	31.0%	28.3%	
26	10	其他	答案數	0	0	
27	10		%	0.0%	0.0%	
28			答案數加總	171	136	
29			%加總	294.8%	295.7%	

STEP 17 以 COUNTIF() 求 Q30:R30 之樣本數，Q30 儲存格之公式為：

`=COUNTIF($F$2:$F$105,Q6)`

可求得男性樣本數（Q6 之內容為 1），續將其抄給 R30，可求得女性樣本數：

Q30	⌄	: × ✓ _fx_	=COUNTIF($F$2:$F$105,Q6)		
	N	O	P	Q	R
24	9	玩線上遊戲	答案數	18	13
25	9		%	31.0%	28.3%
26	10	其他	答案數	0	0
27	10		%	0.0%	0.0%
28			答案數加總	171	136
29			%加總	294.8%	295.7%
30			樣本數	58	46

STEP 18 S30 儲存格之公式為：

`=SUM(Q30:R30)`

為經常上網者之總樣本數

S30	⌄	: × ✓ _fx_	=SUM(Q30:R30)			
	N	O	P	Q	R	S
26	10	其他	答案數	0	0	
27	10		%	0.0%	0.0%	
28			答案數加總	171	136	
29			%加總	294.8%	295.7%	
30			樣本數	58	46	104

Q29:R29 儲存格之數字代表：男/女受訪者，平均填答了幾個上網原因（2.948 與 2.957），其數字分別為 171/58 與 136/46。

STEP **19** 以 SUM() 求算 S 欄之加總，S8 儲存格之公式為：

```
=SUM(Q8:R8)
```

S9 儲存格之公式為：

```
=S8/$S$30
```

將格式改為百分比格式。選取 S8:S9 兩格，將其抄到 S29。S29 儲存格之數字代表：每一位受訪者，平均填答了幾個上網原因（2.952），其數字為 307/104。

S8		f_x	=SUM(Q8:R8)			
	N	O	P	Q	R	S
24	9 玩線上遊戲		答案數	18	13	31
25	9		%	31.0%	28.3%	29.8%
26	10 其他		答案數	0	0	0
27	10		%	0.0%	0.0%	0.0%
28			答案數加總	171	136	307
29			%加總	294.8%	295.7%	295.2%
30			樣本數	58	46	104

最後，將整個表匯集出來，可發現：整體言，大學生常上網之主要原因為：『親人提供』佔 49.0%、『追求流行』佔 46.2%與『同儕間比較的心理』佔 40.4%：

	O	P	Q	R	S
				性別	
5				1	2
6			男	女	總計
7	原因	資料			
8	方便與家人聯絡	答案數	7	6	13
9		%	12.1%	13.0%	12.5%
10	方便與朋友同學聯絡	答案數	22	17	39
11		%	37.9%	37.0%	37.5%
12	追求流行	答案數	22	26	48
13		%	37.9%	56.5%	46.2%
14	工作(作業)需要	答案數	20	18	38
15		%	34.5%	39.1%	36.5%
16	親人提供	答案數	29	22	51
17		%	50.0%	47.8%	49.0%
18	同儕間比較的心理	答案數	26	16	42
19		%	44.8%	34.8%	40.4%
20	網路價格下降	答案數	9	5	14
21		%	15.5%	10.9%	13.5%
22	網路業者推出的促銷方案	答案數	18	13	31
23		%	31.0%	28.3%	29.8%
24	玩線上遊戲	答案數	18	13	31
25		%	31.0%	28.3%	29.8%
26	其他	答案數	0	0	0
27		%	0.0%	0.0%	0.0%
28		答案數加總	171	136	307
29		%加總	294.8%	295.7%	295.2%
30		樣本數	58	46	104

交叉分析後，可看出：男同學常上網之主要原因為：『親人提供』佔 50.0% 與『同儕間比較的心理』佔 44.8%。而女同學常上網之主要原因為：『追求流行』佔 56.5% 與『親人提供』佔 47.8%。可見常上網原因，除了係因為家中之親人已提供了上網的設備外，男生是因為與同儕比較，認為不會上網會輸給別人而去上網居多；而女生則是因為追求流行而去上網居多。

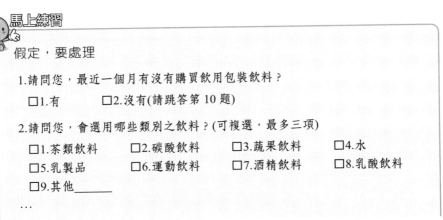

馬上練習

假定，要處理

1.請問您，最近一個月有沒有購買飲用包裝飲料？

□1.有　　　　□2.沒有(請跳答第 10 題)

2.請問您，會選用哪些類別之飲料？(可複選，最多三項)

□1.茶類飲料　　□2.碳酸飲料　　□3.蔬果飲料　　□4.水

□5.乳製品　　　□6.運動飲料　　□7.酒精飲料　　□8.乳酸飲料

□9.其他＿＿＿＿

…

(續下頁)

（承上頁）

之問卷內容，其資料安排於範例 Ch06.xlsx『常用飲料交叉性別』工作
表：（性別：1.男、2.女）

	A	B	C	D	E	F
1	編號	是否飲用包裝飲料	飲料1	飲料2	飲料3	性別
2	1	1	1	4	5	1
3	2	1	1	4	0	1
4	3	1	1	3	6	2

求常用飲料交叉性別之複選結果，並加以解釋：

	O	P	Q	R	S
5				性別	
6			1	2	
7	飲料	資料	男	女	總計
8	茶類飲料	答案數	58	101	159
9		%	82.9%	82.1%	82.4%
10	碳酸飲料	答案數	18	22	40
11		%	25.7%	17.9%	20.7%
12	蔬果飲料	答案數	23	38	61
13		%	32.9%	30.9%	31.6%
14	水	答案數	21	48	69
15		%	30.0%	39.0%	35.8%
16	乳製品	答案數	11	36	47
17		%	15.7%	29.3%	24.4%
18	運動飲料	答案數	40	37	77
19		%	57.1%	30.1%	39.9%
20	酒精飲料	答案數	3	3	6
21		%	4.3%	2.4%	3.1%
22	乳酸飲料	答案數	11	24	35
23		%	15.7%	19.5%	18.1%
24	其他	答案數	1	4	5
25		%	1.4%	3.3%	2.6%
26	答案數 的加總		186	313	499
27	% 的加總		265.7%	254.5%	258.5%
28	樣本數		70	123	193

可看出：無論男女學生均以喝『茶類飲料』為主，比例在八成以上（無
怪乎近年茶類飲料的銷售量大幅成長）。經由交叉分析，可發現：男
性學生飲用『碳酸飲料』及『運動飲料』之比例明顯高過女學生（25.7%
對 17.9% 與 57.1% 對 30.1%），尤其是『運動飲料』其差距高達 27%；
女性學生飲用『水』及『乳製品飲料』之比例則明顯高過男學生（39.0%
對 30% 與 29.3% 對 15.7%）。這應該是男生較喜歡運動；而女生較注
重飲食健康及養生之故。

集中趨勢

7

Chapter

學習重點

- ☑ 均數
- ☑ 平均數之優點
- ☑ 有條件的均數
- ☑ 中位數
- ☑ 眾數
- ☑ 截尾均數

- ☑ 極大
- ☑ 極小
- ☑ 第幾大的資料
- ☑ 第幾小的資料
- ☑ 偏態 SKEW()
- ☑ 峰度 KURT()

- ☑ 敘述統計
- ☑ 排等級及百分比
- ☑ 幾何均數
- ☑ 加權平均
- ☑ 移動平均

問卷回收後，對於數值性之資料，通常會以均數、眾數、中位數、……
等集中量數來描述其集中趨勢。

7-1 均數

均數或稱算術均數，是指將總和除以個數。如果描述之資料是母體，
我們通常以希臘字母來表示，如：μ 表母體均數。如果描述之資料是樣本，
我們通常以英文字母來表示，如：以 $\bar{x}$ 或 $\bar{X}$ 表樣本均數。

於 Excel 中，係利用 AVERAGE() 與 AVERAGEA() 來求算其均數。其
語法為：

```
AVERAGE(數值1,[數值2],...)
AVERAGE(value1,[value2],...)
AVERAGEA(數值1,[數值2],...)
AVERAGEA(value1,[value2],...)
```

　　　數值 1,[數值 2]，...為要計算平均數之儲存格或範圍引數，最多可達 255 個。式中，方括號所包圍之內容，表該部份可省略。

　　　AVERAGE() 係計算所有**含數值資料**的儲存格之均數；而 AVERAGEA() 則計算所有**非空白**的儲存格之均數。如，範例 Ch07.xlsx『均數 1』工作表：

	C11		⌄	⋮	×	✓	*fx*	=AVERAGEA(B2:B8)		
◢	A	B		C		D		E		F
1	**姓名**	**成績**								
2	廖晨帆	88								
3	廖彗君	90								
4	程家嘉	缺考								
5	劉荏蓉	88								
6	林耀宗	75								
7	李皖瑜	85								
8	莊媛智	68								
9										
10	求成績欄均數									
11	以AVERAGEA求			70.6		← =AVERAGEA(B2:B8)				
12	以AVERAGE求			82.3		← =AVERAGE(B2:B8)				

　　　C11 與 C12 處，同樣以 B2:B8 為處理範圍

```
=AVERAGEA(B2:B8)
=AVERAGE(B2:B8)
```

怎麼所求之均數會不同？這是因 B4 為"缺考"字串並非數值，故 AVERAGE() 函數會將其排除掉，也就是說其分母為 6；而非 AVERAGEA() 函數的 7。

　　　所以，在此例中，以 AVERAGE() 函數所求之均數是較合理些，將缺考者亦納入來求均數，只會把全班的平均成績拉低。

　　　但應注意，B4 若未曾輸入任何資料。則兩函數所求之結果是一樣，均會將 B4 捨棄，同樣以分母為 6 進行求均數。如此，在本例中是合理的：（詳範例 Ch07.xlsx『均數 2』工作表）

	C11		⌄	⋮	×	✓	*fx*	=AVERAGEA(B2:B8)		
◢	A	B		C		D		E		F
1	**姓名**	**成績**								
2	廖晨帆	88								
3	廖彗君	90								
4	程家嘉									
5	劉荏蓉	88								
6	林耀宗	75								
7	李皖瑜	85								
8	莊媛智	68								
9										
10	求成績欄均數									
11	以AVERAGEA求			82.3		← =AVERAGEA(B2:B8)				
12	以AVERAGE求			82.3		← =AVERAGE(B2:B8)				

但若例子改為求學生平時作業之均數，其中，第一位學生廖晨帆並未繳交『作業 2』，以 AVERAGE() 求算：（詳範例 Ch07.xlsx『均數 3』工作表）

或 AVERAGEA() 函數求算：（詳範例 Ch07.xlsx『均數 4』工作表）

均是第一筆廖晨帆只交兩次作業的平均（85.0），高過第二筆廖彗君三次全交之平均（79.3）。尤其是第四筆之劉荏蓉同學，只交一次作業，其平均也有 75.0！這……這……，這還有天理嗎？

所以，若您是老師，應記得於未繳作業處輸入 0。以避免前面之不合理情況：

馬上練習

最方便之方式為：將所有成績選取，按『**常用/編輯/尋找與選取**』

鈕，續選「取代(R)...」，一舉將全部之空白儲存格均改為 0，其『**尋找目標(N)**』處並不必輸入任何內容：

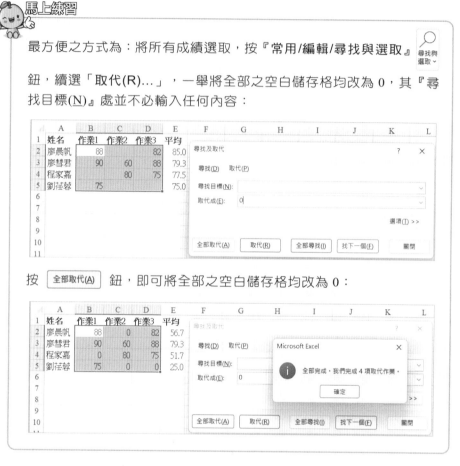

按 全部取代(A) 鈕，即可將全部之空白儲存格均改為 0：

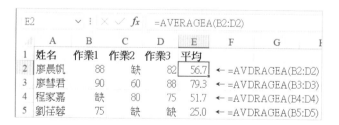

要不，就於未繳作業處補個"缺"字，續利用 AVERAGEA() 來求算平均數，也可以獲得正確值：

	A	B	C	D	E	F	G
	姓名	作業1	作業2	作業3	平均		
2	廖晨帆	88	缺	82	56.7	← =AVDRAGEA(B2:D2)
3	廖彗君	90	60	88	79.3	← =AVDRAGEA(B3:D3)
4	程家嘉	缺	80	75	51.7	← =AVDRAGEA(B4:D4)
5	劉荏蓉	75	缺	缺	25.0	← =AVDRAGEA(B5:D5)

fx =AVERAGEA(B2:D2)

但以"缺"字來代表未交作業時，千萬別還是以 AVERAGE() 來求算平均數，其值還是錯誤的：

E2		⋮ ✕ ✓ f_x	=AVERAGE(B2:D2)			
	A	B	C	D	E	F	G

	A	B	C	D	E	F	G
1	姓名	作業1	作業2	作業3	平均		
2	廖晨帆	88	缺	82	85.0	← =AVDRAGE(B2:D2)	
3	廖彗君	90	60	88	79.3	← =AVDRAGE(B2:D3)	
4	程家嘉	缺	80	75	77.5	← =AVDRAGE(B2:D4)	
5	劉荏蓉	75	缺	缺	75.0	← =AVDRAGE(B2:D5)	

7-2 平均數之優點

以平均數代表一群數字之集中趨勢的優點為：

◉ 代表性容易被接受。

◉ 平均數永遠存在且只有一個；不像眾數，可能會有好幾個眾數或根本沒有眾數。

◉ 所有數值均被使用到，對代表性均有貢獻。不像眾數或中位數，忽略兩端之數字。

但它的缺點就是會受兩端之極端值影響，而減弱了代表性。如：

6，8，10，7，6，7，5，2000

未將最高之極端值排除，其均數為 256.125，實在有點高；若將最高之極端值 2000 排除，其均數為 7，似乎更能代表實際之情況。

馬上練習

依範例 Ch07.xlsx『運動時間均數』工作表內容，計算每次平均運動時間。

	B	C	D	E	F
1	性別	每次運動 時間/分			
2	1	120		每次平均運動時間/分	
3	1	10		83.87	

7-3 有條件的均數

▶▶ 依單一條件求平均 AVERAGEIF()

AVERAGEIF() 是一個可依條件準則求算某一數值欄位之均數的函數。其語法為：

```
AVERAGEIF(range,criteria,[avg_range])
AVERAGEIF(準則範圍,條件準則,[平均範圍])
```

式中，方括號所包圍之內容，表該部份可省略。

準則範圍是**條件準則**用來進行條件比較的範圍。

條件準則可以是數字、比較式或文字。但除非使用數值，否則應以雙引號將其包圍。如：50000（找恰等於該數）、"門市"（找恰等於該文字）或">=800000"（找大於等於該數）。

平均範圍用以標出要進行計算均數的儲存格範圍，其列數應與**準則範圍**相同。如果省略**平均範圍**，則計算**準則範圍**中的儲存格。僅適用於**準則範圍**為數值時，如：（範例 Ch07.xlsx『條件均數』工作表）

```
=AVERAGEIF(C2:C9,">=30000")
```

將求算 C2:C9 範圍內，大於或等於 30000 者之平均數。其公式就相當於：

```
=AVERAGEIF(C2:C9,">=30000", C2:C9)
```

範例 Ch07.xlsx『分組均數』工作表，H2 與 H3 之公式分別為：

```
=AVERAGEIF(A2:A9,E2,C2:C9)
=AVERAGEIF(A2:A9,E3,C2:C9)
```

可直接求算出各部門之平均業績。

	A	B	C	D	E	F	G	H	I	J	K	L
	H2				f_x	=AVERAGEIF($A$2:$A$9,E2,$C$2:$C$9)						

	A	B	C	D	E	F	G	H		I
1	部門	姓名	業績			合計	筆數	平均		
2	門市	戴春華	12500		門市	104600	4	26150	←	=AVERAGEIF($A$2:$A$9,E2,$C$2:$C$9)
3	業務	林淑芬	36200		業務	142850	4	35713	←	=AVERAGEIF($A$2:$A$9,E3,$C$2:$C$9)

馬上練習

依範例 Ch07.xlsx『不同性別之運動時間均數』工作表內容，計算男女性每次平均運動時間。

	B	C	D	E	F	G
1	性別	每次運動 時間/分				
2	1	120		性別	平均每次運動時間/分	
3	1	10		男	91.95	
4	2	0		女	75.36	

▶ 依多重條件求平均 AVERAGEIFS()

AVERAGEIFS() 之用法類似 AVERAGEIF()，同樣可依條件求平均；只差允許使用多重條件而已，最多可使用 127 組條件準則。其語法為：

```
AVERAGEIFS(average_range, criteria_range1, criteria1,
[criteria_range2, criteria2], ...)
AVERAGEIFS(平均範圍,準則範圍1,條件準則1,[準則範圍2,條件準則2],...)
```

應注意：**各範圍應使用相同之列數**。如，擬於範例 Ch07.xlsx『性別與地區分組求平均業績1』工作表中：

	A	B	C	D
1	姓名	性別	地區	業績
2	古雲翰	男	北區	2,159,370
3	陳善鼎	男	北區	678,995
4	羅惠泱	女	南區	1,555,925

分別求：北區、中區、南區及東區四個區域，不同性別之平均業績：

G2			f_x	=AVERAGEIFS($D$1:$D$101,$B$1:$B$101,"男",$C$1:$C$101,"北區")						
	D	E	F	G	H	I	J	K	L	M	N
1	業績										
2	2,159,370		北區男性平均業績	1,162,045	← =AVERAGEIFS($D$1:$D$101,$B$1:$B$101,"男",$C$1:$C$101,"北區")						
3	678,995		中區男性平均業績	1,308,403	← =AVERAGEIFS($D$1:$D$101,$B$1:$B$101,"男",$C$1:$C$101,"中區")						
4	1,555,925		南區男性平均業績	1,279,117	← =AVERAGEIFS($D$1:$D$101,$B$1:$B$101,"男",$C$1:$C$101,"南區")						
5	1,065,135		東區男性平均業績	1,189,284	← =AVERAGEIFS($D$1:$D$101,$B$1:$B$101,"男",$C$1:$C$101,"東區")						
6	1,393,475										
7	1,216,257										
8	1,531,583		北區女性平均業績	1,440,489	← =AVERAGEIFS($D$1:$D$101,$B$1:$B$101,"女",$C$1:$C$101,"北區")						
9	1,125,285		中區男性平均業績	1,304,189	← =AVERAGEIFS($D$1:$D$101,$B$1:$B$101,"女",$C$1:$C$101,"中區")						
10	546,210		南區男性平均業績	1,177,794	← =AVERAGEIFS($D$1:$D$101,$B$1:$B$101,"女",$C$1:$C$101,"南區")						
11	1,546,017		東區男性平均業績	1,276,663	← =AVERAGEIFS($D$1:$D$101,$B$1:$B$101,"女",$C$1:$C$101,"東區")						

其中，G2 內求北區男性業績總和之公式為：

=AVERAGEIFS($D$1:$D$101,$B$1:$B$101,"男",$C$1:$C$101,"北區")

表求算均數之範圍為$D$1:$D$101 之業績欄，其條件為：在$B$1:$B$101 之性別欄內容為"男"；且於$C$1:$C$101 之地區欄內容為"北區"。其位址分別加上$，轉為絕對位址，係為了方便向下抄錄之故。

同理，其 G3:G5 求中區、南區與東區，男性業績均數之公式則分別為：

=AVERAGEIFS($D$1:$D$101,$B$1:$B$101,"男",$C$1:$C$101,"中區")
=AVERAGEIFS($D$1:$D$101,$B$1:$B$101,"男",$C$1:$C$101,"南區")
=AVERAGEIFS($D$1:$D$101,$B$1:$B$101,"男",$C$1:$C$101,"東區")

而 G8:G11 範圍內，求各地區女性平均業績之公式則分別為：

=AVERAGEIFS($D$1:$D$101,$B$1:$B$101,"女",$C$1:$C$101,"北區")
=AVERAGEIFS($D$1:$D$101,$B$1:$B$101,"女",$C$1:$C$101,"中區")
=AVERAGEIFS($D$1:$D$101,$B$1:$B$101,"女",$C$1:$C$101,"南區")
=AVERAGEIFS($D$1:$D$101,$B$1:$B$101,"女",$C$1:$C$101,"東區")

同樣之例子，也可將**條件準則**輸入於儲存格內，省去於函數內得加雙引號包圍之麻煩，且也方便抄錄：（詳範例 Ch07.xlsx『性別與地區分組求業績均數 2』工作表）

	I3	⌄ : × ✓ fx	=AVERAGEIFS($D$1:$D$101,$B$1:$B$101,G3,$C$1:$C$101,H3)					

	A	B	C	D	E	F	G	H	I
1	姓名	性別	地區	業績					
2	古雲翰	男	北區	2,159,370			性別	地區	平均業績
3	陳善鼎	男	北區	678,995			男	北區	1,162,045
4	羅惠泱	女	南區	1,555,925			男	中區	1,308,403
5	王得翔	男	中區	1,065,135			男	南區	1,279,117
6	許馨尹	女	北區	1,393,475			男	東區	1,189,284
7	鄭欣怡	女	中區	1,216,257			女	北區	1,440,489
8	鍾詩婷	女	南區	1,531,583			女	中區	1,304,189
9	梁國棟	男	北區	1,125,285			女	南區	1,177,794
10	吳貞儀	女	中區	546,210			女	東區	1,276,663

I3 內，求北區男性業績均數之公式為：

=AVERAGEIFS($D$1:$D$101,$B$1:$B$101,G3,$C$1:$C$101,H3)

以拖曳複製控點之方式，向下依序向下抄給 I4:I10，即可分別求出北區、中區、南區及東區四個區域，不同性別之業績均數。

▶▶ 利用 AVERAGEIFS() 求含平均之交叉分析表

既然，AVERAGEIFS() 允許使用多重條件，我們就可利用它來於同時擁有兩組條件的交叉分析表內，求某數值欄之平均：（詳範例 Ch07.xlsx 『性別交叉地區求業績均數』工作表）

	A	B	C	D	E	F	G	H	I
1	姓名	性別	地區	業績					
2	古雲翰	男	北區	2,159,370			性別		
3	陳善鼎	男	北區	678,995		平均業績	男	女	全體
4	羅惠泱	女	南區	1,555,925		北區	1,162,045	1,440,489	1,301,267
5	王得翔	男	中區	1,065,135		中區	1,308,403	1,304,189	1,306,296
6	許馨尹	女	北區	1,393,475		南區	1,279,117	1,177,794	1,228,456
7	鄭欣怡	女	中區	1,216,257		東區	1,189,284	1,276,663	1,232,973
8	鍾詩婷	女	南區	1,531,583		全體	1,234,712	1,299,784	1,267,248

其建表之步驟為：

STEP **1** 輸妥標題、性別及地區

	B	C	D	E	F	G	H	I
1	性別	地區	業績					
2	男	北區	2,159,370			性別		
3	男	北區	678,995		平均業績	男	女	全體
4	女	南區	1,555,925		北區			
5	男	中區	1,065,135		中區			
6	女	北區	1,393,475		南區			
7	女	中區	1,216,257		東區			
8	女	南區	1,531,583		全體			

STEP **2** 停於 G4，輸入

```
=AVERAGEIFS($D$1:$D$101,$B$1:$B$101,G$3,$C$1:$C$101,$F4)
```

輸入時，絕對位址及混合位址可利用 **F4** 按鍵進行切換。設妥含逗號之格式，求算出北區男性平均業績：

	B	C	D	E	F	G	H	I
1	性別	地區	業績					
2	男	北區	2,159,370			性別		
3	男	北區	678,995		平均業績	男	女	全體
4	女	南區	1,555,925		北區	1,162,045		
5	男	中區	1,065,135		中區			
6	女	北區	1,393,475		南區			
7	女	中區	1,216,257		東區			
8	女	南區	1,531,583		全體			

G4 ✓ fx =AVERAGEIFS($D$1:$D$101,$B$1:$B$101,G$3,$C$1:$C$101,$F4)

STEP **3** 拖曳其右下角之複製控點，往下拖曳將其複製到 G7

STEP **4** 於 G4:G7 尚呈選取狀態，拖曳其右下角之複製控點，往右拖曳，將其複製到 H4:H7，完成各種條件組合情況的平均業績

	B	C	D	E	F	G	H	I
1	性別	地區	業績					
2	男	北區	2,159,370			性別		
3	男	北區	678,995		平均業績	男	女	全體
4	女	南區	1,555,925		北區	1,162,045	1,440,489	
5	男	中區	1,065,135		中區	1,308,403	1,304,189	
6	女	北區	1,393,475		南區	1,279,117	1,177,794	
7	女	中區	1,216,257		東區	1,189,284	1,276,663	
8	女	南區	1,531,583		全體			

G4 ✓ fx =AVERAGEIFS($D$1:$D$101,$B$1:$B$101,G$3,$C$1:$C$101,$F4)

STEP **5** 選取 G4:I8，各總計欄及列，均尚無全體平均之結果

	D	E	F	G	H	I	J
1	業績						
2	2,159,370			性別			
3	678,995		平均業績	男	女	全體	
4	1,555,925		北區	1,162,045	1,440,489		
5	1,065,135		中區	1,308,403	1,304,189		
6	1,393,475		南區	1,279,117	1,177,794		
7	1,216,257		東區	1,189,284	1,276,663		
8	1,531,583		全體				

STEP **6** 按『**常用/編輯/自動加總**』 $\boxed{\Sigma}$ 右側之下拉鈕，選「**平均值(A)**」，
即可一次求得各總計欄及列的平均業績，完成整個交叉表

⊿	F	G	H	I
2		性別		
3	平均業績	男	女	全體
4	北區	1,162,045	1,440,489	1,301,267
5	中區	1,308,403	1,304,189	1,306,296
6	南區	1,279,117	1,177,794	1,228,456
7	東區	1,189,284	1,276,663	1,232,973
8	全體	1,234,712	1,299,784	1,267,248

以 G 欄之資料為例，可知北區男性平均業績為 1,162,045，全體男
性之平均業績為 1,234,712。

▶▶ 依準則求均數 DAVERAGE()

DAVERAGE() 是一個用來依準則求均數的資料庫統計函數，其語法：

```
DAVERAGE(資料庫表單,欄名或第幾欄,準則範圍)
DAVERAGE(database,field,criteria)
```

函數中，各引數之標定方式為：

◉ **資料庫表單**：為一資料庫表單之範圍（應含欄名列），如：所輸入
含欄名之問卷資料

◉ **欄名或第幾欄**：以由 1 起算之數值，標出欲處理之欄位為資料庫表
單內的第幾欄。也可以是以雙引號包圍之欄位名稱，如："薪資"、"
運動時間"、"月費"、……。當然，也可引用已存有欄名之儲存格內
容。

◉ **準則範圍**：為一含欄名列與條件式的準則範圍（參見第四章『以進
階篩選找出不合理之關聯題』處之說明）

以範例 Ch07.xlsx『男女性運動時間均數』工作表為例，要求不同性別
之運動時間均數，我們可將其安排成：

其 F4 之內容：

```
=DAVERAGE($A$1:$C$116,$C1,F2:F3)
```

表示依 $A$1:$C$116 資料庫，以 F2:F3 為準則（『性別』欄為 1，即男性），求 $C1（每次運動時間/分）之均數。抄給 G3 就變成以 G2:G3 為準則（『性別』欄為 2），將求算女性之每次運動時間均數；抄給 H3 就變成以 H2:H3 為準則（『全體』欄為空白，表無任何條件）。事實上，$A$1:$C$116 資料庫根本也沒有一個『全體』欄，但因其下 H3 無條件，將求算所有人之每次運動時間均數。

F4 之內容，也可以改為：

```
=DAVERAGE($A$1:$C$116,"每次運動時間/分",F2:F3)
=DAVERAGE($A$1:$C$116,3,F2:F3)
```

以字串標出欄名，或以數字標出第幾欄，其效果均同。

馬上練習

依範例 Ch07.xlsx『一週飲料花費』工作表內容，計算不同居住狀況之受訪者，一週飲料花費的均數。

	B	C	D	E	F	G	H	I	J
1	一週飲料花費	性別	居住狀況			居住狀況	居住狀況	居住狀況	全體
2	100	1	1			1	2	3	
3	60	1	1	一週飲料花費		83.68	81.2857	83.33	83.2
4	200	2	1						
5	30	1	1	性別：1男、2女				居住狀況：	
6	200	2	2					1.家裡	
7	25	2	2					2.學校宿舍	
8	75	1	1					3.校外	

▶▶ 含『且』的準則

有時，條件準則還不只一個。範例 Ch07.xlsx『依兩條件求玩臉書平均時間』工作表，就必須同時使用兩個條件。如，求男性玩臉書平均時間的條件為：『玩 Facebook』為 1 且『性別』為 1。其準則範圍應為：

	F	G
1	玩Facebook	性別
2	1	1

所使用之公式應為：

```
=DAVERAGE($A$1:$D$201,$D1,F1:G2)
```

求女性玩臉書平均時間的條件為：『玩 Facebook』為 1 且『性別』為 2。其準則範圍應為：

	I	J
1	玩Facebook	性別
2	1	2

所使用之公式應為：

```
=DAVERAGE($A$1:$D$201,$D1,I1:J2)
```

求全體玩臉書平均時間的條件為：『玩 Facebook』為 1。其準則範圍應為 F1:F2 或 I1:I2，所使用之公式應為：

```
=DAVERAGE($A$1:$D$201,$D1,F1:F2)
```

I5			✗ ✓ fx	=DAVERAGE($A$1:$D$201,$D1,F1:F2)				
	C	D	E	F	G	H	I	J
1	性別	每週時間(分)		玩Facebook	性別		玩Facebook	性別
2	1	60		1	1		1	2
3	2	180						
4	2	180			男	女	全體	
5	2	60		平均時間	99.63	92.56	96.05	
6	1	180		人數	86	88	174	

於 G7:I7，以

```
=DCOUNTA($A$1:$D$201,$C$1,F1:G2)
=DCOUNTA($A$1:$D$201,$C$1,I1:J2)
=DCOUNTA($A$1:$D$201,$C$1,F1:F2)
```

依相同之準則，分別求男/女及全體人數，可使報表資料更完備一點：

I6			✓ : × ✓	f_x	=DCOUNTA($A$1:$D$201,$C$1,F1:F2)				
	C	D	E	F	G	H	I	J
1	性別	每週時間(分)		玩Facebook	性別		玩Facebook	性別
2	1	60		1	1		1	2
3	2	180						
4	2	180			男	女	全體	
5	2	60		平均時間	99.63	92.56	96.05	
6	1	180		人數	86	88	174	

可查知有玩臉書之人數，男性 86 人，女性 88 人；其平均每週使用時間分別為 99.63 與 92.56。

> **小秘訣**
>
> DCOUNTA() 函數內之引數的使用規則，同於 DAVERAGE() 函數，差別僅在所求算者為非空白資料之筆數而已。

▶▶ 交叉表求均數及人數

對於必須同時使用兩個條件求均數；且還得一併求人數之情況，最便捷之處理方式為利用『樞紐分析表』來建立交叉表。

以範例 Ch07.xlsx『性別交叉地區求平均業績』工作表之資料為例：

	A	B	C	D
1	姓名	性別	地區	業績
2	古雲翰	男	北區	2,159,370
3	陳善鼎	男	北區	678,995
4	羅惠泱	女	南區	1,555,925

以『樞紐分析表』建立交叉表之步驟為：

STEP **1**　以滑鼠單按問卷資料之任一儲存格

STEP **2**　按『插入/表格/樞紐分析表』[樞紐分析表] 鈕，轉入『建立樞紐分析表』對話方塊

STEP **3**　於上半部，選「**選取表格或範圍(S)**」，其內所顯示者恰為問卷資料之範圍

STEP **4**　於下半部，選「**已經存在的工作表(E)**」項，續選按 F3 儲存格。表欲將樞紐分析表安排於目前工作表之 F3 處

STEP **5**　按 ▢確定 鈕，續利用捲動軸，轉到可以看見 F3 儲存格之位置，可發現已有一空白的樞紐分析表，且右側也有一個『樞紐分析表欄位』窗格

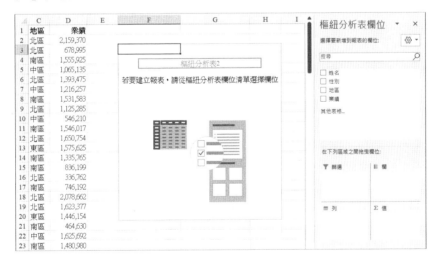

STEP **6** 於右側『樞紐分析表欄位』窗格上方，『選擇要新增到報表的欄位：』
處，以拖曳之方式，將『□性別』拉到下方『在以下區域之間拖曳
欄位：』處之『欄』方塊（ ▥ 欄 ）內；將『□地區』項拉到『列』
方塊（ ☰ 列 ）內；將『□業績』拉到『Σ值』方塊（Σ 值 ）內，可
求得初始樞紐分析表，表內所求算之統計量，其預設值為求算選取
欄位『業績』之加總

STEP **7** 於『Σ值』方塊，單按『加總-業績』項（ 加總 - 業績 ▼ ）右側之向
下箭頭，續選「**值欄位設定(N)...**」，轉入『值欄位設定』對話方
塊

STEP 8　於『摘要值欄位方式(S)』處將其改為「**平均值**」，以求算業績之平均值；續於上方『自訂名稱(C)』處，將原內容改為『平均業績』

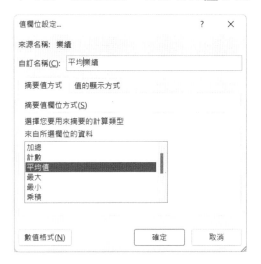

STEP 9　按 ⌐確定⌐ 鈕，F3 儲存格處之樞紐分析表已改為『平均業績』

	F	G	H	I
3	平均業績	欄標籤 ▾		
4	列標籤 ▾	女	男	總計
5	中區	1304189	1308402.875	1305794.286
6	北區	1440489.35	1162045.077	1330799.182
7	東區	1276662.818	1189283.571	1242682
8	南區	1177794.278	1279117.3	1213981.071
9	總計	1306577.935	1228683.342	1276977.99

STEP 10　點按 G3 儲存格，將其『欄標籤』字串改為『性別』；點按 F4 儲存格，將其『列標籤』字串改為『地區』，將所有數值設定為含千分為之逗號格式，小數位數 0 之整數，以利閱讀

	F	G	H	I
3	平均業績	性別 ▾		
4	地區 ▾	女	男	總計
5	中區	1,304,189	1,308,403	1,305,794
6	北區	1,440,489	1,162,045	1,330,799
7	東區	1,276,663	1,189,284	1,242,682
8	南區	1,177,794	1,279,117	1,213,981
9	總計	1,306,578	1,228,683	1,276,978

STEP 11　於右側『樞紐分析表欄位』窗格上方，『選擇要新增到報表的欄位』處，以滑鼠拖曳『☐性別』欄位。將其拉到右下方之『Σ 值』方塊

內，『平均業績』項目之下。所增加之內容，目前係加於原各欄之右側

STEP **12** 將 H5 原內容改為『人數』

STEP **13** 以滑鼠拖曳『欄』方塊內『Σ值』項目，將其拉到『列』方塊內，『平均業績』項目之下

以 G 欄之資料為例，可查知中區女性有 13 人，其平均業績為 1,304,189。

　　Excel 係依筆畫順序來排列個欄列之資料，所以中區會在北區之上，南區會在最後面；女性資料排到男性之前面。若覺得各欄列上之資料的排列方式不合您意，可先選取其標題之儲存格，續將滑鼠移往其上緣，指標將主為四向箭頭符號（ ），以拖曳方式將其拉倒適當位置即可，其所屬之整欄或整列之資料，也會自動隨之搬移：

	F	G	H	I
3		性別		
4	地區	女	男	總計
5	北區			
6	平均業績	1,440,489	1,162,045	1,330,799
7	人數	20	13	33
8	中區			
9	平均業績	1,304,189	1,308,403	1,305,794
10	人數	13	8	21
11	南區			
12	平均業績	1,177,794	1,279,117	1,213,981
13	人數	18	10	28
14	東區			
15	平均業績	1,276,663	1,189,284	1,242,682
16	人數	11	7	18
17	平均業績 的加總	1,306,578	1,228,683	1,276,978
18	人數 的加總	62	38	100

馬上練習

依範例 Ch07.xlsx『性別交叉居住狀況求一週飲料花費』工作表內容，計算性別交叉居住狀況的一週飲料花費平均數及人數。

	B	C	D	E	F	G	H	I	J	K
1	一週飲料錢	性別	居住狀況							
2	100	1	1	性別：						
3	60	1	1	1男			性別			
4	200	2	1	2女		居住地區		男	女	總計
5	30	1	1			1.家裡				
6	200	2	2	居住狀況：		平均一週飲料錢		117.55	63.96	83.68
7	25	2	2	1.家裡		人數		53	91	144
8	75	1	1	2.學校宿舍		2.學校宿舍				
9	20	1	1	3.校外		平均一週飲料錢		110.00	76.50	81.29
10	100	2	1			人數		5	30	35
11	200	2	1			3.校外				
12	100	2	1			平均一週飲料錢		85.33	78.33	83.33
13	100	1	2			人數		15	6	21
14	150	1	1			平均一週飲料錢 的加總		110.41	67.60	83.23
15	150	2	2			人數 的加總		73	127	200

看起來，男性之一週飲料花費似乎要比女性高。男生部份以住在家裡者之飲料花費較高；女生部份則以住在家裡者之飲料花費較低。

▶▶ 原分組資料轉組中點

　　問卷上很多有關所得、花費等數值，會因為牽涉個人隱私或為了方便受訪者填答，並不會要求受訪者直接填寫其數值，而改採勾填某一區間。如：

請問您整個家庭月所得狀況：

　　□1. 5 萬元以下　　　　□2. 5 至 10 萬元　　　　□3. 10 至 15 萬元

　　□4. 15 至 20 萬元　　□5. 20 萬元以上

　　因所勾填之數字，並非連續資料之數值，只是一種類別，故並不能直接用來進行數值運算。當要計算其相關統計量時，只好將其轉為組中點。這種替代方式，當然與原數值會有所差異，但這也是沒辦法的事！

　　其組中點之算法為：

$$\frac{(上界+下界)}{2}$$

以勾填□2. 5 至 10 萬元而言，其組中點之算法為 7.5 萬元：

$$\frac{(50000+100000)}{2}$$

　　上題整個家庭月所得狀況的各答案，可轉為下示之組中點：

請問您整個家庭月所得狀況：

　　□1. 25000　　　　□2. 75000　　　　□3. 125000

　　□4. 175000　　　□5. 225000

然後，以 IF() 函數：

```
=IF(B2=1,25000,IF(B2=2,75000,IF(B2=3,125000,IF(B2=4,175000,225000)))))
```

將其代入到問卷資料中，續求算其平均值：（詳範例 Ch07.xlsx『以組中點求每月所得均數-IF』工作表）

由於，各組之組距均為 50000，故亦可將上示之 IF() 函數簡化成：

```
=25000+(B2-1)*50000
```

所求得之組中點及均數（87500）亦完全相同。（詳範例 Ch07.xlsx『以組中點求每月所得均數-計算』工作表）

馬上練習

依範例 Ch07.xlsx『求每月零用金均數』工作表內容，計算每月零用金之均數。原問卷之內容為：

請問您每月可支配零用金額大約多少：

☐1. 2000 元以下 ☐2. 2000~4000 元 ☐3. 4000~6000 元

☐4. 6000~8000 元 ☐5. 8000~10000 元 ☐6. 10000 元以上

	B	C	D	E	F	G
1	零用金	性別	居住狀況	組中點		
2	3	2	1	5000		
3	2	2	1	3000		零用金均數
4	4	2	1	7000		5,695.7

馬上練習

續上題,依範例 Ch07.xlsx『性別交叉居住狀況求每月零用金均數』工作表內容

	A	B	C	D	E	F	G	H
1	編號	零用金	性別	居住狀況	組中點			
2	1	3	2	1	5000			
3	2	2	2	1	3000		性別:	居住狀況:
4	3	4	2	1	7000		1男	1.家裡
5	6	1	2	1	1000		2女	2.學校宿舍
6	8	2	2	2	3000			3.校外

以樞紐分析表,求性別交叉居住狀況的每月零用金均數及人數:

	J	K	L	M
3		性別		
4	居住狀況	男	女	總計
5	1.家裡			
6	平均零用金	5000.0	4333.3	4368.4
7	人數	3	54	57
8	2.學校宿舍			
9	平均零用金	9000.0	7083.3	7160.0
10	人數	1	24	25
11	3.校外			
12	平均零用金	10333.3	9285.7	9600.0
13	人數	3	7	10
14	平均零用金 的加總	7857.1	5517.6	5695.7
15	人數 的加總	7	85	92

看起來,男性之每月零用金似乎要比女性高;且住校外或學校宿舍者之零用金又比住在家裡來得高。

▶▶ 直接以次數分配表求均數

　　另一種計算方式,是不必將原間斷之類別變數轉為組中點之數字;而直接以次數分配表求均數:(詳範例 Ch07.xlsx『以組中點求每月所得均數-次數分配』工作表)

F10			f_x	=H8/F8			
	B	C	D	E	F	G	H
1	家庭月所得						
2	2			組別	樣本數	組中點	樣本數×組中點
3	2		1	5萬元以下	21	25000	525000
4	3		2	5至10萬元	45	75000	3375000
5	2		3	10至15萬元	14	125000	1750000
6	1		4	15至20萬元	6	175000	1050000
7	2		5	20萬元以上	6	225000	1350000
8	2			合計	92		8050000
9	2						
10	4			家庭月所得平均數	87500		

於 F 欄係以 COUNTIF() 求次數分配表，F3 之公式為：

```
=COUNTIF($B$2:$B$93,D3)
```

於 G 欄係以計算方式求得組中點，G3 之公式為：

```
=25000+(D3-1)*50000
```

於 H 欄係以相乘方式計算

```
樣本數×組中點
```

H3 之公式為：

```
=F3*G3
```

最後，以 SUM() 求『樣本數』及『樣本數×組中點』之總計，並於 F10 計算兩者相除之結果，求得家庭月所得平均數 87500，此一結果同於前文所舉之例。

▶▶ 量表求均數及排名

對於如:

Q23.請就下列選購數位相機之注重屬性勾選其重要程度。

	非常重要	重要	普通	不重要	非常不重要
1)價格	☐	☐	☐	☐	☐
2)與電腦配合執行的軟體	☐	☐	☐	☐	☐
3)操控性(穩定度、速度等)	☐	☐	☐	☐	☐
4)售後服務及維修能力	☐	☐	☐	☐	☐
5)升級的成本	☐	☐	☐	☐	☐
6)硬體的擴充能力	☐	☐	☐	☐	☐
7)廠商提供之資料詳細與否	☐	☐	☐	☐	☐
8)品牌形象	☐	☐	☐	☐	☐
9)外型是否美觀好看	☐	☐	☐	☐	☐
10)畫素色彩是否清晰	☐	☐	☐	☐	☐
11)內建記憶體容量及速度	☐	☐	☐	☐	☐
12)連接電腦網路之能力	☐	☐	☐	☐	☐
13)待機時間長	☐	☐	☐	☐	☐

之評價量表,於問卷回收後,我們也是逐項地分別對其求算出均數,然後再依其均數之高低,排出等級順序,以判斷那幾個屬性較為受訪者所著重。

茲以範例 Ch07.xlsx『數位相機注重屬性』工作表內容,說明計算均數及整理等級順序之相關技巧。其操作步驟為:

STEP **1**　輸妥標題

	N	O	P	Q	R	S	T
1	Q23_13	性別			Q23:數位相機之注重屬性	注重程度均數	排名
2	5	1					

STEP **2**　回原問卷之 Word 文件(詳範例之『數位相機問卷.docx』),按住 Alt 鍵,續以滑鼠拖曳拉出區塊,可僅選取各屬性之文字內容

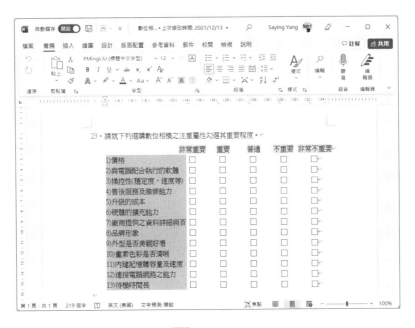

STEP **3**　按『**常用/剪貼簿/複製**』 鈕，記下所選之屬性文字

STEP **4**　移回『**數位相機注重屬性**』工作表之 R2

STEP **5**　按『**常用/剪貼簿/貼上**』 鈕，複製出所記下之屬性文字

（這才是有效率的操作技巧，很多 Word 的專書也不見得會介紹到，別太計較它已超過 Excel 的範圍！）

STEP **6**　按　Ctrl + Home 、 Ctrl + ↓ ，移到所有資料的最底端

	A	B	C	D	E	F	G	H
1	編號	Q23_1	Q23_2	Q23_3	Q23_4	Q23_5	Q23_6	Q23_7
98	200	4	5	5	5	4	5	5
99	201	5	5	5	4	4	5	5
100								

STEP **7**　停於 B101，輸入

```
=AVERAGE(B2:B99)
```

算出第 1 個屬性『價格』（Q23_1）之平均注重程度，並按『常用/
數值/增加小數位數』　⟵⁰₀₀　鈕，增加其小數位：

B101		∨	:	×	✓	fx	=AVERAGE(B2:B99)

	B	C	D	E	F	G
1	Q23_1	Q23_2	Q23_3	Q23_4	Q23_5	Q23_6
98	4	5	5	5	4	5
99	5	5	5	4	4	5
100						
101	4.19					

公式與資料間，至少間隔一列以上，以免被誤認為是原始問卷資料
的一部份。

STEP **8**　將公式抄給 B101:N101，計算出所有屬性（Q23_1～Q23_13）之注
重程度均數

B101		∨	:	×	✓	fx	=AVERAGE(B2:B99)

	H	I	J	K	L	M	N	O
1	Q23_7	Q23_8	Q23_9	Q23_10	Q23_11	Q23_12	Q23_13	性別
98	5	4	3	5	5	5	5	1
99	5	4	4	5	5	5	4	1
100								
101	3.95	3.70	3.93	4.52	4.36	4.21	4.20	

STEP **9**　於 B101:N101 尚呈選取之狀態，按『常用/剪貼簿/複製』　🗐　鈕，
記下所有屬性之注重程度均數之公式

STEP **10**　按『常用/剪貼簿/貼上』　📋　之下拉鈕，選按『貼上值/值(V)』　📋₁₂₃
鈕，將其等由公式轉為常數

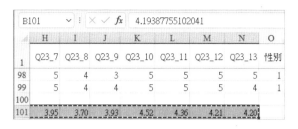

這純是為了方便後續步驟之轉置。若無此過程，轉置後，將無法取得正確值！

STEP **11** 於 B101:N101 尚呈選取之狀態，按『**常用/剪貼簿/複製**』 鈕，記下所有屬性之注重程度均數的常數

STEP **12** 移到『注重程度均數』標題下之 S2

STEP **13** 選按『**常用/剪貼簿/貼上**』 之下拉鈕，選按『**貼上/轉置(T)**』 鈕

STEP **14** 可將原以列方式排列之所有屬性的注重程度均數，轉置為以欄方式
排列，複製到 S2:S14

	R	S	T
S2	f_x 4.19387755102041		
1	Q23：數位相機之注重屬性	注重程度均數	排名
2	1)價格	4.19	
3	2)與電腦配合執行的軟體	4.24	
4	3)操控性(穩定度、速度等)	4.44	
5	4)售後服務及維修能力	4.19	
6	5)升級的成本	3.51	
7	6)硬體的擴充能力	3.77	
8	7)廠商提供之資料詳細與否	3.95	
9	8)品牌形象	3.70	
10	9)外型是否美觀好看	3.93	
11	10)畫素色彩是否清晰	4.52	
12	11)內建記憶體容量及速度	4.36	
13	12)連接電腦網路之能力	4.21	
14	13)待機時間長	4.20	

STEP **15** 於 T2 輸入

```
=RANK.EQ(S2,$S$2:$S$14)
```

複製到 T3:T14，可依各屬性之注重程度排出等級順序

	R	S	T	U
T2	f_x =RANK.EQ(S2,$S$2:$S$14)			
1	Q23：數位相機之注重屬性	注重程度均數	排名	
2	1)價格	4.19	7	
3	2)與電腦配合執行的軟體	4.24	4	
4	3)操控性(穩定度、速度等)	4.44	2	
5	4)售後服務及維修能力	4.19	7	
6	5)升級的成本	3.51	13	
7	6)硬體的擴充能力	3.77	11	
8	7)廠商提供之資料詳細與否	3.95	9	
9	8)品牌形象	3.70	12	
10	9)外型是否美觀好看	3.93	10	
11	10)畫素色彩是否清晰	4.52	1	
12	11)內建記憶體容量及速度	4.36	3	
13	12)連接電腦網路之能力	4.21	5	
14	13)待機時間長	4.20	6	

由此結果，可看出受訪者於選購數位相機時所注重之屬性，前五名依序為：『畫素色彩是否清晰』、『操控性(穩定度、速度等)』、『內建記憶體容量及速度』、『與電腦配合執行的軟體』與『連接電腦網路之能力』。

▶ 以 DAVERAGE() 求各組及全體均數

前例之作法並非典型 Excel 之處理方式，因為它將結果轉為常數，萬一資料有所更動，其結果並不會自動更新。若採以 DAVERAGE() 函數來求算，不僅沒有此缺點，且還可以依條件進行分組，同時求得各組及全體均數。

假定，要求得男/女受訪者於選購數位相機時，所注重之屬性分別為何？且還要同時求得全體均數。其處理步驟為：（詳範例 Ch07.xlsx『男女性注重之數位相機屬性』工作表）

STEP **1** 　輸妥標題

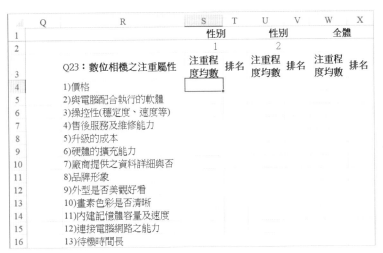

STEP **2** 　選取 B1:N1 之屬性標題（"Q23_1"～"Q23_13"），按『常用/剪貼簿/複製』 鈕，記下所有屬性之標題

	J	K	L	M	N	O
1	Q23_9	Q23_10	Q23_11	Q23_12	Q23_13	性別
2	5	5	5	4	5	1

STEP **3**　移到 Q4，選按『常用/剪貼簿/貼上』 📋 之下拉鈕，選按『貼上/

轉置(T)』 📋 鈕，將記下之屬性標題，由列改欄排列複製過來

	Q	R
1		
2		
3		Q23：數位相機之注重屬性
4	Q23_1	1)價格
5	Q23_2	2)與電腦配合執行的軟體
6	Q23_3	3)操控性(穩定度、速度等)
7	Q23_4	4)售後服務及維修能力
8	Q23_5	5)升級的成本
9	Q23_6	6)硬體的擴充能力
10	Q23_7	7)廠商提供之資料詳細與否
11	Q23_8	8)品牌形象
12	Q23_9	9)外型是否美觀好看
13	Q23_10	10)畫素色彩是否清晰
14	Q23_11	11)內建記憶體容量及速度
15	Q23_12	12)連接電腦網路之能力
16	Q23_13	13)待機時間長

STEP **4**　於 S4 輸入

```
=DAVERAGE($A$1:$O$99,$Q4,S$1:T$2)
```

於 $A$1:$O$99 之範圍內，計算出男性（『性別』為 1）對『1)
價格』欄（Q23_1）之平均注重程度，調整為兩位小數。以拖曳方
式，將其抄給 S4:S16

S4					f_x	=DAVERAGE($A$1:$O$99,$Q4,S$1:T$2)		

	Q	R	S	T	U	V	W	X
1			性別		性別		全體	
2			1		2			
3		Q23：數位相機之注重屬性	注重程度均數	排名	注重程度均數	排名	注重程度均數	排名
4	Q23_1	1)價格	4.32					
5	Q23_2	2)與電腦配合執行的軟體	4.16					
6	Q23_3	3)操控性(穩定度、速度等)	4.41					
7	Q23_4	4)售後服務及維修能力	4.27					
8	Q23_5	5)升級的成本	3.57					
9	Q23_6	6)硬體的擴充能力	3.57					
10	Q23_7	7)廠商提供之資料詳細與否	4.08					
11	Q23_8	8)品牌形象	3.78					
12	Q23_9	9)外型是否美觀好看	3.84					
13	Q23_10	10)畫素色彩是否清晰	4.54					
14	Q23_11	11)內建記憶體容量及速度	4.27					
15	Q23_12	12)連接電腦網路之能力	4.14					
16	Q23_13	13)待機時間長	4.19					

STEP **5** 於 T4 輸入

`=RANK.EQ(S4,S$4:S$16)`

算出第一個屬性注重程度之排名，續以拖曳方式，將其抄給 T5:T16

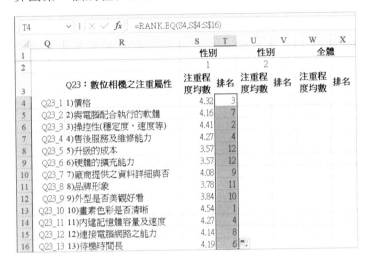

STEP **6** 選取 S4:T16 男性對各屬性之注重程度及其排名，續以拖曳方式，將其抄給 U4:X16，計算出女性及全體對各屬性之注重程度及其排名

	Q23：數位相機之注重屬性	性別 1		性別 2		全體	
		注重程度均數	排名	注重程度均數	排名	注重程度均數	排名
Q23_1	1)價格	4.32	3	4.11	8	4.19	7
Q23_2	2)與電腦配合執行的軟體	4.16	7	4.30	4	4.24	4
Q23_3	3)操控性(穩定度、速度等)	4.41	2	4.46	2	4.44	2
Q23_4	4)售後服務及維修能力	4.27	4	4.15	7	4.19	7
Q23_5	5)升級的成本	3.57	12	3.48	13	3.51	13
Q23_6	6)硬體的擴充能力	3.57	12	3.89	10	3.77	11
Q23_7	7)廠商提供之資料詳細與否	4.08	9	3.87	11	3.95	9
Q23_8	8)品牌形象	3.78	11	3.66	12	3.70	12
Q23_9	9)外型是否美觀好看	3.84	10	3.98	9	3.93	10
Q23_10	10)畫素色彩是否清晰	4.54	1	4.51	1	4.52	1
Q23_11	11)內建記憶體容量及速度	4.27	4	4.41	3	4.36	3
Q23_12	12)連接電腦網路之能力	4.14	8	4.26	5	4.21	5
Q23_13	13)待機時間長	4.19	6	4.21	6	4.20	6

由此結果，可看出男受訪者於選購數位相機時，所注重之屬性，前五名依序為：『畫素色彩是否清晰』、『操控性(穩定度、速度等)』、『價

格』、『售後服務及維修能力』與『內建記憶體容量及速度』（後兩者之排名同為 4）。

女受訪者於選購數位相機時，所注重之屬性，前五名依序為：『畫素色彩是否清晰』、『操控性(穩定度、速度等)』、『內建記憶體容量及速度』、『與電腦配合執行的軟體』與『連接電腦網路之能力』。

可見，男女性所注重之項目還是略有不同！

前例之 Q 欄的各屬性標題（"Q23_1"～"Q23_13"），也可以改為以數字標定其為第幾欄？欄數是由資料庫範圍之第一欄開始起算，故僅需將原公式：

=DAVERAGE($A$1:$O$99,$Q4,S$1:T$2)

改為

=DAVERAGE($B$1:$O$99,$Q4,S$1:T$2)

仿前述操作步驟複製，其結果一完全相同：（詳範例 Ch07.xlsx『男女性注重之數位相機屬性 1』工作表）

		性別 1		性別 2		全體	
	Q23：數位相機之注重屬性	注重程度均數	排名	注重程度均數	排名	注重程度均數	排名
1	1)價格	4.32	3	4.11	8	4.19	7
2	2)與電腦配合執行的軟體	4.16	7	4.30	4	4.24	4
3	3)操控性(穩定度、速度等)	4.41	2	4.46	2	4.44	2
4	4)售後服務及維修能力	4.27	4	4.15	7	4.19	7
5	5)升級的成本	3.57	12	3.48	13	3.51	13
6	6)硬體的擴充能力	3.57	12	3.89	10	3.77	11
7	7)廠商提供之資料詳細與否	4.08	9	3.87	11	3.95	9
8	8)品牌形象	3.78	11	3.66	12	3.70	12
9	9)外型是否美觀好看	3.84	10	3.98	9	3.93	10
10	10)畫素色彩是否清晰	4.54	1	4.51	1	4.52	1
11	11)內建記憶體容量及速度	4.27	4	4.41	3	4.36	3
12	12)連接電腦網路之能力	4.14	8	4.26	5	4.21	5
13	13)待機時間長	4.19	6	4.21	6	4.20	6

**馬上練習**

依範例 Ch07.xlsx『男女性注重之信用卡屬性』工作表內容，計算出男/女性及全體對各信用卡屬性之注重程度及其排名。

題號	Q6：注重之信用卡屬性	性別 1		性別 2		全體	
		注重程度均數	排名	注重程度均數	排名	注重程度均數	排名
1	年費	3.71	10	4.18	7	4.14	7
2	循環利息	4.43	4	4.25	5	4.26	5
3	信用額度	4.00	7	3.71	10	3.73	10
4	可貸款	3.29	13	2.98	14	3.00	14
5	可預借現金	3.43	11	2.94	15	2.98	15
6	是否全球通行	4.71	2	4.41	2	4.43	2
7	是否受商店歡迎	4.71	2	4.33	3	4.36	3
8	失卡風險負擔	5.00	1	4.71	1	4.73	1
9	24小時免付費專線	3.86	9	4.32	4	4.28	4
10	道路救援服務	3.43	11	3.62	11	3.61	11
11	旅遊保險	4.00	7	4.22	6	4.21	6
12	發卡銀行知名度	4.14	5	3.88	9	3.90	9
13	專業形象	4.14	5	4.00	8	4.01	8
14	卡片設計美觀	3.00	15	3.56	12	3.52	12
15	贈品	3.29	13	3.32	13	3.32	13
	樣本數	7		85		92	

▶▶ 以線圖表示注重程度差異

　　有時，將建表之內容轉為圖案，可使其更具可看性。假定，要將前文男女性注重之數位相機屬性，繪製成線圖：

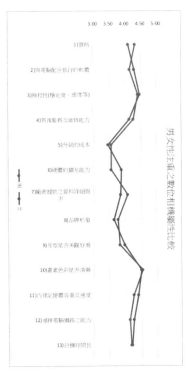

其處理步驟為：（範例 Ch07.xlsx『繪圖比較男女性注重之數位相機屬性』工作表）

STEP **1** 先選取 R4:S16，續按住 **Ctrl** 鍵，再選取 U4:U16，同時選取標題及男/女注重程度

	Q	R	S	T	U	V	W	X
1				性別		性別		全體
2				1		2		
3		Q23：數位相機之注重屬性	注重程度均數	排名	注重程度均數	排名	注重程度均數	排名
4	1	1)價格	4.32	3	4.11	8	4.19	7
5	2	2)與電腦配合執行的軟體	4.16	7	4.30	4	4.24	4
6	3	3)操控性(穩定度、速度等)	4.41	2	4.46	2	4.44	2
7	4	4)售後服務及維修能力	4.27	4	4.15	7	4.19	7
8	5	5)升級的成本	3.57	12	3.48	13	3.51	13
9	6	6)硬體的擴充能力	3.57	12	3.89	10	3.77	11
10	7	7)廠商提供之資料詳細與否	4.08	9	3.87	11	3.95	9
11	8	8)品牌形象	3.78	11	3.66	12	3.70	12
12	9	9)外型是否美觀好看	3.84	10	3.98	9	3.93	10
13	10	10)畫素色彩是否清晰	4.54	1	4.51	1	4.52	1
14	11	11)內建記憶體容量及速度	4.27	4	4.41	3	4.36	3
15	12	12)連接電腦網路之能力	4.14	8	4.26	5	4.21	5
16	13	13)待機時間長	4.19	6	4.21	6	4.20	6

STEP **2** 按『插入/圖表/插入折線圖或曲線圖』 鈕，選擇其圖表類型為「含有資料標記的折線圖」

獲致

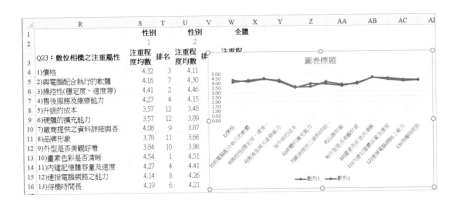

STEP **3** 按『**圖表工具/設計/資料/選取資料**』 鈕，轉入『**選取資料來源**』對話方塊

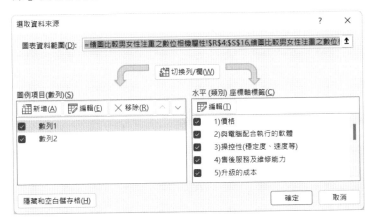

STEP **4** 按 [編輯(E)] 鈕，將『**數列1**』之『**數列名稱**』改為「**男**」

STEP **5** 　按 [確定] 鈕，已將原『數列 1』改為「男」

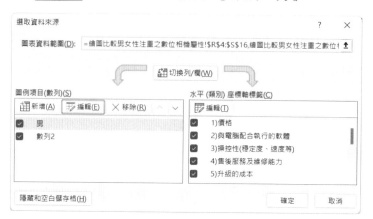

STEP **6** 　點選『數列 2』，仿前 2 步驟將其『數列名稱』改為「女」

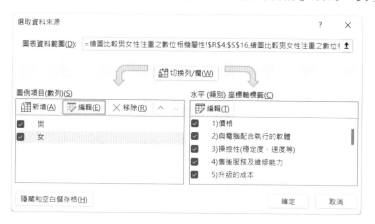

STEP **7** 　按 [確定] 鈕

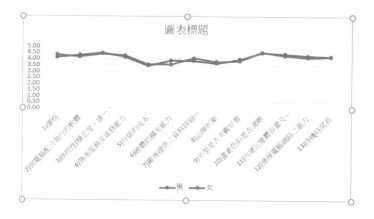

STEP **8** 調妥圖表大小，並將其移往 Y2

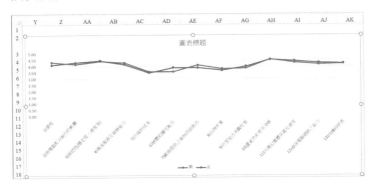

STEP **9** 點選 X 軸之屬性標題字，按『**圖表工具/格式/目前的選取範圍/格式化選取範圍**』 鈕，轉入『**座標軸格式**』窗格，續按『**大小與尺寸**』 鈕

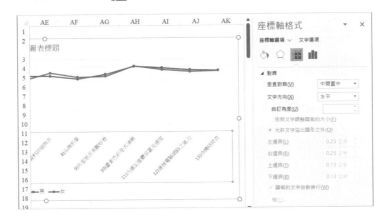

STEP **10** 按『文字方向(**X**)』處之向下箭頭，選擇將字體對齊方式改為旋轉 270 度

STEP **11**　屬性標題字對齊方式已改為旋轉 270 度

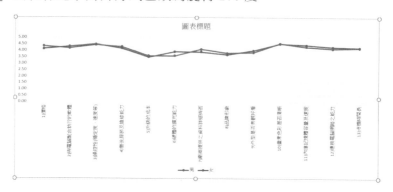

STEP **12**　不用關閉『座標軸格式』窗格，續點選 Y 軸之屬
　　　　性標題字，按『文字方向(X)』處之向下箭頭，
　　　　同樣選擇將字體對齊方式改為旋轉 270 度

STEP **13**　於『座標軸格式』窗格，按『座標
　　　　軸選項』 鈕

　　　　將『最小值』改為 3.0

STEP **14** 按『座標軸格式』窗格右上角 ✕ 鈕,刻度將因將『最小值』改為 3.0,而使圖案放大

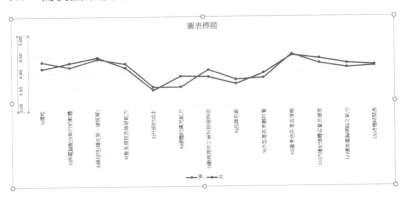

STEP **15** 點選圖表標題之文字框,將其內容改為:男女性注重之數位相機屬性比較

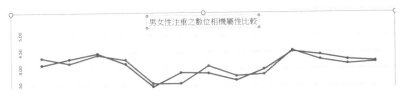

STEP **16** 點選圖表『圖表區』(右下角空白處), 將圖表選取,按『**常用/剪貼簿/複製**』 複製 ✓ 鈕右側之下拉鈕,選『**複製成 圖片(P)…**』

轉入

STEP **17** 按 [確定] 鈕，將螢幕所示之圖案，以圖片格式複製全圖內容轉入 Word 文件（因最終報告還是得以 Word 來編寫），按『**常用/剪貼簿/貼上**』 鈕，將圖表以圖片之形式，貼到 Word 文件中

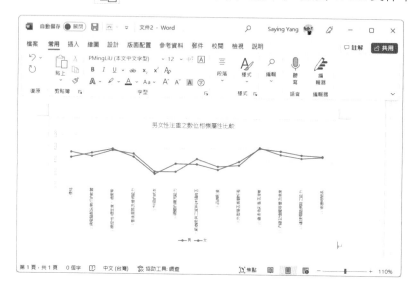

STEP **18** 選取圖表，按『**圖表/格式/排列/旋轉**』 鈕之下拉鈕，選「**向右旋轉 90 度(R)**」

將圖表轉向，續按『**常用/段落/置中**』 鈕，將其置中，即為所求（詳『**數位相機注重程度比較.docx**』）

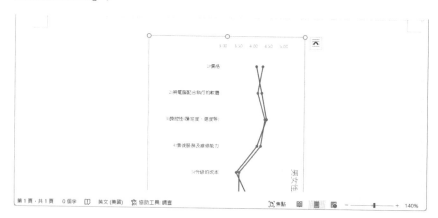

7-4 中位數

　　中位數（Median）是指將所有數字依大小順序排列後，排列在最中間之數字，其上與其下的數字個數各佔總數的二分之一。也就是說，將所有次數當 100%，累積之次數達 50%的位置，其觀測值就是中位數（用 M_e 來表示）。

　　於 Excel 是以 MEDIAN() 函數來求算中位數，其語法為：

```
MEDIAN(數值1,[數值2],...)
MEDIAN(number1,[number2],...)
```

用以求一陣列或範圍資料的中位數，若這數字為偶數個數，將計算中間兩個數字的平均值。其算法很簡單，當 n 為奇數，按大小排列後，第(n+1)/2 個觀測值，就是中位數。當 n 為偶數，則取第 n/2 與(n+2)/2 個觀測值之平均數為中位數。

　　數值 1,[數值 2],...為要求中位數之儲存格或範圍引數，最多可達 255 個。式中，方括號所包圍之內容，表該部份可省略。

　　如：

10，3，4，5，8，7，12

等 7 個數字資料，n 為 7 是個奇數，依大小排列後為：

3，4，5，7，8，10，12

第(7+1)/2=4 個觀測值 7，就是中位數。而

3，4，5，8，12，7

等 6 個數字資料，n 為 6 是個偶數，依大小排列後為：

3，4，5，7，8，12

則取第 6/2=3 與(6+2)/2=4 個觀測值之平均數(5+7)/2=6 為中位數。（詳範例 Ch07.xlsx『中位數』工作表）

B2		:	× ✓ f_x	=MEDIAN(A1:G1)		
	A	B	C	D	E	F	G
1	10	3	4	5	8	12	7
2	中位數	7	← =MEDIAN(A1:G1)				
3							
4		3	4	5	12	7	
5	中位數	6	← =MEDIAN(A4:F4) 取(5+7)/2				

中位數不會受極端值影響，且無論極端值如何變化，中位數均不變。
如：

3，4，5，7，8，10，500　或　-200，4，5，7，8，10，90

之中位數均還是 7。（詳範例 Ch07.xlsx『中位數較不受極端值影響』工作
表）

B2		∨	:	× ✓ f_x	=MEDIAN(A1:G1)		
	A	B	C	D	E	F	G
1	3	4	5	8	7	12	500
2	中位數	7	← =MEDIAN(A6:G6)				
3	平均數	77	← =AVERAGE(A6:G6)				
4							
5	-200	4	5	8	7	12	500
6	中位數	7	← =MEDIAN(A9:G9)				
7	平均數	48	← =AVERAGE(A10:G10)				

▶▶ 中位數之優點

以中位數代表一群數字之集中趨勢的優點為：

◉ 不受極端值的影響

◉ 恆為所有資料的中間分界，它是存在的且易瞭解

對於分配不對稱之資料，中位數比平均數更適合當集中趨勢的代表
值。這就是為何政府機關所公佈之國民所得，常以中位數為代表值的理
由。但對於分配並不是非常不對稱之資料，平均數還是比中位數更適合當
集中趨勢的代表值。但其缺點為：

◉ 僅注重中央之數字，忽略了兩端之所有數字

◉ 不靈敏，當資料發生變動，中位數並不一定會變動

▶▶ 等級資料的中位數

通常，對於排順位（次序）之等級資料（如：1 表最喜歡、2 次之、……，那只表示 1 將排於 2 之前的一種順序而已，並無 2 是 1 的兩倍之數字關係），我們係以中位數來當其代表值。如：

B14		∨	⋮ × ✓ fx	=MEDIAN(B2:B11)		
	A	B	C	D	E	F
1	編號	對價格的注重順序	對外觀的注重順序	對品質的注重順序		
2	1001	1	2	3	← 1表最注重	
3	1002	1	2	3		
4	1003	1	3	2		
5	1004	3	2	1		
6	1005	2	1	3		
7	1006	1	3	2		
8	1007	1	3	2		
9	1008	3	1	2		
10	1009	1	3	2		
11	1010	1	3	2		
12						
13	注重順序之中位數					
14	價格	1	← =MEDIAN(B2:B11)			
15	外觀	2.5	← =MEDIAN(C2:C11)			
16	品質	2	← =MEDIAN(D2:D11)			

所以，此結果顯示，受訪者對價格的注重順序是優先於對品質及外觀；而對品質的注重順序又優先於對外觀的注重順序。

馬上練習

依範例 Ch07.xlsx『手機電信公司排等級』工作表內容，以中位數計算受訪者認為最便宜之手機電信公司的排名：

	A	B	C	D	E	F
1	編號	最便宜之排名				
2		中華電信	遠傳	台灣大哥大	亞太	台灣之星
18	26	5	4	3	1	2
19	27	5	3	2	4	1
20	28	1	3	2	4	4
21						
22	中位數	4	3	2	3	3
23	排名	5	2	1	2	2

（續下頁）

（承上頁）

> 依受訪者之資料顯示，『台灣大哥大』是受訪者認為較便宜之手機電信公司；『遠傳』、『亞太』與『台灣之星』公司則無差別；『中華電信』則是被認為較貴的公司。會有此一結果，主要是因為中位數僅注重中央之數字，忽略了兩端之所有數字，且不靈敏。若改為以均數來代表，將可以很容易地排出所有公司之排名：

	A	B	C	D	E	F
1	編號	最便宜之排名				
2		中華電信	遠傳	台灣大哥大	亞太	台灣之星
18	26	5	4	3	1	2
19	27	5	3	2	4	1
20	28	1	3	2	4	4
21						
22	均數	3.28	2.72	2.06	2.78	2.89
23	排名	5	2	1	3	4

▶▶ 連續資料之中位數

若原問卷上係以開放題，直接要求使用者輸入某一數字。如：

請問您，一週花費在飲料上約＿＿＿＿＿元。

則可直接以 MEDIAN() 函數來求算中位數：（詳範例 Ch07.xlsx『一週飲料花費中位數』工作表）

E3		f_x	=MEDIAN(B2:B201)	
	A	B	C	D	E
1	編號	一週飲料花費			
2	1	100		一週飲料花費	
3	2	60		中位數	50
4	3	200		平均數	83

▶▶ 分組資料之中位數

若原資料係分組資料，如：5 萬元以下、5 至 10 萬元、……。則可以下列公式來求算中位數之近似值：

$$M_e \cong L_i + \frac{\frac{n}{2} - F_i}{f_i} h$$

式中，

n 為總樣本數

L_i 為中位數組之下限

F_i 為中位數組以下的累計次數（中位數組之次數不算）

f_i 為中位數組之次數，即累計百分比為 50% 之組別所出現的樣本數

h 為組距

如範例 Ch07.xlsx『求分組資料之中位數』工作表之資料：

	B	C	D	E	F	G	H	I
G9			fx	=50000+((F7/2)-H2)/F3*50000				
1	家庭月所得		組別		樣本數	百分比	累計次數	累計百分比
2	2	1	5萬元以下		21	22.8%	21	22.8%
3	2	2	5至10萬元		45	48.9%	66	71.7%
4	3	3	10至15萬元		14	15.2%	80	87.0%
5	2	4	15至20萬元		6	6.5%	86	93.5%
6	1	5	20萬元以上		6	6.5%	92	100.0%
7	2		合計		92	100.0%		
8	2							
9	2		家庭月所得之中位數		77777.78			

其中位數近似值為：

$$M_e \cong 50000 + \frac{\dfrac{92}{2}-21}{45} 50000 = 77777.8$$

即

```
=50000+((F7/2)-H2)/F3*50000
```

其餘相關儲存格之公式分別為：

```
F2      =COUNTIF($B$2:$B$93,D2)
F7      =SUM(F2:F6)
G2      =F2/$F$7
H2      =F2
H3      =H2+F3
I2      =G2
I3      =I2+G3
```

馬上練習

依範例 Ch07.xlsx『每月零用金中位數』工作表內容,計算每月零用金之中位數。原問卷之內容為:

請問您每月可支配零用金額大約多少:

☐ 1. 2000 元以下　　☐ 2. 2000~4000 元　　☐ 3. 4000~6000 元

☐ 4. 6000~8000 元　　☐ 5. 8000~10000 元　　☐ 6. 10000 元以上

	G10		$\checkmark$: $\times$ $\checkmark$ f_x	=4000+((F8/2)-H3)/F4*2000		
	D	E	F	G	H	I
1		組別	樣本數	百分比	累計次數	累計百分比
2		1 2000元以下	14	15.2%	14	15.2%
3		2 2000~4000元	26	28.3%	40	43.5%
4		3 4000~6000元	12	13.0%	52	56.5%
5		4 6000~8000元	10	10.9%	62	67.4%
6		5 8000~10000元	14	15.2%	76	82.6%
7		6 10000元以上	16	17.4%	92	100.0%
8		合計	92	100.0%		
9						
10		每月零用金中位數		5000		

7-5 眾數

眾數(Mode,以 M_o 表示)係指在一群體中出現次數最多的那個數值,於 Excel 係利用 MODE.SNGL() 函數來求得。其語法為:

```
MODE.SNGL(數值1,[數值2],...)
MODE.SNGL(number1,[number2],...)
```

數值 1,[**數值** 2],...為要求眾數之儲存格或範圍引數,最多可達 255 個。式中,方括號所包圍之內容,表該部份可省略。如:

3,2,1,3,1,3,3,2,3

之眾數為 3:(詳範例 Ch07.xlsx『眾數』工作表)

B3			fx	=MODE.SNGL(A1:H1)

	A	B	C	D	E	F	G	H
1	3	2	1	3	1	3	2	3
2								
3	眾數	3	← =MODE.SNGL(A1:H1)					

眾數、中位數與平均數，均是用來衡量母體的集中趨勢。眾數與中位數是較不會受極端值影響。不過，眾數並非衡量集中趨勢的好方法，因為當分配不規則或無顯著之集中趨勢，眾數就無意義。

如，可能會同時有好幾個眾數的情況發生：

3，2，1，3，1，3，2，2

之眾數為 3 與 2，但僅傳回 3 而已：

B6			fx	=MODE.SNGL(A5:H5)

	A	B	C	D	E	F	G	H
5	3	2	1	3	1	3	2	2
6	眾數	3						

同時，也可能會沒有眾數！如果資料組中不包含重複的資料點，本函數將傳回 #N/A 的錯誤值：

B9			fx	=MODE.SNGL(A8:H8)

	A	B	C	D	E	F	G	H
8	1	2	3	4	5	6	7	8
9	眾數	#N/A						

若懷疑資料中，可能會同時有好幾個眾數：

3，2，1，3，1，3，2，2

其眾數為 3 與 2，可利用

```
MODE.MULT(number1,[number2],...)
```

一次取得多個眾數。執行前先選取多格範圍，如：B13:B14

	A	B	C	D	E	F	G	H
12	3	2	1	3	1	3	2	2
13	眾數							
14								

輸入公式：

```
=MODE.MULT(A12:H12)
```

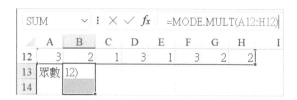

以 Ctrl + Shift + Enter 結束，即可一次取得多個眾數：

▶▶ 眾數之優/缺點

眾數之優點為：

◉ 簡單易瞭解

◉ 不受兩端極端值影響

但其缺點為：

◉ 可能會同時有好幾個眾數的情況發生

◉ 也可能會沒有眾數

◉ 不靈敏，當資料發生變動眾數並不一定會變動

▶▶ 類別資料的眾數

通常，對於類別性資料（非連續性之名目變數），如：性別、使用品牌、購買原因、支持那位候選人、……等。問卷上填答之 1、2、3、……答案間，並無大小或比例之關係（3 並不大於 1；3 並非 1 的三倍），只是一個代表類別的數字而已。對於這種性質之資料，就以眾數來代表母體的集中趨勢。如：全班以男性居多、市場上主要以使用 A 品牌者居多、○○候選人最受選民支持、餐飲科學生主要以選修烘培者居多、……。如：（詳範例 Ch07.xlsx『餐飲科主修類別』工作表）

C13		f_x	=MODE.SNGL(B2:B11)		

	A	B	C	D	E	F
1	學號	主修餐飲	性別			
2	1001	3	1	← 1表男性，2表女性		
3	1002	3	2			
4	1003	1	2		主修類別	
5	1004	2	1		1. 中餐	
6	1005	3	2		2. 西餐	
7	1006	1	2		3. 烘培	
8	1007	3	2		4. 調酒	
9	1008	3	1			
10	1009	3	2			
11	1010	4	2			
12						
13	主修最多之餐飲類別		3	← =MODE.SNGL(B2:B11)		
14	受訪者主要性別		2	← =MODE.SNGL(C2:C11)		

　　這類資料是不會以平均數代表其集中趨勢，像假定求得『主修餐飲』欄之均數為 2.2，又將如何解釋其意義呢？

▶▶ 連續的眾數

　　若原問卷上係以開放題，直接要求使用者輸入某一數字。如：

請問您，一週花費在飲料上約_____元。

則可直接以 MODE.SNGL() 函數來求算眾數：（詳範例 Ch07.xlsx『一週飲料花費眾數』工作表）

F3		f_x	=MODE.SNGL(B2:B201)		

	B	C	D	E	F	G
1	一週飲料錢	每月零用金				
2	100	3		一週飲料錢		
3	60	2		眾數	50	
4	200	6		均數	83	

▶▶ 分組資料的眾數

　　若原資料係分組資料，如：~2000、2000~4000、……。則可以下列公式來求算眾數之近似值：

$$M_o \cong L_i + \frac{d_1}{(d_1 + d_2)} h$$

式中，

L_i 為眾數組之下限

d_1 為眾數組與前一組次數之差距的絕對值

d_2 為眾數組與下一組次數之差距的絕對值

h 為眾數組之組距

如範例 Ch07.xlsx『每月零用金眾數』工作表之資料：

	A	B	C	D	E	F	G	H	I
	F11				f_x	=4000+ABS(G5-G4)/(ABS(G5-G4)+ABS(G5-G6))*2000			
1	編號	一週飲料錢	每月零用金						
2	1	100	3			每月零用金	次數		
3	2	60	2			1 2000元以下	23		
4	3	200	6			2 2000~4000元	43		
5	4	30	1			3 4000~6000元	68	<-- 眾數組	
6	5	200	4			4 6000~8000元	32		
7	6	25	3			5 8000~10000元	24		
8	7	75	3			6 10000元以上	10		
9	8	20	1			合計	200		
10	9	100	1						
11	10	200	4		眾數	4819.67			

其眾數之近似值為：

$$M_o \cong 4000 + \frac{68-43}{(68-43)+(68-32)} \times 2000$$

$$M_o \cong 4000 + \frac{25}{25+36} \times 2000 \cong 4819.67$$

所使用之公式為：

```
=4000+ABS(G5-G4)/(ABS(G5-G4)+ABS(G5-G6))*2000
```

其中，ABS() 函數是求絕對值的函數。

馬上練習

依範例 Ch07.xlsx『月所得眾數』工作表內容，計算全家月所得之眾數。
原問卷之內容為：

請問您整個家庭月所得狀況？

☐1. 5 萬元以下　　☐2. 5 至 10 萬元　　☐3. 10 至 15 萬元

☐4. 15 至 20 萬元　　☐5. 20 萬元以上

	B	C	D	E	F	G
1	家庭月所得					
2	2		家庭月所得		次數	
3	2	1	5萬元以下		21	
4	3	2	5至10萬元		45	← 眾數組
5	2	3	10至15萬元		14	
6	1	4	15至20萬元		6	
7	2	5	20萬元以上		6	
8	2		合計		92	
9	2					
10	4		家庭月所得眾數		71818.18	

7-6 截尾均數

　　中位數與眾數均可避免極端值之影響，而截尾均數是指去除極端值後所求之均數，其目的也是要避免受極端值之影響。於 Excel 截尾均數是以 TRIMMEAN() 函數來求算，其語法為：

```
TRIMMEAN(數列或範圍,百分比)
TRIMMEAN(array,percent)
```

可去除指定之**百分比**的極端值後，再求某**數列或範圍**之數值的均數。

　　如同體操選手的成績要排除最高與最低值後，才進行計算會較公允般。將一組數字去除上下之極端值後再求均數，也是一種消除極端值對全體均數之影響。（可排除自己國之裁判故意給高分；或對手國之裁判故意給低分之不公平現象）如，將全球首富比爾蓋茲之所得排除後，求得之所得均數將更能代表實際之所得情況。如，將兩名因作弊被判為 0 分之學生成績,亦納入全班平均之計算中,然後責備全班平均成績太差,肯定叫全班不服。

本函數以百分比計算要消除幾個極端值時,會將數值向下取至最接近之 2 的倍數,以使上下各能排除同樣個數之極端值。如,於 30 個數字中,要排除 0.1 之極端值,應為 3 個數字。但因無法於最小及最大值中各排除 1.5 個數字,故將其捨位為各僅排除 1 個極端數字。

如,於範例 Ch07.xlsx『截尾均數』工作表,A1:F1 有 6 個數字,要排除 0.4 之極端值,應為 2.4 個數字。但因無法於最小及最大值中各排除 1.2 個數字,故將其捨位為各僅排除 1 個極端數字。故:

```
=TRIMMEAN(A1:F1,0.4)
```

將 A1 與 F1 排除掉,才計算均數,其結果同於:

```
=AVERAGE(B1:E1)
```

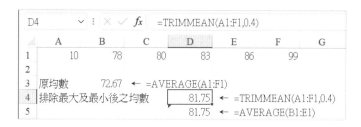

範例 Ch07.xlsx『截尾均數-體操』工作表之體操選手的評分,以截尾均數與一般均數之成績排名結果並不相同,第一、二名將互換。會有此一現象,應該是裁判 2 對 1002 選手偏心的關係所致:

	A	B	C	D	E	F	G	H	I	J	K	L
	選手	裁判 1	裁判 2	裁判 3	裁判 4	裁判 5	裁判 6	裁判 7	均數	均數排名	截尾均數	截尾均數排名
2	1001	5.0	8.0	8.0	8.0	8.0	8.0	10.0	7.86	4	8.00	4
3	1002	8.6	10.0	7.8	8.5	9.1	8.8	8.7	8.79	1	8.74	2
4	1025	7.5	7.6	7.4	7.5	7.8	8.1	9.0	7.84	5	7.70	5
5	1026	6.2	9.5	8.6	8.5	8.7	9.2	10.0	8.67	2	8.90	1
6	1034	6.9	6.5	7.3	7.5	7.4	6.5	8.1	7.17	7	7.12	7
7	1037	8.0	8.2	7.6	8.5	6.5	7.2	7.3	7.61	6	7.66	6
8	1102	8.0	9.1	7.8	8.7	7.4	8.6	7.5	8.16	3	8.12	3

一般均數及其排名所使用之公式為：

```
=AVERAGE(B2:H2)
=RANK.EQ(I2,$I$2:$I$8)
```

截尾均數及其排名所使用之公式為：

```
=TRIMMEAN(B2:H2,0.4)
=RANK.EQ(K2,$K$2:$K$8)
```

7-7 極大

MAX() 與 MAXA() 兩個函數均是用來求算一串數值的極大值，其語法為：

```
MAX(數值1,[數值2],...)
MAX(value1,[value2],...)
MAXA(數值1,[數值2],...)
MAXA(value1,[value2],...)
```

數值1,[數值2],...為要求極大之儲存格或範圍引數，最多可達 255 個。式中，方括號所包圍之內容，表該部份可省略。

MAX() 係求所有數值資料的極大值；而 MAXA() 則求所有非空白儲存格之極大值。如：（詳範例 Ch07.xlsx『極大值』工作表）

	F4		:	× ✓	fx	=MAX(C2:C8)		
▲	A	B	C	D	E	F	G	H
1	姓名	性別	成績					
2	廖晨帆	男	88		求成績欄之極大值			
3	廖彗君	女	90		以MAXA求	90	← =MAXA(C2:C8)	
4	程家嘉	男	缺考		以MAX求	90		
5	劉荏蓉	女	88					
6	林耀宗	男	75					
7	李皖瑜	女	85					
8	莊媛智	女	68					

注意

注意，當處理者全為負值時，若其內含文字串之儲存格，以 MAXA() 所求之極大值將為 0（即文字串）。如：（詳範例 Ch07.xlsx『全為負數之極大值』工作表）

B5		✓ : × ✓ fx		=MAX(A1:G1)			
	A	B	C	D	E	F	G
1	-5	-10	N/A	-10	N/A	-16	-24
2							
3	求極大值						
4	以MAXA求	0	← =MAXA(A1:G1)				
5	以MAX求	-5	← =MAX(A1:G1)				

▶▶ 分組的極大

若要求分組（如：男/女）後之極大，可使用 DMAX() 函數，它是一個用來依準則求極大的資料庫統計函數，其語法：

```
DMAX(資料庫表單,欄名或第幾欄,準則範圍)
DMAX(database,field,criteria)
```

函數中，各引數之標定方式參見前文 DAVERAGE() 處之說明。以範例 Ch07.xlsx『男女一週飲料花費之極大』工作表資料言，其男/女一週飲料花費之極大分別為 500 與 300。F3 之公式為：

```
=DMAX($A$1:$C$201,$B$1,F$1:F$2)
```

表要於 $A$1:$C$201 之範圍內，以 F$1:F$2 為條件，求一週飲料錢（$B$1）之極大：

▶ 交叉表求極大

對於必須同時使用兩個條件求極大；且還得同時求人數之情況，最便捷之處理方式為，按『**插入/表格/樞紐分析表**』  鈕，來建立交叉表。以範例 Ch07.xlsx『性別交叉零用金求一週飲料花費極大』工作表資料為例，其交叉表之結果為：

	C	D	E	F	G	H	I
1	性別	零用金					
3	1	2			性別		
4	2	6		零用金	男	女	總計
5	1	1		~2000			
6	2	4		一週飲料錢最大值	150	120	150
7	2	3		人數	7	16	23
8	1	3		~2001~4000			
9	1	1		一週飲料錢最大值	500	200	500
10	2	1		人數	18	25	43
11	2	4		4001~6000			
12	2	5		一週飲料錢最大值	500	150	500
13	1	5		人數	24	44	68
14	1	3		6001~8000			
15	2	2		一週飲料錢最大值	500	300	500
16	2	4		人數	11	21	32
17	2	2		8001~10000			
18	2	6		一週飲料錢最大值	100	100	100
19	2	5		人數	9	15	24
20	2	3		10001~			
21	2	2		一週飲料錢最大值	250	200	250
22	2	3		人數	4	6	10
23	2	3		一週飲料錢最大值 的加總	500	300	500
24	2	4		人數 的加總	73	127	200

處理步驟參見前文『交叉表求均數』，但記得將其欄位內容改為求「**最大**」：

7-8 極小

MIN() 與 MINA() 這兩個函數均是用來求算一串數值的極小值,其語法為:

```
MIN(數值1,[數值2],...)
MIN(value1,[value2],...)
MINA(數值1,[數值2],...)
MINA(value1,[value2],...)
```

數值1,[數值2],...為要計算極小之儲存格或範圍引數,最多可達 255 個。式中,方括號所包圍之內容,表該部份可省略。

MIN() 係求所有數值的極小值;而 MINA() 則求所有非空白儲存格之極小值。注意,若處理者全為正值及含文字串之儲存格,以 MINA() 所求之極小值將為 0(即文字串)。如:(詳範例 Ch07.xlsx『極小值』工作表)

體操選手的比賽成績,為求公平(避免偏袒或惡意)會將最大與最小值先排除掉,再求其總分。試就範例 Ch07.xlsx『截尾總計-體操』工作表,求各選手之總分數,其公式為:

```
=SUM(B2:H2)-MAX(B2:H2)-MIN(B2:H2)
```

▶▶ 分組的極小

　　若要求分組（如：男/女）後之極小，可使用 DMIN() 函數，是一個用來依準則求極小的資料庫統計函數，其語法：

```
DMIN(資料庫表單,欄名或第幾欄,準則範圍)
DMIN(database,field,criteria)
```

　　函數中，各引數之標定方式參見前文 DAVERAGE() 處之說明。以範例 Ch07.xlsx『男女之所得極小』工作表資料言，其男/女所得之極小分別為 26000 與 25000。G3 之公式為：

```
=DMIN($A$1:$D$51,$D$1,G$1:G$2)
```

表要於 $A$1:$D$51 之範圍內，以 G$1:G$2 為條件，求所得（$D$1）之極小：

G3		∨ : × ✓ fx		=DMIN($A$1:$D$51,$D$1,G$1:G$2)			
	B	C	D	E	F	G	H	I
1	性別	品牌	所得			性別	性別	全體
2	1	1	28000			1	2	
3	2	2	30000		所得極小	26000	25000	25000
4	1	1	26000					
5	2	2	32000		性別：1=男，2=女			

▶▶ 交叉表求極小

　　對於必須同時使用兩個條件求極小；且還得同時求人數之情況，最便捷之處理方式為，按『**插入/表格/樞紐分析表**』 樞紐分析表 鈕，來建立交叉表。以範例 Ch07.xlsx『性別交叉品牌求所得極小』工作表資料為例，其交叉表之結果為：

	B	C	D	E	F	G	H	I
1	性別	品牌	所得					
2	1	1	28000		性別		1=男，2=女	
3	2	2	30000		品牌		1=A牌、2=B牌、3=C牌	
4	1	1	26000					
5	2	2	32000			性別		
6	1	1	45000		品牌	男	女	總計
7	1	2	54000		A			
8	1	1	31000		最小所得	26000	25000	25000
9	2	3	62000		人數	15	2	17
10	2	3	55000		B			
11	1	2	38000		最小所得	35600	30000	30000
12	2	3	37000		人數	5	6	11
13	1	1	30000		C			
14	1	1	28500		最小所得	37600	36000	36000
15	2	3	50500		人數	7	15	22
16	1	2	35600		最小所得 的加總	26000	25000	25000
17	2	3	61500		人數 的加總	27	23	50

處理步驟請參見前文『交叉表求均數』，但記得將其欄位內容改為求「**最小**」：

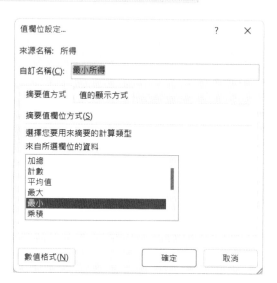

7-9 第幾大的資料

除了可求極大外；還可以 LARGE() 函數，很容易求的第 K 大的資料。其語法為：

```
LARGE(數列或範圍,第幾大)
LARGE(array,k)
```

傳回某**數列或範圍**中，**第幾大**之數值。如：（詳範例 Ch07.xlsx『第幾大』工作表）

B4	⌄ : ✕ ✓ *fx*	=LARGE($A$1:$E$1,A4)

▲	A	B	C	D	E
1	85	90	75	92	68
2					
3	第幾大				
4	1	92	← =LARGE($A$1:$E$1,A4)		
5	2	90	← =LARGE($A$1:$E$1,A5)		
6	3	85	← =LARGE($A$1:$E$1,A6)		
7	4	75	← =LARGE($A$1:$E$1,A7)		

7-10 第幾小的資料

SMALL() 函數之語法為：

```
SMALL(數列或範圍,第幾小)
SMALL(array,k)
```

可傳回某**數列或範圍**中，**第幾小**之數值。如：（詳範例 Ch07.xlsx『第幾小』工作表）

B5	⌄ : ✕ ✓ *fx*	=SMALL($A$1:$E$1,A5)

▲	A	B	C	D	E
1	85	90	75	92	68
2					
3	第幾小				
4	1	68	← =SMALL($A$1:$E$1,A4)		
5	2	75	← =SMALL($A$1:$E$1,A5)		
6	3	85	← =SMALL($A$1:$E$1,A6)		
7	4	90	← =SMALL($A$1:$E$1,A7)		

▶▶ 取幾次較高之成績求平均

假定，要於範例 Ch07.xlsx『取最高四次求平均』工作表之五次成績資料中，取最高四次求平均。可用之公式為：

```
=(SUM(C2:G2)-MINA(C2:G2))/4
```

或

```
=(SUM(C2:G2)-MINA(C2:G2))/(COUNTA(C2:G2)-1)
```

	A	B	C	D	E	F	G	H	I
H2				fx	=(SUM(C2:G2)-MINA(C2:G2))/(COUNTA(C2:G2)-1)				
1	學號	姓名	成績1	成績2	成績3	成績4	成績5	平均	
2	103001	廖晨帆	88	缺	87	缺	85	65.0	
3	103002	廖彗君	90	86	92	88	86	89.0	
4	103003	程家嘉	65	78	80	缺	80	75.8	

式中，求極小一定要使用 MINA()，以第一筆學號 103001 之記錄言，可取得 0。缺成績者，若使用 MIN()，將取得 85，減去 85 後，其平均就變不及格了。

要於範例 Ch07.xlsx『取最高三次求平均』工作表之五次成績資料中，取最高三次求平均。可用之公式為：

```
=(LARGE(C2:G2,1)+LARGE(C2:G2,2)+LARGE(C2:G2,3))/3
```

或

```
=(LARGE(C2:G2,1)+LARGE(C2:G2,2)+LARGE(C2:G2,3))/(COUNTA(C2:G2)-2)
```

	A	B	C	D	E	F	G	H	I	J
H2				fx	=(LARGE(C2:G2,1)+LARGE(C2:G2,2)+LARGE(C2:G2,3))/(COUNTA(C2:G2)-2)					
1	學號	姓名	成績1	成績2	成績3	成績4	成績5	平均		
2	103001	廖晨帆	88	缺	87	缺	85	86.7		
3	103002	廖彗君	90	86	92	88	86	90.0		
4	103003	程家嘉	65	78	80	缺	80	79.3		

但千萬別以

```
=(SUM(C2:G2)-MINA(C2:G2)-SMALL(C2:G2,2))/(COUNTA(C2:G2)-2)
```

來求算，此公式看似合理，將加總減去最低及次低者再求平均。但其問題在 SMALL(C2:G2,2)將取得所有數值之次低，以第一筆學號 103001 之記錄言，將取得 87；而非缺成績之 0。其成績將不及格：（詳範例 Ch07.xlsx 『取最高三次求平均-1』工作表）

	A	B	C	D	E	F	G	H	I
1	學號	姓名	成績1	成績2	成績3	成績4	成績5	平均	
2	103001	廖晨帆	88	缺	87	缺	85	57.7	
3	103002	廖彗君	90	86	92	88	86	90.0	
4	103003	程家嘉	65	78	80	缺	80	75.0	

H2 = (SUM(C2:G2)-MINA(C2:G2)-SMALL(C2:G2,2))/ (COUNTA(C2:G2)-2)

7-11 偏態 SKEW()

偏態 SKEW() 函數用以傳回一個分配的偏態係數（skewness），指出一個分配以其平均值為中心的不對稱程度。其語法為：

```
SKEW(數值1,[數值2],...)
SKEW(number1,[number2],...)
```

數值 1,[數值 2],...為要進行處理之數值資料的範圍或陣列，最多可達 255 個。式中，方括號所包圍之內容，表該部份可省略。

偏態值有下列三種情況：

- =0：此分配為對稱分配
- >0：此分配為右偏或正偏分配，分配集中在低數值方面，不對稱的尾端向較大值方向（右）延伸
- <0：此分配為左偏或負偏分配，分配集中在高數值方面，不對稱的尾端向較小值方向（左）延伸

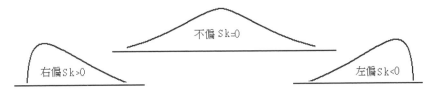

如範例 Ch07.xlsx『偏態』工作表內，一週飲料錢的分配狀況，因其偏態係數為 2.93>0，表其為右偏分配，分配集中在低數值方面，不對稱的尾端向較大值方向延伸：

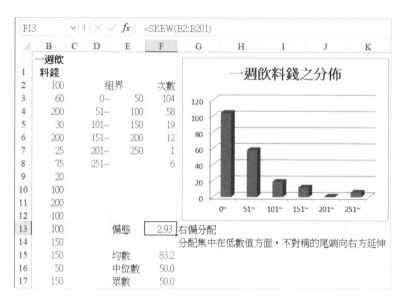

算術均數、中位數與眾數三者，會隨分配之情況，而有下列關係：

- 單峰對稱分配時，算術均數＝中位數＝眾數

- 單峰右偏分配時，算術均數≧中位數≧眾數

- 單峰左偏分配時，算術均數≦中位數≦眾數

前例一週飲料錢的分配狀況，為單峰右偏分配，其算術均數、中位數與眾數之值分別為：83.2、50 與 50，恰符合：算術均數≧中位數≧眾數。

上圖中，次數分配表係以 FREQUENCY() 求得，F3:F8 之公式均為：

```
=FREQUENCY($B$2:$B$201,E3:E8)
```

7-12 峰度 KURT()

KURT() 函數用以傳回一個資料組的峰度係數（kurtosis），其語法為：

```
KURT(數值1,[數值2],...)
KURT(number1,[number2],...)
```

　　數值 1,[數值 2],...為要進行處理之數值資料的範圍或陣列，最多可安排 255 個。式中，方括號所包圍之內容，表該部份可省略。

　　峰度值係顯示與常態分配相較時，尖峰集中或平坦分佈的程度。其情況有三：

- ◉ =3：此分配為常態峰
- ◉ >3：此分配為高狹峰，分佈較為尖峰集中
- ◉ <3：此分配為低闊峰，分佈較為平坦

　　如範例 Ch07.xlsx『峰度』工作表內，一週飲料錢的分配狀況，因其峰度係數為 11.63>3，表其為高狹峰：

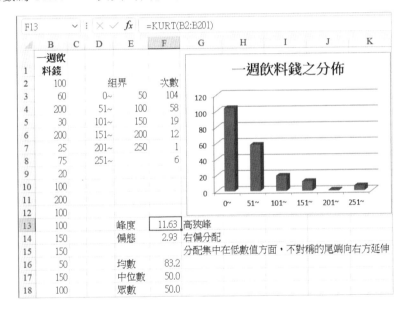

馬上練習

依範例 Ch07.xlsx『偏態與峰度』工作表內容，計算成績分配之偏態與峰度。

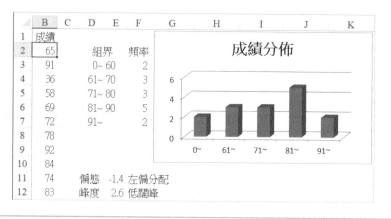

7-13 敘述統計

若曾安裝『分析工具箱』（參見第一章說明），則可以『**資料分析/敘述統計**』增益集，來計算一組資料內之各相關統計值。如：均數、變異數、標準差、中位數、眾數、偏態、峰度、第幾大、第幾小、……等。

假定，要處理範例 Ch07.xlsx『敘述統計 1』工作表之資料：

	A	B
1	學號	分數
2	10579001	86
3	10579002	45
4	10579003	89

擬使用『**資料分析/敘述統計**』來計算分數之各敘述統計值。其處理步驟為：

STEP 1　按『**資料/分析/資料分析**』 [■ 資料分析] 鈕，於『分析工具』處選「**敘述統計**」

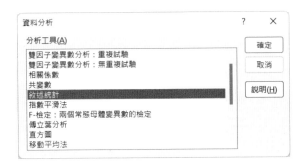

STEP **2** 按 確定 鈕

STEP **3** 於『輸入範圍』處,設定要處理之資料範圍(B1:B51)

STEP **4** 於『分組方式』選「**循欄(C)**」

STEP **5** 點選「**類別軸標記是在第一列上(L)**」(因資料含『分數』之字串標記)

STEP **6** 設定輸出範圍,本例安排於目前工作表之 D1 位置

STEP **7** 點選「**摘要統計(S)**」

STEP **8** 設定要求第 2 大之數值

STEP **9** 設定要求第 2 小之數值

STEP **10** 按 ⬚確定 鈕結束，即可獲致詳細之相關統計數字

	B	C	D	E
1	分數		分數	
2	86			
3	45		平均數	76.74
4	89		標準誤	2.978674
5	76		中間值	82.5
6	61		眾數	72
7	38		標準差	21.0624
8	85		變異數	443.6249
9	78		峰度	1.539171
10	73		偏態	-1.454214
11	90		範圍	85
12	26		最小值	15
13	83		最大值	100
14	82		總和	3837
15	83		個數	50
16	15		第 K 個最大值(2)	100
17	82		第 K 個最小值(2)	22

馬上練習

『敘述統計』也可適用於多組資料，如：（詳範例 Ch07.xlsx『敘述統計 2』工作表）

	B	C	D	E	F	G	H
1	期中	期末		期中		期末	
2	86	85					
3	45	80		平均數	76.74	平均數	69.82
4	89	45		標準誤	2.978674	標準誤	3.110704
5	76	85		中間值	82.5	中間值	77.5
6	61	52		眾數	72	眾數	85
7	38	88		標準差	21.0624	標準差	21.996
8	85	38		變異數	443.6249	變異數	483.8241
9	78	68		峰度	1.539171	峰度	-0.239519
10	73	85		偏態	-1.454214	偏態	-0.88114
11	90	76		範圍	85	範圍	85
12	26	48		最小值	15	最小值	15
13	83	65		最大值	100	最大值	100
14	82	77		總和	3837	總和	3491
15	83	66		個數	50	個數	50
16	15	84		第 K 個最	100	第 K 個最	97
17	82	61		第 K 個最	22	第 K 個最	20

馬上練習

依範例 Ch07.xlsx『一週飲料花費之敘述統計』工作表內容，以『敘述統計』求其相關統計數字。

	B	C	D	E
1	一週飲料錢		一週飲料錢	
2	100			
3	60		平均數	83.225
4	200		標準誤	5.813139
5	30		中間值	50
6	200		眾數	50
7	25		標準差	82.2102
8	75		變異數	6758.517
9	20		峰度	11.62896
10	100		偏態	2.9308444
11	200		範圍	500
12	100		最小值	0
13	100		最大值	500
14	150		總和	16645
15	150		個數	200
16	50		第 K 個最大值(2)	500
17	150		第 K 個最小值(2)	0

7-14 排等級及百分比

若曾安裝『分析工具箱』（參見第一章說明），則可以『資料分析/等級和百分比』一舉排出所有數字之等級以及排序後之累加百分比，方便我們判斷出中位數所在之位置（50% 處）。

假定，要處理範例 Ch07.xlsx『等級及百分比』工作表之資料，其處理步驟為：

STEP **1** 按『**資料/分析/資料分析**』 `資料分析` 鈕，於『分析工具』處選「**等級和百分比**」

STEP **2** 按 `確定` 鈕

STEP **3** 於『**輸入範圍**』處，設定要處理之資料範圍（B1:B16）

STEP **4** 於『**分組方式**』選「**循欄**」

STEP 5　點選「**類別軸標記是在第一列上(L)**」（因資料含『成績』之字串標記）

STEP 6　設定輸出範圍，本例安排於目前工作表之 D1 位置

STEP 7　按 ［　確定　］ 鈕結束，即可獲致成績之等級和百分比

	B	C	D	E	F	G
1	成績		原順序點	成績	等級	百分比
2	86		10	90	1	100.00%
3	45		3	89	2	92.80%
4	89		1	86	3	85.70%
5	76		7	85	4	78.50%
6	61		12	83	5	64.20%
7	38		14	83	5	64.20%
8	85		13	82	7	57.10%
9	78		8	78	8	50.00%
10	73		4	76	9	42.80%
11	90		9	73	10	35.70%
12	26		5	61	11	28.50%
13	83		2	45	12	21.40%
14	82		6	38	13	14.20%
15	83		11	26	14	7.10%
16	15		15	15	15	0.00%

G9 百分比為 50%，表示 E9 之 78 為本組資料之中位數。

STEP 8　將資料依 D 欄之順序遞增排列（停於該欄，按『**資料/排序與篩選/從最小到最大排序**』 $\begin{smallmatrix}A\\Z\end{smallmatrix}\downarrow$ 鈕），則可依原成績之排列順序排出其排名（此種排等級之方式，並不比利用 RANK.EQ() 函數來得方便）

	B	C	D	E	F	G
1	成績		原順序點	成績	等級	百分比
2	86		1	86	3	85.70%
3	45		2	45	12	21.40%
4	89		3	89	2	92.80%
5	76		4	76	9	42.80%
6	61		5	61	11	28.50%
7	38		6	38	13	14.20%
8	85		7	85	4	78.50%
9	78		8	78	8	50.00%
10	73		9	73	10	35.70%
11	90		10	90	1	100.00%
12	26		11	26	14	7.10%
13	83		12	83	5	64.20%
14	82		13	82	7	57.10%
15	83		14	83	5	64.20%
16	15		15	15	15	0.00%

7-15 幾何均數

GEOMEAN() 函數用以傳回一個資料組的幾何均數（geometric mean），其語法為：

```
GEOMEAN(數值 1,[數值 2],...)
GEOMEAN(number1,[number2],...)
```

數值 1,[數值 2],...為要求幾何均數之儲存格或範圍引數，最多可達 255 個。方括號所包圍之內容，表該部份可省略。

幾何均數為 n 個數值連乘積的 n 次方根，其運算公式為：

$$G = \sqrt[n]{X_1 \times X_2 \times ... \times X_n}$$

即，將所有數字連乘後再開 n 次方。

幾何均數受極端值之影響較平均數小，特別適用於求等比級數資料之平均數。如：成長率、增加率、改變率、物價上漲率、……等比例數字之代表值。但其內之值不可含 0 或負值；否則將傳回 #NUM! 之錯誤值。

如，範例 Ch07.xlsx『幾何均數-經濟成長率』工作表內，為近幾年台灣之經濟成長率。其幾何均數就代表這幾年的平均經濟成長率，但因部份資料含負值；故僅傳回 #NUM! 之錯誤值。B14 之公式為：

```
=GEOMEAN(B2:B12)
```

	A	B	C	D
	年	台灣		
2	2010	10.68		
3	2011	3.8		
4	2012	2.06		
5	2013	2.2		
6	2014	4.02		
7	2015	0.81		
8	2016	2.58		
9	2017	3.31		
10	2018	2.79		
11	2019	3.06		
12	2020	3.36		
13				
14	平均成長率-幾何平均數	2.9490284		

B14 公式列：=GEOMEAN(B2:B12)

7-16 加權平均

加權平均數的使用機會很多，像學生的某科目成績的期末平均或其所有科目的總平均，均是以加權平均來計算。其公式為：

$$加權平均 = \frac{\sum X \times W}{\sum W}$$

式中，X 為原數值（如：平時成績、期中成績、期末成績），W 為權數（各成績所佔之比重）。

範例 Ch07.xlsx『加權平均-學期成績』工作表為本學期之平時（作業）成績、期中成績與期末成績。假定，依平時 40%、期中 30% 與期末 30% 計算學期平均，H2 之運算公式為：

```
=AVERAGEA(B2:D2)*40%+E2*30%+F2*30%
```

其結果為：

G2			✓	✓	f_x	=AVERAGEA(B2:D2)*40%+E2*30%+F2*30%	
	A	B	C	D	E	F	G	H	I

	A	B	C	D	E	F	G
1	姓名	作業1	作業2	作業3	期中	期末	平均
2	廖晨帆	88	缺	87	82	85	73.4
3	廖彗君	90	86	92	88	86	87.9
4	程家嘉	65	78	80	60	70	68.7

千萬不可使用

```
=AVERAGE(B2:D2)*40%+E2*30%+F2*30%
```

來求算，那會放棄原為『缺』之儲存格而求其平均，將使總平均成績變高，這樣是不公平的！以第一筆記錄言，正確平均成績應為 73.4；卻計算成 85.1：

G2			✓	✓	f_x	=AVERAGE(B2:D2)*40%+E2*30%+F2*30%	

	A	B	C	D	E	F	G
1	姓名	作業1	作業2	作業3	期中	期末	平均
2	廖晨帆	88	缺	87	82	85	85.1
3	廖彗君	90	86	92	88	86	87.9
4	程家嘉	65	78	80	60	70	68.7

馬上練習

以範例 Ch07.xlsx『學期成績』工作表內容，依國文 4 學分、英文 4 學分、微積分 3 學分、統計學 3 學分，計算學生之總平均成績：

	A	B	C	D	E	F
1	姓名	國文	英文	微積分	統計學	平均
2	廖晨帆	84	87	87	85	86
3	廖彗君	90	86	92	88	89
4	程家嘉	65	78	80	60	71

7-17 移動平均

移動平均並非探討一群數字的集中數量;而是用來探討一時間數列的趨勢走向(如:股價、匯率、⋯⋯)。由於其觀念並不難,且也是在求算均數,故將其歸入本章進行說明。假定,以求算三個資料點之移動平均為例,其第 1 個平均數 M_1 為

$$M_1 = \frac{X_1 + X_2 + X_3}{3}$$

第 2 個平均數 M_2 為

$$M_2 = \frac{X_2 + X_3 + X_4}{3}$$

⋯

以此類推,第 n 個平均數 M_n 為

$$M_n = \frac{X_n + X_{n+1} + X_{n+2}}{3}$$

由於,一路自後面取一個新資料點;但又將最前面之一個資料點丟棄。故其求算平均之對象是一直在隨時間移動而變動,因此稱之為移動平均。

如範例 Ch07.xlsx『股價之三日移動平均 1』工作表,G 欄之三日移動平均,於第一、第二天並無法求算,必須要等到第三天之股價出來之後,才能於 G4 求算第一個三日移動平均:

```
=AVERAGE(F2:F4)
```

往後,即前丟一個舊股價,後抓一個新股價,於 G5 求算當日之三日移動平均:

```
=AVERAGE(F3:F5)
```

⋯

一直到最後之 G15 的

```
=AVERAGE(F13:F15)
```

	A	B	C	D	E	F	G
							三日移
1	日期	成交量	開盤價	最高價	最低價	收盤價	動平均
2	12/3	1200	52	56	50	54	
3	12/4	1250	53	56	52	55	
4	12/5	1500	56	62	56	60	56.3
5	12/6	1600	62	62	58	60	58.3
6	12/7	2500	60	60	56	58	59.3
7	12/10	2400	56	57	52	54	57.3
8	12/11	3000	54	55	50	52	54.7
9	12/12	3600	50	55	45	50	52.0
10	12/13	3000	50	56	48	54	52.0
11	12/14	2560	55	58	53	58	54.0
12	12/15	2000	60	66	60	66	59.3
13	12/18	2200	66	70	64	70	64.7
14	12/19	2000	71	76	70	75	70.3
15	12/20	1800	74	78	70	76	73.7

　　若曾安裝『分析工具箱』（參見第一章說明），則可以『**資料分析/移動平均法**』一舉算出所有的移動平均，但其操作步驟較多，反而不如直接使用公式進行計算得方便。假定，要處理範例 Ch07.xlsx『股價之三日移動平均2』工作表之資料（資料同於前一例），其處理步驟為：

STEP 1　按『**資料/分析/資料分析**』 ▣ 資料分析 鈕，於『分析工具』處選「**移動平均法**」

STEP 2 按 ▢ 確定 鈕

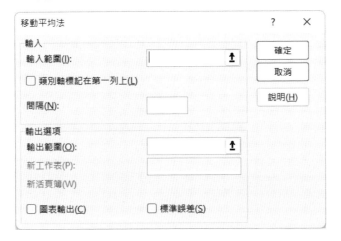

STEP 3 於『輸入範圍』處,設定要處理之資料範圍(F2:F15)

STEP 4 於『間隔』處輸入 3,表示取三組資料進行求算三日移動平均

STEP 5 設定輸出範圍,本例安排於目前工作表之 G2 位置

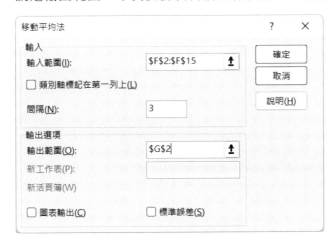

STEP 6 按 ▢ 確定 鈕,即可於 G2 向下,求得股價之三日移動平均。設定一下格式,可發現其結果與前例完全相同

	A	B	C	D	E	F	G
1	日期	成交量	開盤價	最高價	最低價	收盤價	三日移動平均
2	12/3	1200	52	56	50	54	#N/A
3	12/4	1250	53	56	52	55	#N/A
4	12/5	1500	56	62	56	60	56.33
5	12/6	1600	62	62	58	60	58.33
6	12/7	2500	60	60	56	58	59.33
7	12/10	2400	56	57	52	54	57.33
8	12/11	3000	54	55	50	52	54.67
9	12/12	3600	50	55	45	50	52.00
10	12/13	3000	50	56	48	54	52.00
11	12/14	2560	55	58	53	58	54.00
12	12/15	2000	60	66	60	66	59.33
13	12/18	2200	66	70	64	70	64.67
14	12/19	2000	71	76	70	75	70.33
15	12/20	1800	74	78	70	76	73.67

▶ 股票圖

　　『成交量-開盤價-最高價-最低價-收盤價』股票圖,係專供股票或期貨投資者繪製價格趨勢分析圖,以探討價格趨勢走向、買壓或賣壓之大小,透過價量之比較,期能判斷出正確之進出貨時間及數量。本圖表內,必須包含五種數列,必須依照下列順序排列:成交量、開盤價、最高價、最低價、收盤價。

　　茲以範例 Ch07.xlsx『股價之三日移動平均』工作表之股價資料,繪製『成交量-開盤價-最高價-最低價-收盤價』股票圖。其處理步驟為:

STEP **1** 　　選取 A1:F15 之連續範圍

	A	B	C	D	E	F	G
1	日期	成交量	開盤價	最高價	最低價	收盤價	三日移動平均
2	12/3	1200	52	56	50	54	
3	12/4	1250	53	56	52	55	
4	12/5	1500	56	62	56	60	56.3
5	12/6	1600	62	62	58	60	58.3
6	12/7	2500	60	60	56	58	59.3
7	12/10	2400	56	57	52	54	57.3
8	12/11	3000	54	55	50	52	54.7
9	12/12	3600	50	55	45	50	52.0
10	12/13	3000	50	56	48	54	52.0
11	12/14	2560	55	58	53	58	54.0
12	12/15	2000	60	66	60	66	59.3
13	12/18	2200	66	70	64	70	64.7
14	12/19	2000	71	76	70	75	70.3
15	12/20	1800	74	78	70	76	73.7

STEP **2** 按『**插入/圖表/建議圖表**』 鈕,轉入『**插入圖表**』對話方塊之

『**所有圖表**』標籤

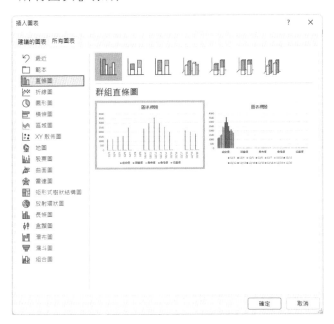

STEP **3** 左側選「**股票圖**」,右側選「**成交量-開盤-最高-最低-收盤股價圖**」

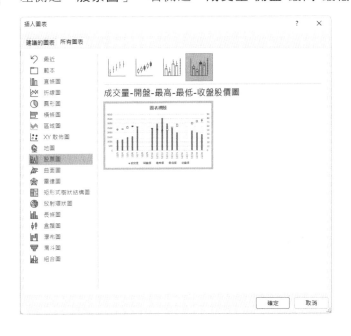

STEP **4** 按 ┌ 確定 ┐ 鈕，獲致初步之股票圖，因為將休市（週六與週日）
之處顯示成空白之故，於此所見到之畫面，為不連續之圖表：

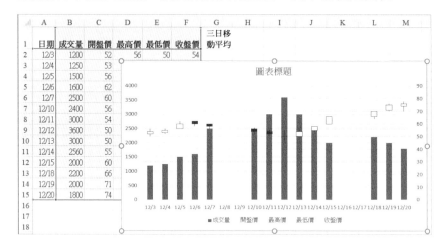

STEP **5** 調妥大小，並將其搬移到 H1 位置於橫軸之日期資料上，單按右鍵，
續選「**座標軸格式(F)...**」（按『**圖表工具/格式/目前的選取範圍/
格式化選取範圍**』┌ 格式化選取範圍 ┐ 鈕），轉入『**座標軸格式**』窗格，
按 ■■■ 鈕，點選「**座標軸選項**」

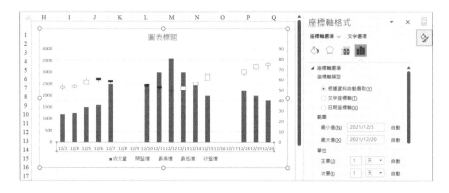

STEP **6** 將『**座標軸格式**』窗格上方『**座標軸類型:**』改為「**文字座標軸(T)**」

即可消除其圖表中不連續之情況

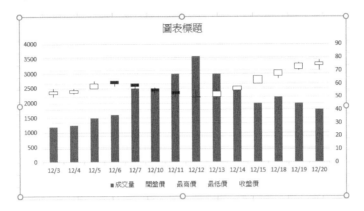

STEP 7　點選圖表標題，直接輸入新圖表標題

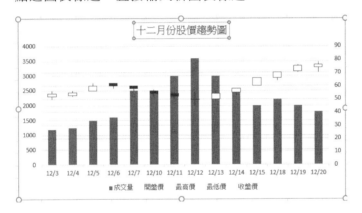

圖中，各圖案之表現方式及其意義分別為：

各種不同外觀之意義分別為：

空心條狀　開低走高，開盤價較低收盤價較高，條狀長度越長表買氣越旺，股價走勢看漲之可能性較高。

實心條狀　開高走低，開盤價較高收盤價較低，條狀長度越長表賣壓越重，股價走勢看跌之可能性較高。

上線條	線條頂點表最高價位，表做多者企圖拉高股價（買者多價格即攀升），但因賣壓很重而被打壓回收盤之價位（賣者多價格即回貶）。線條越長表多空雙方之爭戰狀況越激烈且賣壓越大，上漲之可能性較低。
下線條	線條低點表最低價位，表做空者企圖壓低股價（賣者多價格即下降），但因買氣很旺價格仍被拉回收盤之價位（買者多價格即回升），線條越長表多空雙方之爭戰狀況越激烈且買氣越旺，下跌之可能性較低。
十字線	開盤價與收盤價相同，未來走勢以持平居多，但仍得看其上下線條之情況而定。

當然，所有價格上之走勢判斷，仍需配合當日成交量，方可知曉真正的買氣或賣壓高低。

▶▶ 移動平均線

接著，繼續使用前面之股票圖來繪製移動平均線。其處理步驟為：

STEP **1**　調妥大小，直接於任一日股票收盤價格之位置上，單按滑鼠將其選取

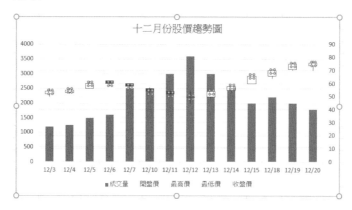

小秘訣

若無法確定所選的位置，是否為收盤價？可按『圖表工具/格式/目前的選取範圍/圖表項目』（ 圖表區 ▼ ）的下拉鈕，就其下拉式選單，點選要選取的部位：（收盤價）

STEP 2 按『圖表工具/設計/新增圖表項目』 鈕，將顯示一下拉式之

選單，選『趨勢線/其他趨勢線選項(M)...』，轉入『趨勢線格式』
窗格『趨勢線選項』標籤，按『趨勢線選項』 ▋▋ 鈕

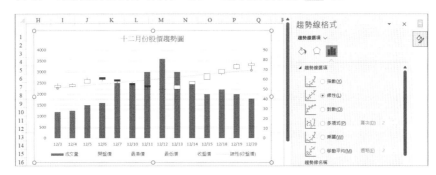

STEP 3　選「**移動平均(M)**」，並將週期定
為 3（因欲計算三日之移動平均）

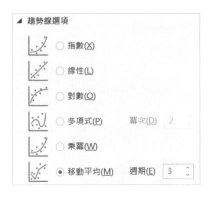

STEP 4　即可於原圖表上產生一股價的三日平均趨勢線

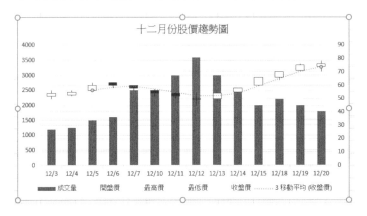

目前，成交量的長條圖，高到與表示股價之圖點重疊，增加判讀困
難。且股價部份因下限由 0 開始，而使得每一圖點顯得太小而不易
讀出其漲跌幅度。

STEP 5　點選左側縱軸之成交量任一數字，
原『趨勢線格式』窗格轉為『座標
軸格式』窗格，按『座標軸選項』
鈕 📊，轉入『座標軸選項』標籤，
將成交量之最大值修訂成 20000

STEP 6　不必關閉『座標軸格式』窗格，續
點選右側縱軸之股價任一數字，將
股價之最大值修訂成 80，最小值修
訂成 30

將可使成交量與股價之圖點能分開，且拉大價格之圖點：

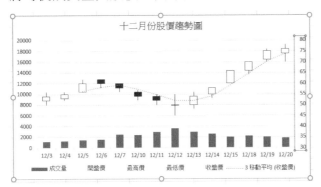

STEP **7** 點選圖表最底部之圖例（如：■■成交量），可將其全部選取

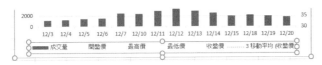

STEP **8** 其內容對圖表似無多大說明作用，按 Delete 鍵，將其全數刪除

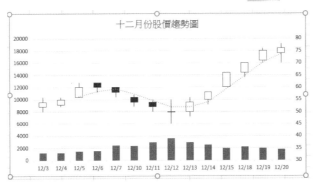

小秘訣

也可以分兩次點選某一圖例（如：收盤價），僅該項上會有圓形控點

■■成交量　開盤價　最高價　最低價　收盤價 ……… 3移動平均 (收盤價)

接著，按 Del 鍵，可將其刪除：

■■成交量　最高價　最低價　收盤價 ……… 3移動平均 (收盤價)

如此，重複做幾次，可選擇性地保留幾個想留下來的圖例：

■■成交量 ……… 3移動平均 (收盤價)

STEP **9** 按『圖表工具/設計/新增圖表項目』 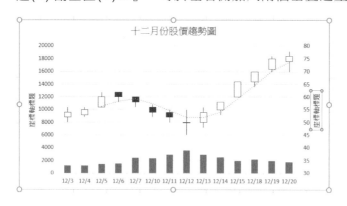 鈕,將顯示一下拉式之選單,選『座標軸標題(A)/主垂直(V)』;再執行一次,選『座標軸標題(A)/副垂直(Y)...』。可於左右側加入兩個垂直之座標軸標題

STEP **10** 選取後,直接輸入內容,即可改變其標題;分別將左側改為『成交量』,右側改為『股價』。續按『常用/對齊方式/方向』 鈕,選『垂直文字(V)』將其文字方向設定為垂直

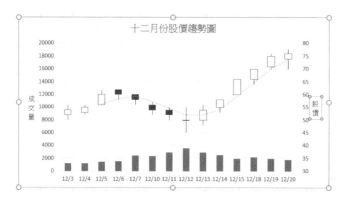

離散程度

8
Chapter

學習重點

- ☑ 全距
- ☑ 四分位差
- ☑ 百分位數
- ☑ 平均絕對差
- ☑ 母體變異數 VAR.P() 與 VARPA()
- ☑ 母體標準差 STDEV.P() 與 STDEVPA()
- ☑ 樣本變異數 VAR.S() 與 VARA()
- ☑ 樣本標準差 STDEV.S() 與 STDEVA()
- ☑ 敘述統計

前章之均數雖然是一組樣本重要之統計量;但各樣本間之離散程度也是觀察一分配的重要特徵。如果,一分配之離散程度較小,其均數對全體的代表性就較高;反之則否。因此,欲瞭解一分配的基本性質,除需計算均數等集中趨勢數量外;還得衡量其標準差、全距、……等離散程度。

8-1 全距

最大值減最小值就是全距(range):

全距＝最大值－最小值

全距表示一群體全部數值的變動範圍,是一種離中量數,可用來表示群體中各數字之分散情形,數字大表母體中之數值高的很高,但低的卻很低。

▶ 未分組資料之全距

對於未分組之數值資料,於 Excel 可使用 MAX() - MIN()、LARGE() - SMALL() 或下文 QUARTILE() 與 PERCENTILE() 與函數來求算全距:(詳範例 Ch08.xlsx『運動時間全距』工作表)

F4				f_x	=F2-F3			
	B	C	D	E	F	G	H	I
1	性別	每次運動時間/分		每次運動時間/分				
2	1	120		極大	300	← =MAX(C2:C116)		
3	1	10		極小	0	← =MIN(C2:C116)		
4	2	0		全距	300	← =F2-F3		
5	2	120						
6	1	120		第1大	300	← =LARGE(C2:C116,1)		
7	1	15		第1小	0	← =SMALL(C2:C116,1)		
8	1	150		全距	300	← =F6-F7		
9	2	30						
10	2	0		均數	83.87	← =AVERAGE(C2:C116)		

可看出全體受訪者之平均運動時間 83.87 分鐘（約 1.5 小時），分佈的全距為 300 分鐘（5 小時）。

若分別以 DMAX()、DMIN() 與 DAVERAGE()，可依性別求男女之極大、極小與均數。以範例 Ch08.xlsx『依性別求運動時間全距』工作表 F 欄之男性部份言，其運算公式分別為：

```
F4 極大    =DMAX($A$1:$C$116,$C$1,F$2:F$3)
F5 極小    =DMIN($A$1:$C$116,$C$1,F$2:F$3)
F6 全拒    =F4-F5
F7 平均    =DAVERAGE($A$1:$C$116,$C$1,F$2:F$3)
F8 樣本數  =DCOUNT($A$1:$C$116,$C$1,F$2:F$3)
```

F4				f_x	=DMAX($A$1:$C$116,$C$1,F$2:F$3)			
	B	C	D	E	F	G	H	I
1	性別	每次運動時間/分		每次運動時間/分				
2	1	120			性別	性別	全體	
3	1	10			1	2		
4	2	0		極大	300	260	300	
5	2	120		極小	0	0	0	
6	1	120		全距	300	260	300	
7	1	15		均數	91.95	75.36	83.87	
8	1	150		樣本數	59	56	115	
9	2	30						
10	2	0		性別：1男、2女				

可發現男女運動時間之最小值均為 0；最大值則分別為 300 與 260 分鐘約差半小時；平均運動時間則分別為 91.95 與 75.36 分鐘，相差約 15 分鐘，男生運動時間似乎比女生多一些。

馬上練習

以範例 Ch08.xlsx『依性別求飲料花費之全距』工作表內容，依性別計算飲料花費之全距。

	B	C	D	E	F	G	H	I	J	K
1	一週花費	性別			一週飲料花費					
2	100	1			性別	性別	全體			
3	60	1			1	2			性別：1男、2女	
4	200	2	極大		500	500	500			
5	30	1	極小		0	0	0			
6	200	2	全距		500	500	500			
7	25	2	均數		93.29	77.44	83.23			
8	75	1	樣本數		73	127	200			

▶▶ 分組資料之全距

若原取得之資料係分組結果，如：0~2000、2001~4000、……、10001~，通常是以

最大組之上界 − 最小組之下界

來求算其全距。**最小組之下界**取得並無問題；較困擾的是**最大組之上界**，我們可以

最大組之上界 = 前一組之上界 + 組距

來求得。如：0~2000、2001~4000、…、8001~10000、10001~之分組，其最小組之下界為 0，最大組之上界為

10000 + 2000 = 12000

全距為

12000 − 0 =12000

雖不是很正確，但也是沒辦法的事！

▶▶ 全距之優缺點

全距是衡量離散程度最簡單的方法，全距越小表資料之分配越集中。它的優點為：

- ◉ 計算方法很簡單

- ◉ 意義明顯，容易解釋

  但其缺點為：

- ◉ 反應不夠靈敏，當極大、極小數值不變，而其它各項數值皆改變時，全距仍不能反應出變化

- ◉ 易受兩極端數值的影響

因此，一般言，全距並不是很好的離散程度衡量法。通常，用於取樣不多，要粗定其相差程度之特殊情況。如：品管上，工廠只要求其產品之使用壽命的全距不要太大，並不很重視使用壽命長短的分佈情況，雖取樣不多，但卻能發揮其簡捷功效。此外，醫生觀察病人的體溫，氣象局公佈之溫差、股票族對股價的漲跌，也經常是使用全距資料。

8-2 四分位差

QUARTILE.INC() 函數之語法為：

```
QUARTILE.INC(陣列,類型)
QUARTILE.INC(array,quart)
```

求一個數值陣列或儲存格範圍的第幾個四分位數：將所有數字依大小順序排列後，排列在 0%、25%、50% 、75% 與 100% 之數字。如果該位置介於兩數之間，將計算該點左右兩個數字的平均值。

陣列是要求得四分位數的數值陣列或儲存格範圍。

類型用以指出要傳回的數值：

- ◉ 0：表最小值(0%處)

- ◉ 1：表第一個四分位數(25%處)，下四分位數，Q_1

⊙ 2：表第二個四分位數(50%處)，即中位數，Q_2

⊙ 3：表第三個四分位數(75%處)，上四分位數，Q_3

⊙ 4：表最大值(100%處)

　　最大值減最小值就是前述之全距。第三個四分位數 Q_3 減去第一個四分位數 Q_1 後的一半：

$$\frac{1}{2}(Q_3 - Q_1)$$

即四分位差（Q. D.），因其為 Q_3 與 Q_1 間距之半，故又稱半內距。其意義為：以母群體居中百分之五十的數值（中位數），所分散之距離的一半為差量，數字小表分配情況的集中程度高。

▶ 未分組資料之四分位數

　　對於未分組之數值資料，於 Excel 可直接使用 QUARTILE.INC(陣列,類型)函數來求算四分位數，並計算出全距與四分位差：（詳範例 Ch08.xlsx『運動時間四分位數』工作表）

　　其內，各儲存格之公式內容分別為：

```
G2 極小        =QUARTILE.INC($C$2:$C$116,E2)
G3 之 Q₁       =QUARTILE.INC($C$2:$C$116,E3)
G4 之 Q₂       =QUARTILE.INC($C$2:$C$116,E4)
G5 之 Q₃       =QUARTILE.INC($C$2:$C$116,E5)
```

```
G6 之極大       =QUARTILE.INC($C$2:$C$116,E6)
H8 之全距       =G6-G2
H9 之四分位差   =(G5-G4)/2
```

H9 所求得之四分位差（Q. D.）為 15，意指以中位數 ±15 分鐘之範圍內，即佔了全體受訪者之 50%，數字並不大，表運動時間之分配情況的集中程度還算高。

 馬上練習

依範例 Ch08.xlsx『成績之四分位數』工作表內容，計算其四分位數、全距與四分位差。

	A	B	C	D	E	F	G	H
8	80	85	75	80	78	88	41	70
9	88	85	82	85	70	85	58	83
10								
11	極小	25		全距	68			
12	Q_1	74.25		四分位差	5.375			
13	Q_2	80						
14	Q_3	85						
15	極大	93						

▶▶ 分組資料之四分位數

若原資料係分組資料，如：5 萬元以下、5 至 10 萬元、…。其 Q_1、Q_3 之算法類似前章求算中位數之近似值，因中位數即是 Q_2。Q_1 之算法為：

$$Q_1 \cong L_{Q_1} + \frac{\frac{n}{4} - F_i}{f_i} h$$

式中，

N   為總樣本數

L_{Q_1} 為 Q_1 組之下限

F_i 為 Q_1 組以下的累計次數（Q_1 組之次數不算）

f_i 為 Q_1 組之次數，即累計百分比為 25% 之組別所出現的樣本數

h   為 Q_1 組之組距

同樣，Q_3 之算法為：

$$Q_3 \cong L_{Q_3} + \frac{\frac{3n}{4} - F_i}{f_i} h$$

式中，

N　為總樣本數

L_{Q_3}　為 Q_3 組之下限

F_i　為 Q_3 組以下的累計次數（Q_3 組之次數不算）

f_i　為 Q_3 組之次數，即累計百分比為 75% 之組別所出現的樣本數

h　為 Q_3 組之組距

如範例 Ch08.xlsx『求分組資料之四分位數』工作表之資料，其 Q_1 近似值為：

$$Q_1 \cong 50000 + \frac{\frac{92}{4} - 21}{45} 50000 = 5222.2$$

即

```
=50000+((F7/4)-H2)/F3*50000
```

其 Q_3 近似值為：

$$Q_3 \cong 100000 + \frac{\frac{92 \times 3}{4} - 66}{14} 50000 = 110714.3$$

即

```
=100000+((F7*3/4)-H3)/F4*50000
```

四分位差為(110714.3-5222.2)/2=29246.0。

	B	C	D	E	F	G	H	I	J
	F10			f_x	=50000+((F7/4)-H2)/F3*50000				
1	家庭月所得			組別	樣本數	百分比	累計次數	累計百分比	
2	2		1	5萬元以下	21	22.8%	21	22.8%	
3	2		2	5至10萬元	45	48.9%	66	71.7%	
4	3		3	10至15萬元	14	15.2%	80	87.0%	
5	2		4	15至20萬元	6	6.5%	86	93.5%	
6	1		5	20萬元以上	6	6.5%	92	100.0%	
7	2			合計	92	100.0%			
8	2								
9	2			家庭月所得					
10	4			Q_1	52222.2		←	=50000+((F7/4)-H2)/F3*50000	
11	2			Q_2	77777.8		←	=50000+((F7/2)-H2)/F3*50000	
12	5			Q_3	110714.3		←	=100000+((F7*3/4)-H3)/F4*50000	
13	2			Q.D.	29246.0		←	=(F12-F10)/2	

其餘相關儲存格之公式分別為：

F2	=COUNTIF($B$2:$B$93,D2)
F7	=SUM(F2:F6)
G2	=F2/$F$7
H2	=F2
H3	=H2+F3
I2	=G2

馬上練習

依範例 Ch08.xlsx『每月零用金之四分位差』工作表內容，計算每月零用金之四分位差。原問卷之內容為：

請問您每月可支配零用金額大約多少：

☐1. 2000 元以下　　☐2. 2000~4000 元　　☐3. 4000~6000 元

☐4. 6000~8000 元　　☐5. 8000~10000 元　　☐6. 10000 元以上

	B	C	D	E	F	G	H	I	J	K	L
1	零用金			組別	樣本數	百分比	累計次數	累計百分比			
2	3		1	2000元以下	14	15.2%	14	15.2%		每月零用金	
3	2		2	2000~4000元	26	28.3%	40	43.5%		Q_1	2692.308
4	4		3	4000~6000元	12	13.0%	52	56.5%		Q_3	9000
5	1		4	6000~8000元	10	10.9%	62	67.4%		四分位差	3153.846
6	2		5	8000~10000元	14	15.2%	76	82.6%			
7	1		6	10000元以上	16	17.4%	92	100.0%			
8	2			合計	92	100.0%					

▶▶ 四分位差之優缺點

四分位差之優點為：不受少數極端值的影響。但其缺點為：

◉ 僅能表示一次數分配中間一半變量之分散情況；而不是全部變量之
分散情況！對分佈兩端之範圍，則不涉及。

◉ 計算稍嫌麻煩，尤其是分組資料。

8-3 百分位數

PERCENTILE.INC() 函數之語法為：

```
PERCENTILE.INC(陣列,百分比)
PERCENTILE.INC(array,percent)
```

可用來求一個數值陣列或儲存格範圍的第幾個百分位數：將所有數字依大
小順序排列後，排列在**百分比**所指定位置之數字。如果該位置介於兩數之
間，將計算該點左右兩個數字的平均值。

陣列是要求得百分位數的數值陣列或儲存格範圍。

百分比是介於 0~1 之百分比數字，如：0.25 將求得第一個四分位數
(Q_1，25% 處，也可以 P_{25} 表示)，0.5 將求得第二個四分位數(Q_2，50% 處，
也可以 P_{50} 表示)，即中位數。當其百分比為 10 的倍數，則求得者即為十
分位數。如：0.3 將求得第三個十分位數 D_3（也可以 P_{30} 表示），0.9 將求
得第九個十分位數 D_9（也可以 P_{90} 表示）。

前文 QUARTILE.INC() 四分位數函數只能求四分位數，本函數則可求
任何百分位數，F15 係求 D_3（P_{30}）：（詳範例 Ch08.xlsx『成績之百分位
數』工作表）

```
=PERCENTILE.INC($A$1:$H$9,E15)
```

F15		$\checkmark$: $\times$ $\checkmark$ fx	=PERCENTILE.INC($A$1:$H$9,E15)							
	A	B	C	D	E	F	G	H	I	J	K

	A	B	C	D	E	F	G	H	I	J	K
8	80	85	75	80	78	88	41	70			
9	88	85	82	85	70	85	58	83			
10											
11		以QUARTILE()求			以PERCENTILE()求						
12	1	Q_1	74.25		25%	74.25	← =PERCENTILE.INC($A$1:$H$9,E12)				
13	2	Q_2	82.00		50%	80.00	← =PERCENTILE.INC($A$1:$H$9,E13)				
14	3	Q_3	85.00		75%	85.00	← =PERCENTILE.INC($A$1:$H$9,E14)				
15				D_3	30%	75.90	← =PERCENTILE.INC($A$1:$H$9,E15)				
16				D_9	90%	88.00	← =PERCENTILE.INC($A$1:$H$9,E16)				

馬上練習

依範例 Ch08.xlsx『運動時間之百分位數』工作表內容,計算 P_{20}、P_{80},$P_{80}-P_{20}$ 之數字代表何種意義?

	C	D	E	F	G
1	每次運動時間/分		每次運動時間/分		
2	120		P_{20}	30	
3	10		P_{80}	120	
4	0		$P_{80}-P_{20}$	90	
5	120		代表在30~120區間內佔了60%		

8-4 平均絕對差

平均絕對差(MAD,mean absolute deviation)之公式為:

$$MAD = \frac{\sum_{i=1}^{n}\left|x_i - \overline{x}\right|}{n}$$

即取每一觀測值與其均數間差異的絕對值之算術平均,取其絕對值就是因為無論正差或負差,取絕對值後均為正值,就不會產生正負相抵銷之情況。

於 Excel，平均絕對差可利用 AVEDEV() 函數來求算，其語法為：

```
AVEDEV(數值1,[數值2],...)
AVEDEV(number1,[number2],...)
```

式中，方括號包圍之部份表其可省略。**數值 1,[數值 2],**...為要計算平均絕對差之儲存格或範圍引數，最多可到 255 個引數。

範例 Ch08.xlsx『平均絕對差』工作表，以 D 欄計算所有成績與均數差之絕對值

```
=ABS(C2-$B$12)、…
```

的總和，再除以筆數

```
=COUNT(C2:C8)
```

求得平均絕對差 10.49（=D9/D10）。其結果同於直接以

```
=AVEDEV(C2:C8)
```

所求得平均絕對差：

D14		✓ ƒx	=AVEDEV(C2:C8)		
	A	B	C	D	E	F
1		姓名	成績	|成績-均數|		
2		廖晨帆	88	9.43	← =ABS(C2-$B$12)	
3		廖彗君	90	11.43		
4		程家嘉	56	22.57		
5		劉荏蓉	88	9.43		
6		林耀宗	75	3.57		
7		李皖瑜	85	6.43		
8		莊媛智	68	10.57		
9		合計		73.43	← =SUM(D2:D8)	
10		樣本數		7	← =COUNT(C2:C8)	
11		平均絕對差		10.49	← =D9/C10	
12	平均	78.57143				
13						
14		平均絕對差		10.49	← =AVEDEV(C2:C8)	

在直覺上，它是一個很理想的離散程度之衡量方法。其值越小，表離散程度越小。它的優點是：考慮到資料群內的每一個值；但其缺點為：易受極端值之影響，且公式因得取絕對值，不適合代數處理，所以才有變異數與標準差之發明。

8-5 母體變異數 VAR.P() 與 VARPA()

母體變異數的計算公式為：

$$S^2 = \frac{\sum_{i=1}^{n}\left(x_i - \overline{x}\right)^2}{n}$$

即取每一觀測值與其均數間之差異的平方和的算術平均。取其平方就是因為無論正差或負差，經平方後均為正值，就不會產生正負相抵銷之情況，以代替取絕對值之麻煩。

變異數是用來衡量觀測值與平均值間的離散程度，其值越小表母體的離散程度越小，齊質性越高。於 Excel 是以 VAR.P() 與 VARPA() 函數來求算母體變異數，其語法為：

```
VAR.P(數值1,[數值2],...)
VAR.P(number1,[number2],...)
VARPA(數值1,[數值2],...)
VARPA(number1,[number2],...)
```

式中，方括號包圍之部份表其可省略。**數值 1,[數值 2],**...為要計算變異數之儲存格或範圍引數，它是對應於母群體的 1 到 255 個數字引數。

VAR.P() 係求所有數值的母體變異數；而 VARPA() 則求所有非空白儲存格之母體變異數。如，範例 Ch08.xlsx『母體變異數』工作表之 C11 與 C12 處，同樣以 C2:C8 為處理範圍：

```
=VAR.P(C2:C8)
=VARPA(C2:C8)
```

怎麼所求之均數會不同？這是因 C12 之 VARPA() 將"缺考"當成 0 納入計算，故其母體變異數明顯增大！

實務上，因為通常無法全數取得整個母體，我們很少使用這個函數；而是以下文之樣本變異數 VAR.S() 與 VARA() 來替代。

8-6 母體標準差 STDEV.P() 與 STDEVPA()

將母體變異數開根號，即可求得母體標準差。其公式為：

$$S = \sqrt{\frac{\sum_{i=1}^{n}\left(x_i - \overline{x}\right)^2}{n}}$$

變異數取其平方是因為要避免正差或負差，產生正負相抵銷之情況。而標準差將其開根號，即是將平方還原，以代替原須取絕對值之麻煩。

母體標準差，於 Excel 也可以 STDEV.P() 與 STDEVPA() 函數來直接求算。其語法為：

```
STDEV.P(數值1,[數值2],...)
STDEV.P(number1,[number2],...)
STDEVPA(數值1,[數值2],...)
STDEVPA(number1,[number2],...)
```

式中，方括號包圍之部份表其可省略。**數值 1,[數值 2],...** 為要計算標準差之儲存格或範圍引數，它是對應於母群體的 1 到 255 個數字引數。

標準差主要是用來衡量觀測值與平均值間的離散程度，其值越小表母體的齊質性越高。如兩班平均成績同為 75，但甲班之標準差為 7.8；而乙班為 12.4。這表示甲班之程度較為一致（齊質）；而乙班之程度則變化較大，好的很好，差的很差。

STDEV.P() 係求所有數值的母體標準差；而 STDEVPA() 則求所有非空白儲存格之母體標準差，第 11 列之資料會比較低，是因 C4 為"缺考"字串並非數值，故會被排除於計算之外：（詳範例 Ch08.xlsx 『母體標準差』工作表）

	A	B	C	D	E	F	G
		E11		fx	=STDEV.P(C2:C8)		
1		姓名	成績				
2		廖晨帆	88				
3		廖彗君	90				
4		程家嘉	缺考				
5		劉芷蓉	88				
6		林耀宗	75				
7		李皓瑜	85				
8		莊媛智	68				
9							
10	母體變異數			母體標準差			
11	以VAR.P()求	64.88889		以STDEV.P()求	8.055364	← =STDEV.P(C2:C8)	
12	以VARPA()求	885.6735		以STDEVAP()求	29.76027	← =STDEVPA(C2:C8)	

實務上，因為通常無法全數取得整個母體，我們很少使用這個函數；而是以下文之樣本標準差 STDEV.S() 與 STDEVA() 來替代。

8-7 樣本變異數 VAR.S() 與 VARA()

樣本變異數之語法為：

```
VAR.S(數值1,[數值2],...)
VAR.S(number1,[number2],...)
VARA(數值1,[數值2],...)
VARA(number1,[number2],...)
```

　　這兩個函數均用來計算樣本變異數。式中，方括號包圍之部份表其可省略。

　　數值 1,[數值 2],...為要計算變異數之儲存格或範圍引數，它是對應於某母群體抽樣選出的 1 到 255 個數字引數樣本。

　　樣本變異數的計算公式為：

$$S^2 = \frac{\sum_{i=1}^{n}\left(x_i - \bar{x}\right)^2}{n-1}$$

其與母體變異數的計算公式：

$$S^2 = \frac{\sum_{i=1}^{n}\left(x_i - \bar{x}\right)^2}{n}$$

只差在後者之分母為 n；而前者為 n-1。當樣本個數 n 愈大時，樣本變異數與母體變異數會愈趨近於相等。

　　VAR.S() 係求所有數值的樣本變異數；而 VARA() 則求所有非空白儲存格之樣本變異數，F12 之公式，因將"缺考"，被當成 0 納入計算，故其樣本變異數明顯增大：（詳範例 Ch08.xlsx『母體與樣本變異數』工作表）

　　實務上，因為通常無法全數取得整個母體，我們很少使用母體變異數 VAR.P() 與 VARPA() 函數；且樣本變異數又為母體變異數之不偏估計式，故我們是以樣本變異數 VAR.S() 與 VARA() 來替代母體變異數。

▶▶ 變異數與標準差之優缺點

變異數與標準差是最常被用來衡量離散程度的方法，其優點為：

- ◉ 感應靈敏
- ◉ 嚴密精確
- ◉ 適於代數處理
- ◉ 受抽樣變動之影響甚小

但其缺點為：

- ◉ 不是簡明易解
- ◉ 計算困難
- ◉ 受極端值影響較大

8-8 樣本標準差 STDEV.S() 與 STDEVA()

樣本標準差之語法為：

```
STDEV.S(數值1,[數值2],...)
STDEV.S(number1,[number2],...)
STDEVA(數值1,[數值2],...)
STDEVA(number1,[number2],...)
```

這兩個函數均用來計算樣本標準差。式中，方括號包圍之部份表其可省略。

數值1,[數值2],...為要計算標準差之儲存格或範圍引數，最多可達 255 個，它是於某母群體中所抽選出的樣本。

樣本標準差的計算公式為：

$$S = \sqrt{\frac{\sum_{i=1}^{n}\left(x_i - \overline{x}\right)^2}{n-1}}$$

與母體標準差的計算公式：

$$S = \sqrt{\frac{\sum_{i=1}^{n}\left(x_i - \overline{x}\right)^2}{n}}$$

只差在後者之分母為 n；而前者為 n-1。當樣本個數 n 愈大時，樣本標準差與母體標準差會愈趨近於相等。

STDEV.S() 係求所有數值的標準差；而 STDEVA() 則求所有非空白儲存格之標準差，E12 之公式，因將"缺考"當成 0 納入計算，故其標準差明顯增大：（詳範例 Ch08.xlsx『母體與樣本標準差』工作表）

E12	⌄ : × ✓ fx	=STDEVA(C2:C8)				
◢	A	B	C	D	E	F	G
1		姓名	成績				
2		廖晨帆	88				
3		廖彗君	90				
4		程家嘉	缺考				
5		劉荏蓉	88				
6		林耀宗	75				
7		李皖瑜	85				
8		莊媛智	68				
9							
10	母體標準差			樣本標準差			
11	以STDEV.P()求	8.0554		以STDEV.S()求	8.82421	← =STDEV.S(C2:C8)
12	以STDEVAP()求	29.76		以STDEVA()求	32.1448	← =STDEVPA(C2:C8)

實務上，因為通常無法全數取得整個母體，我們很少使用母體標準差 STDEV.P() 與 STDEVPA() 函數；而是以樣本標準差 STDEV.S() 與 STDEVA() 來替代。

▶ 未分組資料之變異數與標準差

對於未分組之數值資料，於 Excel 可直接使用 VAR.S() 與 STDEV.S() 函數來求算其樣本變異數與標準差：（詳範例 Ch08.xlsx『運動時間之變異數與標準差』工作表）

F6	⌄ : × ✓ fx	=VAR.P($C$2:$C$116)						
◢	B	C	D	E	F	G	H	I	J
1	性別	每次運動時間/分		每次運動時間/分					
2	1	120		均數	83.86957	← =AVERAGE(C2:C116)		
3	1	10		樣本數	115	← =COUNT(C2:C116)		
4	2	0						
5	2	120			母體	樣本		
6	1	120		變異數	3164.913	3192.676	← =VAR.S($C$2:$C$116)	
7	1	15		標準差	56.25756	56.50377	← =STDEV.S($C$2:$C$116)	

可發現，樣本標準差或變異數，因分母為 n-1，故其值會較高一點；而母體標準差或變異數之分母為 n；故其值會較低一點。但因本例之樣本數相當大為 115，故兩者間之差別並不大。

馬上練習

依範例 Ch08.xlsx『成績之變異數與標準差』工作表內容，計算其均數、變異數與標準差。（僅取樣本變異數與標準差）

	A	B	C
8	80	85	75
9	88	85	82
10			
11	均數	76.44	
12	變異數	185.1	
13	標準差	13.61	

▶▶ 以 DVAR()、DSTDEV() 求各組變異數與標準差

若要求分組（如：男/女）後之變異數與標準差，可使用 DVAR() 與 DSTDEV() 資料庫統計函數，來依準則求變異數與標準差。其語法：

```
DVAR(資料庫表單,欄名或第幾欄,準則範圍)
DVAR(database,field,criteria)
DSTDEV(資料庫表單,欄名或第幾欄,準則範圍)
DSTDEV(database,field,criteria)
```

函數中，各引數之標定方式參見第七章 DAVERAGE() 處之說明。以範例 Ch08.xlsx『依性別求運動時間之變異數與標準差』工作表之資料言，其男/女/全體運動時間之標準差分別為 53.36、58.91 與 56.50：

H6					fx	=DSTDEV($A$1:$C$116,$C$1,H$2:H$3)			
	B	C	D	E	F	G	H	I	J
1	性別	每次運動時間/分			每次運動時間/分				
2	1	120			性別	性別	全體		
3	1	10			1	2			
4	2	0		均數	91.95	75.36	83.87		
5	1	120		變異數	2847.64	3470.78	3192.68		
6	1	120		標準差	53.36	58.91	56.50		
7	1	15		樣本數	59	56	115		
8	1	150							
9	2	30		性別：1男、2女					

H6 全體運動時間之標準差 56.5，與前文範例 Ch08.xlsx『運動時間之變異數與標準差』工作表所求得之結果相同，可見 DVAR() 與 DSTDEV() 兩資料庫函數，所求算之對象為樣本變異數與標準差。

由表中資料可看出：男生平均運動時間比女生高些，均數分別為 91.95 與 75.36 分鐘；但由女性運動時間標準差為 58.91，大於男性之 53.36，可見女性之運動時間的離散程度會稍大於男性，但其間之差異並不很明顯！

F4:F7 之公式分別為：

F4	=DAVERAGE($A$1:$C$116,$C$1,F$2:F$3)
F5	=DVAR($A$1:$C$116,$C$1,F$2:F$3)
F6	=DSTDEV($A$1:$C$116,$C$1,F$2:F$3)
F7	=DCOUNT($A$1:$C$116,$C$1,F$2:F$3)

將 F4:F7 之公式，以拖曳方式複製給 G4:H7，即可獲得整個結果。

馬上練習

依範例 Ch08.xlsx『依性別求飲料花費之標準差與變異數』工作表內容，計算出男/女性及全體飲料花費之均數、標準差、變異數與樣本數。

	B	C	D	E	F	G	H
1	一週花費	性別			一週飲料花費		
2	100	1			性別	性別	全體
3	60	1			1	2	
4	200	2		均數	93.29	77.44	83.23
5	30	1		變異數	7875.85	6081.30	6758.52
6	200	2		標準差	88.75	77.98	82.21
7	25	2		樣本數	73	127	200
8	75	1					
9	20	1		性別：1男、2女			

由此資料可看出：男性之一週平均飲料花費較女性高，其標準差也是男性較女性高，可知男性之飲料花費的離散程度較大。

▶ 以交叉表求標準差

對於必須同時使用兩個條件求均數、標準差與人數，最便捷之處理方式為利用「樞紐分析表」來建立交叉表。以範例 Ch08.xlsx『以交叉表求一週飲料花費之均數、標準差與人數』工作表之資料為例：

以樞紐分析表計算性別交叉居住狀況，求一週飲料花費平均數、標準差及人數。交叉表之結果為：

處理步驟參見第七章之『交叉表求均數』，但記得將其中之一個欄位內容改為求「標準差」：

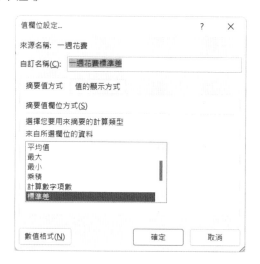

馬上練習

依範例 Ch08.xlsx『玩 Facebook 平均時間之均數與標準差』工作表內容:

	B	C	D	E	F	G	H	I
1	玩Facebook	性別	每週時間(分)	有男女朋友				
2	1	1	60	2				
3	1	2	180	1		玩Facebook:1:有 2:無		
4	1	2	180	2		性別:1:男 2:女		
5	1	2	60	1		有男女朋友:1:有 2:無		

計算性別交叉是否有男/女朋友,求每週平均使用時間之均數、標準差及人數:

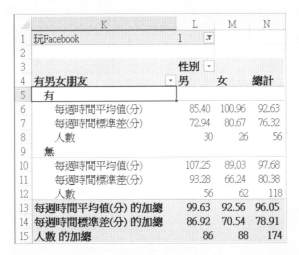

	K	L	M	N
1	玩Facebook	1		
2				
3		性別		
4	有男女朋友	男	女	總計
5	有			
6	每週時間平均值(分)	85.40	100.96	92.63
7	每週時間標準差(分)	72.94	80.67	76.32
8	人數	30	26	56
9	無			
10	每週時間平均值(分)	107.25	89.03	97.68
11	每週時間標準差(分)	93.28	66.24	80.38
12	人數	56	62	118
13	每週時間平均值(分) 的加總	99.63	92.56	96.05
14	每週時間標準差(分) 的加總	86.92	70.54	78.91
15	人數 的加總	86	88	174

本例僅選取有玩 Facebook (『玩 Facebook』為 1)之資料進行求算。
可發現:男性無女朋友者或女性有男朋友者之平均使用時間較高。

▶ 原分組資料轉組中點計算變異數與標準差

對問卷上,採用勾填某一區間所獲得之數字。如:

請問您整個家庭月所得狀況:

　　□1. 5 萬元以下　　□2. 5 至 10 萬元　　□3. 10 至 15 萬元

　　□4. 15 至 20 萬元　　□5. 20 萬元以上

於計算其均數、變異數與標準差時,得將其轉為組中點。然後,以 IF() 函數:

```
=IF(B2=1,25000,IF(B2=2,75000,IF(B2=3,125000,IF(B2=4,175000,22500
0)))))
```

將其代入到問卷資料中,續求算其均數、變異數與標準差。

本例由於各組之組距均為 50000,故亦可將上示之 IF() 函數簡化成:(詳範例 Ch08.xlsx『以組中點求每月所得均數、變異數與標準差』工作表)

```
=25000+(B2-1)*50000
```

來求算其均數、變異數與標準差:

F6				f_x	=STDEV.S(C2:C93)			
	B	C	D	E	F	G	H	I
1	家庭月所得	組中點						
2	2	75000						
3	2	75000		家庭月所得				
4	3	125000		平均數	87500	← =AVERAGE(C2:C93)		
5	2	75000		變異數	2946428571	← =VAR.S(C2:C93)		
6	1	25000		標準差	54281.01	← =STDEV.S(C2:C93)		

馬上練習

依範例 Ch08.xlsx『求每月零用金均數與標準差』工作表內容,計算每月零用金之均數與標準差。原問卷之內容為:

請問您每月可支配零用金額大約多少:

☐1. 2000 元以下 ☐2. 2000~4000 元 ☐3. 4000~6000 元

☐4. 6000~8000 元 ☐5. 8000~10000 元 ☐6. 10000 元以上

	B	C	D	E	F	G	H
1	零用金	性別	居住狀況	組中點			
2	3	2	1	5000			
3	2	2	1	3000		零用金	
4	4	2	1	7000		均數	5695.652
5	1	2	1	1000		變異數	12345915
6	2	2	2	3000		標準差	3513.675

馬上練習

續上題,依範例 Ch08.xlsx『性別交叉居住狀況求每月零用金均數與標準差』工作表內容,以樞紐分析表求性別交叉居住狀況的每月零用金平均數及人數。

	A	B	C	D	E	F	G
1	編號	零用金	性別	居住狀況	組中點		
2	1	3	2	1	5000		
3	2	2	2	1	3000		性別:
4	3	4	2	1	7000		1男
5	6	1	2	1	1000		2女
6	8	2	2	2	3000		
7	9	1	2	1	1000		居住狀況:
8	10	2	2	1	3000		1.家裡
9	11	2	2	1	3000		2.學校宿舍
10	12	2	2	1	3000		3.校外

	I	J	K	L
3		性別		
4	居住狀況	男	女	總計
5	1.家裡			
6	平均值	5000.0	4333.3	4368.4
7	標準差	3464.1	2801.6	2807.1
8	人數	3	54	57
9	2.學校宿舍			
10	平均值	9000.0	7083.3	7160.0
11	標準差	#DIV/0!	3705.7	3647.8
12	人數	1	24	25
13	3.校外			
14	平均值	10333.3	9285.7	9600.0
15	標準差	1154.7	2927.7	2503.3
16	人數	3	7	10
17	平均值 的加總	7857.1	5517.6	5695.7
18	標準差 的加總	3436.5	3479.9	3513.7
19	人數 的加總	7	85	92

看起來,男性之每月零用金似乎要比女性高;且住校外者之零用金又比住在家裡者來得高。

▶ 直接以次數分配表求變異數

另一種計算方式，是不經過以 IF() 或計算，將原間斷之類別變數轉為組中點之數字；而直接以次數分配表求變異數。其公式為：

$$S^2 = \frac{1}{n-1}\sum_{i=1}^{n}\left(x_i - \bar{x}\right)^2 f_i$$

式中，

　　x_i 為第 i 組之組中點

　　f_i 為第 i 組之次數（樣本數）

如範例 Ch08.xlsx『以組中點求每月所得變異數-次數分配』工作表：

I3		f_x =(G3-$F$11)^2*F3/($F$8-1)			
	D　E	F	G	H 樣本數×	I （組中點－均
2	組別	樣本數	組中點	組中點	數)²x樣本數/N
3	1 5萬元以下	21	25000	525000	901442307.7
4	2 5至10萬元	45	75000	3375000	77266483.52
5	3 10至15萬元	14	125000	1750000	216346153.8
6	4 15至20萬元	6	175000	1050000	504807692.3
7	5 20萬元以上	6	225000	1350000	1246565934
8	合計	92		8050000	2946428571
9					
10	家庭月所得				
11	平均數	87500	← =H8/F8		
12	變異數	2946428571	← =I8		
13	標準差	54281.0148	← =F12^0.5		

於 F 欄係以 COUNTIF() 求次數分配表，F3 之公式為：

```
=COUNTIF($B$2:$B$93,D3)
```

於 G 欄係以計算方式求得組中點，G3 之公式為：

```
=25000+(D3-1)*50000
```

於 H 欄係以相乘方式計算

樣本數×組中點

H3 之公式為：

```
=F3*G3
```

最後以 SUM() 求『樣本數』及『樣本數×組中點』之總計，並於 F11 計算兩者相除之結果，求得家庭月所得平均數 87500。

於 I 欄係用來求

$$\frac{1}{n-1}\left(x_i - \bar{x}\right)^2 f_i$$

I3 之公式為：

```
=(G3-$F$11)^2*F3/($F$8-1)
```

於 I9 以

```
=SUM(I3:I7)
```

將其加總，即求得變異數

$$S^2 = \frac{1}{n-1}\sum_{i=1}^{n}\left(x_i - \bar{x}\right)^2 f_i$$

於 F12 以

```
=I8
```

即可取得變異數 2946428571。於 F13 以

```
=F12^0.5
```

將其開根號，即可取得標準差 52481.01。

本處開根號亦可使用

```
=SQRT(F12)
```

此一結果，同於前文範例 Ch08.xlsx『以組中點求每月所得均數、變異數與標準差』工作表所舉之例。

8-9 敘述統計

若曾安裝『分析工具箱』，則可以『資料分析/敘述統計』增益集，來計算一組資料內之各相關統計值。如：均數、變異數、標準差、全距（範圍）、……等。

假定，以範例 Ch08.xlsx『運動時間敘述統計』工作表之資料

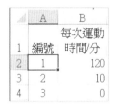

擬使用『資料分析/敘述統計』，來計算運動時間之各敘述統計值。其處理步驟為：

STEP **1** 按『**資料/分析/資料分析**』 <kbd>📊 資料分析</kbd> 鈕，於『分析工具』處選「**敘述統計**」

STEP **2** 按 <kbd>確定</kbd> 鈕

STEP **3** 於『**輸入範圍**』處，以選取方式設定要處理之資料範圍（B1:B116）

STEP **4** 於『**分組方式**』選「**循欄**」

STEP **5** 點選「**類別軸標記是在第一列上(L)**」（因資料含『每次運動時間/分』之字串標記）

STEP **6** 設定輸出範圍，本例安排於目前工作表之 D2 位置

STEP **7** 點選「**摘要統計(S)**」

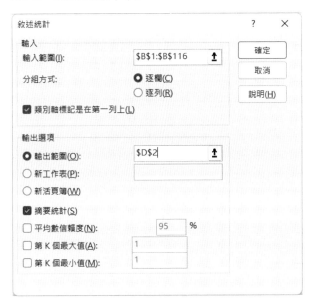

STEP **8** 按 ▢ 確定 ▢ 鈕結束，即可獲致詳細之相關統計數字。其內之『範圍』項即『全距』（本例之最大值為 300，最小值為 0）

▲	B	C	D	E
1	每次運動時間/分			
2	120		每次運動時間/分	
3	10			
4	0		平均數	83.86957
5	120		標準誤	5.269004
6	120		中間值	90
7	15		眾數	120
8	150		標準差	56.50377
9	30		變異數	3192.676
10	0		峰度	2.498779
11	0		偏態	1.059138
12	60		範圍	300
13	30		最小值	0
14	120		最大值	300
15	120		總和	9645
16	120		個數	115

估計 

Chapter

☑ 點估計與區間估計
☑ 母體平均數 μ 的估計
☑ 母體比例 p 的估計

9-1 點估計與區間估計

推論統計的理論乃在根據樣本的訊息，猜測母體的特性或參數。主要的推論型式是參數（母數）的估計與假設的檢定，參數的估計又可分為：

◉ **點估計**（point estimation）：根據樣本資料，求得一統計量的觀測值，作為參數（母數）的估計值。

◉ **區間估計**（interval estimation）：根據樣本資料，求得兩個數值，構成一個信賴區間（confidence interval，C. I.），概括出參數（母數）的可能範圍。

點估計之優點為算法簡單，意義簡單明瞭；但其缺點為無法判斷估計結果的準確性，且其估計值會因樣本不同而有所差異。所以才會有區間估計之推出。

假定，我們估計全體大學生平均每月可用零用金為 5000 元，那是點估計，該估計為單一數值，可視為線上的一點；若我們估計全體大學生平均每月可用零用金介於 4000~6000 元，那就是區間估計，因為涉及兩點，可視為線上的一個區段。

9-2 母體平均數 μ 的估計

實務上，最常碰到對母體均數 μ 的估計。如：大學生的平均智商、平均成績、平均身高、每月平均可用零用金、平均手機的使用月費；國民平均所得、工廠的平均生產數量、百貨公司的平均營業額、每戶家庭每月的平均支出、……。

估計母體均數 μ 的方法可為：樣本中位數、中距（$\frac{最大-最小}{2}$）與平均數。其中，以樣本平均數為最優，因其具有不偏性與一致性，且變方最小。

▶▶ 大樣本時

若樣本數 n>30，則以其 $\bar{x}$ 為 μ 的點估計。若樣本數 n>30，且母體變異數 σ^2 已知，則以

$$\bar{x} \pm z_{\alpha/2} \frac{\sigma}{\sqrt{n}}$$

為 μ 的 100（1-α）%之信賴區間。但實務上，母體變異數 σ^2 通常未知，當樣本數 n>30，可以樣本標準差 S 來取代母體標準差 σ。故以

$$\bar{x} \pm z_{\alpha/2} \frac{S}{\sqrt{n}}$$

為 μ 的 100（1-α）%之信賴區間。而

$$z_{\alpha/2} \frac{S}{\sqrt{n}}$$

即我們可容忍的誤差（e）。所以，我們於第三章計算樣本大小時，就是將

$$e = z_{\alpha/2} \frac{S}{\sqrt{n}}$$

簡化成

$$n = \left(\frac{Z_{\alpha/2} \cdot S}{e} \right)^2$$

來計算樣本數。

式中，$Z_{\alpha/2}$ 值可用 Excel 之 NORM.S.INV() 函數來求算（詳第三章之說明），以範例 Ch09.xlsx『依 α 查 Z 值』工作表為例，其 B5 之公式應為：

```
=NORM.S.INV(1-A5/2)
```

以 α=0.05 時為例，其 $Z_{\alpha/2}$ 值為 1.96：

B6		f_x	=NORM.S.INV(1-A6/2)	
	A	B	C	D	E
1	標準常態分配，均數為0，標準差為1				
2					
3	NORM.S.INV()				
4	α 值	$Z_{\alpha/2}$值			
5	0.01	2.576	← =NORM.S.INV(1-A5/2)		
6	0.05	1.960			
7	0.10	1.645			
8	0.20	1.282			

▶▶ 未分組資料

若資料為未分組之數值資料，可直接以 AVERAGE() 與 STDEV.S() 來求算樣本均數與標準差。續代入先前之

$$\bar{x} \pm z_{\alpha/2} \frac{S}{\sqrt{n}}$$

求得 μ 的點估計與信賴區間。

以範例 Ch09.xlsx『飲料花費』工作表內容言，其飲料花費 μ 的點估計為 83.225 元；μ 的 95%信賴區間為

$$83.225 \pm 1.96 \frac{82.21}{\sqrt{200}} = 83.225 \pm 11.39$$

即 71.83～94.62 元。我們可以說，有 95%的信賴水準，母體（全體大學生）
的一週飲料花費會落在 71.83～94.62 元：

F7				f_x	=F6*F3/SQRT(F4)			
	B	C	D	E	F	G	H	I
1	一週飲料花費							
2	100		樣本平均數	$\bar{x}$	83.225	← =AVERAGE(B2:B201)		
3	60		樣本標準差	S	82.21	← =STDEV.S(B2:B201)		
4	200		樣本數	n	200	← =COUNT(B2:B201)		
5	30		顯著水準	α	0.05			
6	200		$Z_{\alpha/2}$值		1.96	← =NORM.S.INV(1-F5/2)		
7	25		可容忍誤差		11.39	← =F6*F3/SQRT(F4)		
8	75		信賴區間		71.83	94.62	← =$F$2+$F$7	
9	20					↑ =$F$2-$F$7		

轉為媒體上所常用之口語，就是：此次調查之結果，全體大學生的一週飲
料平均花費為 83.225 元，於 95%信賴水準之下，其誤差不會超過±11.39
元。

其內各相關值的計算公式為：

樣本平均數	=AVERAGE(B2:B201)
樣本標準差	=STDEV.S(B2:B201)
樣本數	=COUNT(B2:B201)
顯著水準	0.05
$Z_{\alpha/2}$ 值	=NORM.S.INV(1-F5/2)
可容忍誤差	=F6*F3/SQRT(F4)
信賴下限	=$F$2-$F$7
信賴上限	=$F$2+$F$7

若依不同之顯著水準求算，其信賴區間分別為：

α	信賴區間
0.10	73.66～92.79
0.05	71.83～94.62
0.01	68.25～98.20

可發現，顯著水準愈小（信賴水準愈大），信賴區間將愈大。

F12		∨	⋮	✕	✓	f_x	=$F$2-NORM.S.INV(1-$E12/2)*$F$3/SQRT($F$4)		

	B	C	D	E	F	G	H	I	J
11	200			α	信賴區間				
12	100			0.10	73.66	92.79			
13	100			0.05	71.83	94.62			
14	150			0.01	68.25	98.20			

其內，信賴區間之上下限的公式，於 F12 與 G12 分別為：

```
F12 =$F$2-NORM.S.INV(1-$E12/2)*$F$3/SQRT($F$4)
G12 =$F$2+NORM.S.INV(1-$E12/2)*$F$3/SQRT($F$4)
```

然後，將 F12:G12，抄給 F13:G14 即可。

馬上練習

以範例 Ch09.xlsx『運動時間』工作表內容，求 α =0.05 時，大學生每週運動時間之均數 μ 的點估計及其 95% 信賴區間。

	B	C	D	E	F	G
1	每次運動時間/分					
2	120		樣本平均數 $\bar{x}$		85.88	
3	30		樣本標準差 S		53.96	
4	0		樣本數 n		115	
5	120		顯著水準 α		0.05	
6	120		$Z_{\alpha/2}$值		1.96	
7	30		可容忍誤差		9.86	
8	150		信賴區間		76.02	95.74

調查結果顯示，大學生每週運動時間之均數為 85.88 分，其 95%之信賴區間為 76.02～95.74 分。此調查結果，於 95%之信賴水準下，其誤差範圍為 ±9.86 分。

馬上練習

續上題，求 α=0.01、α=0.05 與 α=0.1 時，運動時間之均數 μ 的信賴區間分別為何？

	E	F	G
10	α	信賴區間	
11	0.10	77.60	94.15
12	0.05	76.02	95.74
13	0.01	72.92	98.84

▶▶ 信賴區間之範圍 CONFIDENCE.NORM() 與 CONFIDENCE.T()

此類問題，若處理對象為常態分配（大樣本），於 Excel 亦可直接以 CONFIDENCE.NORM() 函數來計算可容忍誤差。其語法為：

```
CONFIDENCE.NORM(α,σ,n)
CONFIDENCE.NORM(顯著水準,標準差,樣本數)
```

若處理對象為 t 分配（小樣本），則可以 CONFIDENCE.T() 函數來計算可容忍誤差。其語法為：

```
CONFIDENCE.T(α,σ,n)
CONFIDENCE.T(顯著水準,標準差,樣本數)
```

這兩個函數可傳回母體平均數的信賴區間之範圍，α 為顯著水準，α=0.05 時表求算 95%信賴區間之範圍。σ 為母體標準差，n 為樣本數。

若處理對象為常態分配，母體標準差（σ）已知，其計算公式為：

$$z_{\alpha/2}\frac{\sigma}{\sqrt{n}}$$

實務上，很少會已知母體標準差，就以樣本標準差來替代。其計算公式為：

$$z_{\alpha/2}\frac{S}{\sqrt{n}}$$

故其 μ 的 100（1-α）%之信賴區間為：

$$\bar{x} \pm CONFIDENCE.NORM(\alpha, \sigma, n)$$

　　如範例 Ch09.xlsx『直接以 CONFIDENCE.NORM() 求算飲料花費區間』工作表，其資料內容同於前文『飲料花費』工作表。以 AVERAGE()、STDEV.S() 與 COUNT() 求得均數、標準差與樣本數。然後，於 F6 再以

```
=CONFIDENCE.NORM(F5,F3,F4)
```

求信賴區間之範圍，可省去以 =NORM.S.INV(1-α/2) 算 $Z_{\alpha/2}$ 值之步驟。所求得之 95% 信賴區間同樣為 71.83～94.62：

	B	C	D	E	F	G	H	I	J
					F6		=CONFIDENCE.NORM(F5,F3,F4)		
1	一週飲料花費								
2	100		樣本平均數	$\bar{x}$	83.225	←	=AVERAGE(B2:B201)		
3	60		樣本標準差	S	82.21	←	=STDEV.S(B2:B201)		
4	200		樣本數	n	200	←	=COUNT(B2:B201)		
5	30		顯著水準	α	0.05				
6	200		可容忍誤差		11.39	←	=CONFIDENCE.NORM(F5,F3,F4)		
7	25		信賴區間		71.83	94.62	←	=$F$2+$F$6	
8	75				↑	=$F$2-$F$6			
9	20								
10	100				11.46	←	=CONFIDENCE.T(F5,F3,F4)		

馬上練習

依範例 Ch09.xlsx『成績』工作表內容，求 α =0.05 時，成績均數 μ 的點估計，並以 CONFIDENCE.NORM() 求其 95% 信賴區間。

	A	B	C	D	E	F	G	H
8	80	85	75	80	78	88	41	70
9	88	85	82	85	70	85	58	83
10								
11	樣本平均數 $\bar{x}$		76.44					
12	樣本標準差 S		13.61					
13	樣本數 n		72					
14	顯著水準 α		0.05					
15	可容忍誤差		3.14					
16	信賴區間		73.30	79.59				

▶▶ 分組資料

對問卷上，採用勾填某一區間所獲得之數字。如：

請問您整個家庭月所得狀況：

□1. 5 萬元以下 　　　　□2. 5 至 10 萬元 　　　　□3. 10 至 15 萬元

□4. 15 至 20 萬元 　　　□5. 20 萬元以上

得將其轉為組中點（25000，75000，…，225000），再計算其均數、變異數與標準差。然後，即可使用前文之相同公式來求其點估計及區間估計。

以範例 Ch09.xlsx『分組資料-所得』工作表之資料，其每月所得之均數 μ 的點估計為 87500，其 95% 信賴區間為

```
87500 ± 11091.8
76408～98592
```

G6				f_x	=CONFIDENCE.NORM(G5,G3,G4)					
	B	C	D	E	F	G	H	I	J	K
1	家庭月所得	組中點								
2	2	75000		樣本平均數	$\bar{x}$	87500	← =AVERAGE(C2:C93)			
3	2	75000		樣本標準差	S	54281.01	← =STDEV.S(C2:C93)			
4	3	125000		樣本數	n	92	← =COUNT(C2:C93)			
5	2	75000		顯著水準	α	0.05				
6	1	25000		可容忍誤差		11091.8	← =CONFIDENCE.NORM(G5,G3,G4)			
7	2	75000		信賴區間		76408	98592	← =$G$2+$G$6		
8	2	75000				↑ =$G$2-$G$6				

其內各相關值的計算公式為：

樣本平均數	=AVERAGE(C2:C93)
樣本標準差	=STDEV.S(C2:C93)
樣本數	=COUNT(C2:C93)
顯著水準	0.05
可容忍誤差	=CONFIDENCE.NORM(G5,G3,G4)
信賴下限	=$G$2-$G$6
信賴上限	=$G$2+$G$6

馬上練習

以範例 Ch09.xlsx『分組資料-每月零用金』工作表內容，求每月零用金之均數 μ 的點估計及其 95% 信賴區間。

	B	C	D	E	F	G	H
1	零用金	組中點					
2	3	5000		樣本平均數	$\bar{x}$	5695.65	
3	2	3000		樣本標準差	S	3513.68	
4	4	7000		樣本數	n	92	
5	1	1000		顯著水準	α	0.05	
6	2	3000		可容忍誤差		717.99	
7	1	1000		信賴區間		4977.67	6413.64

每月零用金之均數 μ 的點估計為 5696，其 95% 信賴區間為 4977.67～6413.64。

▶▶ 敘述統計

若曾安裝『分析工具箱』，則可以『**資料分析/敘述統計**』增益集，來計算一組資料內之各相關統計值。如：均數、變異數、標準差、信賴區間範圍、......等。

假定，以範例 Ch09.xlsx『**飲料花費-敘述統計**』工作表之資料：

	A	B
1	編號	一週飲料花費
2	1	100
3	2	60
4	3	200

擬使用『**資料分析/敘述統計**』，來計算飲料花費之各敘述統計值。其處理步驟為：

STEP 1　按『**資料/分析/資料分析**』 [🔲 資料分析] 鈕，於『分析工具』處選「**敘述統計**」

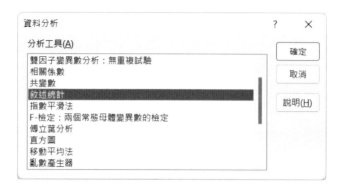

STEP **2**　按　確定　鈕

STEP **3**　於『輸入範圍』處，以選取方式設定要處理之資料範圍（B1:B201）

STEP **4**　於『分組方式』選「**循欄**」

STEP **5**　點選「**類別軸標記是在第一列上(L)**」（因資料含『一週飲料花費』之字串標記）

STEP **6**　設定輸出範圍，本例安排於目前工作表之 D1 位置

STEP **7** 點選「摘要統計(S)」

STEP **8** 點選「平均數信賴度(N)」，設定「95%」

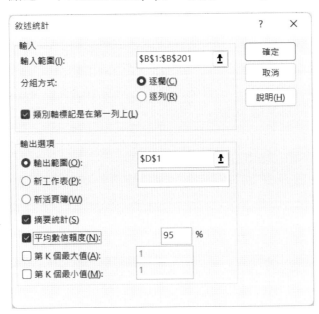

STEP **9** 按 ⬚ 確定 ⬚ 鈕結束，即可獲致詳細之相關統計數字

	一週飲料花費	
平均數	83.225
標準誤	5.813139
中間值	50
眾數	50
標準差	82.2102
變異數	6758.517
峰度	11.62896
偏態	2.930844
範圍	500
最小值	0
最大值	500
總和	16645
個數	200
信賴度(95.0%)	11.46326

一週飲料花費：100, 60, 200, 30, 200, 25, 75, 20, 100, 200, 100, 100, 150, 150, 50

其內之『信賴度（95%）』即容忍誤差，也就是本例之信賴區間應為：

83.225 ± 11.46

與前文之

83.225 ± 11.39

有些許誤差，這是因為本處使用 CONFIDENCE.T()；而前文使用 CONFIDENCE.NORM() 計算的關係。（**所使用之查表值，本處為 t 分配；前文則為常態分配**）

	B	C	D	E	F	G	H	I	J
	F10		∨ : ✕ ✓ f_x	=CONFIDENCE.T(F5,F3,F4)					
1	一週飲料花費								
2	100		樣本平均數	$\bar{x}$	83.225	← =AVERAGE(B2:B201)			
3	60		樣本標準差	S	82.21	← =STDEV.S(B2:B201)			
4	200		樣本數	n	200	← =COUNT(B2:B201)			
5	30		顯著水準	α	0.05				
6	200		可容忍誤差		11.39	← =CONFIDENCE.NORM(F5,F3,F4)			
7	25		信賴區間		71.83	94.62 ← =$F$2+$F$6			
8	75				↑ =$F$2-$F$6				
9	20								
10	100				11.46	← =CONFIDENCE.T(F5,F3,F4)			

▶ 以資料庫統計函數求信賴區間

若要求以性別、部門、……等，分組後之母體均數的點估計與區間估計，可使用 DAVERAGE()、DSTDEV() 與 DCOUNT() 統計函數，來依準則求平均數、標準差與樣本數，然後，即可使用前文相同之公式，來求其母體均數 μ 之點估計及區間估計。

以範例 Ch09.xlsx『依性別求飲料花費』工作表之資料言，其男/女之母體均數 μ 及其 95% 信賴區間的估計值分別為：

組別	μ	95%信賴區間
男	93.29	72.93～113.65
女	77.44	63.88～ 91.00
全體	83.23	71.83～ 94.62

看起來，男性一週飲料平均費用要比女生高些，且因變異較大，其 95% 信賴區間範圍也較大些。

F7		∨	：	×	✓	*fx*	=CONFIDENCE.NORM(F6,F4,F5)	

	B	C	D	E	F	G	H
1	一週飲料花費	性別			性別	性別	全體
2	100	1			1	2	
3	60	1		樣本平均數	93.29	77.44	83.23
4	200	2		樣本標準差	88.75	77.98	82.21
5	30	1		樣本數	73	127	200
6	200	2		顯著水準	0.05	0.05	0.05
7	25	2		可容忍誤差	20.36	13.56	11.39
8	75	1		信賴區間(下)	72.93	63.88	71.83
9	20	1		信賴區間(上)	113.65	91.00	94.62
10	100	2					
11	200	2		性別：1男、2女			

其內，F 欄各儲存格之公式分別為：

樣本平均數	F3	=DAVERAGE($A$1:$C$201,$B$1,F1:F2)
樣本標準差	F4	=DSTDEV($A$1:$C$201,$B$1,F1:F2)
樣本數	F5	=DCOUNT($A$1:$C$201,$B$1,F1:F2)
顯著水準	F6	0.05
可容忍誤差	F7	=CONFIDENCE.NORM(F6,F4,F5)
信賴區間(下)	F8	=F$3-F$7
信賴區間(上)	F9	=F$3+F$7

馬上練習

依範例 Ch09.xlsx『依性別求運動時間』工作表內容，計算出男/女性及全體運動時間之母體均數 μ 及其 95% 信賴區間的估計值。

	B	C	D	E	F	G	H
1	性別	每次運動時間/分		每次運動時間/分	性別	性別	全體
2	1	120			1	2	
3	1	30		樣本平均數	99.47	68.82	85.88
4	2	0		樣本標準差	48.37	56.19	53.96
5	2	120		樣本變異數	2339.81	3157.59	2911.77
6	1	120		樣本數	64	51	115
7	1	30		顯著水準	0.05	0.05	0.05
8	1	150		可容忍誤差	11.85	15.42	9.86
9	2	60		信賴區間(下)	87.62	53.40	76.02
10	2	0		信賴區間(上)	111.32	84.25	95.74
11	2	0					
12	1	60		性別：1男、2女			

看起來，男性每次運動時間要比女生多些（99.47 對 68.82），且女生因變異較大，其 95% 信賴區間範圍也較大些，介於 53.40～84.25；男生則為 87.62～111.32。

▶▶ 小樣本時

　　若母體為常態分配，樣本數 n<30，仍以其 $\bar{x}$ 為 μ 的點估計。若母體為常態分配，樣本數 n<30，且母體變異數 σ^2 已知，則以：

$$\bar{x} \pm z_{\alpha/2} \frac{\sigma}{\sqrt{n}}$$

為 μ 的 100（1-α）%之信賴區間。

　　但實務上，母體變異數 σ^2 通常未知，當樣本數 n<30，因為樣本太小，樣本標準差 S 的變化會較大，就不可以樣本標準差 S 來取代母體標準差 σ。故以

$$\bar{x} \pm t_{\alpha/2(n-1)} \frac{S}{\sqrt{n}}$$

為 μ 的 100（1-α）%之信賴區間。

　　式中，$t_{\alpha/2(n-1)}$ 為查『附錄 A-4　t 分配的臨界值』自由度為 n-1 時之 t 值。由於 t 值比 z 值來得大，故所求得之估計區間會加大一點，可以確保原有的信賴度。（以小樣本推估母體，本就較為不準，故得將估計區間放寬一點）

　　於 Excel，t 值可用 T.INV() 函數來求算（詳下文說明），以 n 為 11，自由度為 10(t 分配之自由度為 n-1)，α=0.05 時為例，其 $t_{0.05/2(10)}$ 值為 2.228：（詳範例 Ch09.xlsx『t 分配表』工作表）

	A	B	C	D	E	F	G
				右尾機率			
1							
2	n	10%	5%	2.5%	1%	0.5%	d.f.
3	2	3.078	6.314	12.706	31.821	63.657	1
4	3	1.886	2.920	4.303	6.965	9.925	2
5	4	1.638	2.353	3.182	4.541	5.841	3
6	5	1.533	2.132	2.776	3.747	4.604	4
7	6	1.476	2.015	2.571	3.365	4.032	5
8	7	1.440	1.943	2.447	3.143	3.707	6
9	8	1.415	1.895	2.365	2.998	3.499	7
10	9	1.397	1.860	2.306	2.896	3.355	8
11	10	1.383	1.833	2.262	2.821	3.250	9
12	11	1.372	1.812	2.228	2.764	3.169	10
13	12	1.363	1.796	2.201	2.718	3.106	11
14	13	1.356	1.782	2.179	2.681	3.055	12
15	14	1.350	1.771	2.160	2.650	3.012	13
16	15	1.345	1.761	2.145	2.624	2.977	14

D12 　fx　=-T.INV(D$2,$G12)

假定，範例 Ch09.xlsx『成績-小樣本』工作表內，A1:H9 為全班之 72
人之成績（母體），隨機抽取 11 人（加網底之儲存格），計算出其樣本
均數（75.45）、標準差（11.53）及其 95%信賴區間：

$$75.45 \pm 2.228 \frac{11.53}{\sqrt{11}}$$
$$=75.45 \pm 7.74$$
$$=67.71 \sim 83.20$$

比於 C17:C18 以母體資料所計算出之 73.32～79.57 來得更寬，故更有把握
母體均數 μ 能有 95%的信賴度可落在 67.71～83.20。H17 之可容忍誤差
7.74，亦可直接於 H21 以 CONFIDENCE.T() 來求算：

```
=CONFIDENCE.T(H15,H12,H13)
```

其結果相同：

其內，H 欄內使用『小樣本』為一含呈陰影顯示之 A5，B8，C2，D1，
D4，E7，F4，F9，G6，G2，H4 等儲存格之範圍名稱，其餘各相關公式為：

樣本平均數	H11	=AVERAGE(小樣本)
樣本標準差	H12	=STDE.V(小樣本)
樣本數	H13	=COUNT(小樣本)

自由度	H14	=H13-1
顯著水準	H15	0.05
t 值	H16	2.228
可容忍誤差	H17	=H16*H12/SQRT(H13)
信賴區間(下)	H18	=H11-H17
信賴區間(上)	H19	=H11+H17

▶ t 分配 T.DIST()、T.DIST.RT() 與 T.DIST.2T()

左尾 t 分配 T.DIST() 函數之語法為：

```
T.DIST(t,自由度,是否累加)
T.DIST(x,deg_freedom,cumulative)
```

右尾 t 分配 T.DIST.RT() 函數之語法為：

```
T.DIST.RT(t,自由度)
T.DIST.RT(x,deg_freedom)
```

雙尾 t 分配 T.DIST.2T() 函數之語法為：

```
T.DIST.2T(t,自由度)
T.DIST.2T(x,deg_freedom)
```

t 是要用來計算累計機率之 t 值，**是否累加**若為 TRUE，將求其左尾累加機率；**是否累加**若為 FALSE，將求 t 值該點之機率密度。

自由度（d.f.，degrees of freedom）是指一統計量中各變量可以自由變動的個數，當統計量中每多一個限制條件（即，已知條件），自由度就減少一個。（t 分配之自由度為樣本數減 1，n-1）

T.DIST() 函數適用於左尾，在求：於某一自由度下之 t 分配中，求 t 值以下之左尾的總面積（累加機率）。t 值如為負值，即求右圖之陰影部份：

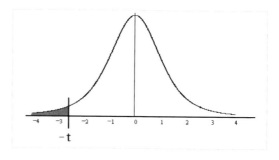

t 值如為正值,即求右圖之陰影部份:

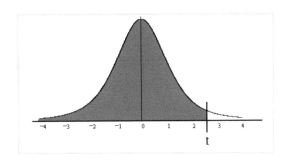

因此,若欲求其右尾機率,可用 1 去減左側的累加機率;或將 t 轉為負值。

T.DIST.RT() 函數適用於右尾,在求:於某一自由度下之 t 分配中,求 t 值以下之右尾的總面積(累加機率)。即求右圖之陰影部份:

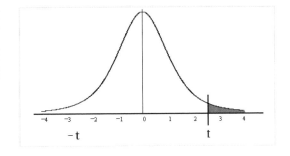

T.DIST.2T() 函數適用於雙尾,即求左右兩尾之陰影部份:

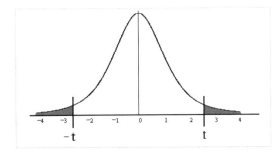

因此,若欲求其右尾機率,直接將其除以 2 即可。

t 分配之圖形及機率值,將隨自由度不同而略有不同。以自由度為 10 之情況下,不同 t 值所求得之右側單尾及雙尾累計機率分別為:(詳範例 Ch09.xlsx『T.DIST』工作表)

	A	B	C	D
B3				=T.DIST.RT(A3,10)
1		自由度為10		
2	t值	單尾	雙尾	
3	0.00	50.0%	100.0%	← =T.DIST.2T(A3,10)
4	0.50	31.4%	62.8%	← =T.DIST.2T(A4,10)
5	0.70	25.0%	50.0%	← =T.DIST.2T(A5,10)
6	1.37	10.0%	20.1%	← =T.DIST.2T(A6,10)
7	1.81	5.0%	10.0%	← =T.DIST.2T(A7,10)
8	2.23	2.5%	5.0%	← =T.DIST.2T(A8,10)
9	2.76	1.0%	2.0%	← =T.DIST.2T(A9,10)
10	3.17	0.5%	1.0%	← =T.DIST.2T(A10,10)

小秘訣

t-分配(t-distribution)為一種非常態但連續對稱分配,是由英國學者 W. S. Gosset 以 Student 筆名發表,故亦稱 student t distribution。其特點是以 0 對稱分佈,且具有較常態分配大的變異數。其分配的狀態又取決於樣本的大小。

於很多研究中,由於對母群體的標準差未知;再加上對大樣本採樣的不易,所以通常用小樣本資料來評估母群體的標準差。為了避免小樣本採樣之平均數及標準差所產生的誤差,故才有 t-分配的產生。

▶▶ t 分配反函數 T.INV() 與 T.INV.2T()

單尾 t 分配反函數 T.INV() 之語法為:

```
T.INV(累計機率,自由度)
T.INV(probability,degrees_freedom)
```

用以於已知自由度之 t 分配中,求某累計機率所對應之 t 值。其值係由左尾開始累加,且因 t 分配為左右對稱,故若要求右尾之 t 值,直接將其乘上負號即可。如:自由度為 10,左尾單尾機率 5% 之 t 值為-1.812;那右尾單尾機率 5% 之 t 值為 1.812。(詳範例 Ch09.xlsx『T.INV』工作表 F6)其求算之公式為:

```
=-T.INV(5%,10)
=-T.INV(E6,$B$1)
```

F6		✓ : × ✓ *fx*	=-T.INV(E6,$B$1)				
	A	B	C	D	E	F	G	H
1	自由度	10						
2		T.DIST()				T.INV()		
3	t值	單尾	雙尾		單尾	t值	雙尾	t值
4	1.674	6.2%	12.5%		25.0%	0.700	12.50%	1.674
5	2.228	2.5%	5.0%		10.0%	1.372	5.00%	2.228
6	2.634	1.2%	2.5%		5.0%	1.812	2.50%	2.634
7	3.038	0.6%	1.3%		2.5%	2.228	1.25%	3.038
8	3.581	0.3%	0.5%		1.0%	2.764	0.50%	3.581
9	4.005	0.1%	0.2%		0.5%	3.169	0.25%	4.005

雙尾 t 分配反函數 T.INV.2T()之語法為：

```
T.INV.2T(累計機率,自由度)
T.INV.2T(probability,degrees_freedom)
```

用以於已知自由度之 t 分配中，求某雙尾累計機率所對應之 t 值。

由於 t 分配之圖形及機率值，將隨自由度不同而略有不同。範例 Ch09.xlsx『T.INV』工作表，是以自由度為 10 之情況下，所求得之結果。如，雙尾機率 5% 之 t 值為 2.228，其求算之公式為：

```
=T.INV.2T(5%,10)
=T.INV.2T(G5,$B$1)
```

有了此函數，即可省去查 t 分配表之麻煩：

H5			f_x	=T.INV.2T(G5,$B$1)			
	A	B	C	D	E	F	G	H
1	自由度	10						
2		T.DIST()				T.INV()		
3	t值	單尾	雙尾		單尾	t值	雙尾	t值
4	1.674	6.2%	12.5%		25.0%	0.700	12.50%	1.674
5	2.228	2.5%	5.0%		10.0%	1.372	5.00%	2.228
6	2.634	1.2%	2.5%		5.0%	1.812	2.50%	2.634
7	3.038	0.6%	1.3%		2.5%	2.228	1.25%	3.038
8	3.581	0.3%	0.5%		1.0%	2.764	0.50%	3.581
9	4.005	0.1%	0.2%		0.5%	3.169	0.25%	4.005

馬上練習

以範例 Ch09.xlsx『t 值』工作表內容，安排 d.f.為 1~15 之情況下，單尾機率為 25%、10%、5%、2.5%、1% 與 0.5% 之 t 值：

	A	B	C	D	E	F	G
1				右尾機率			
2	d.f.	25%	10%	5%	2.5%	1%	0.5%
3	1	1.000	3.078	6.314	12.706	31.821	63.657
4	2	0.816	1.886	2.920	4.303	6.965	9.925
5	3	0.765	1.638	2.353	3.182	4.541	5.841
6	4	0.741	1.533	2.132	2.776	3.747	4.604
7	5	0.727	1.476	2.015	2.571	3.365	4.032
8	6	0.718	1.440	1.943	2.447	3.143	3.707
9	7	0.711	1.415	1.895	2.365	2.998	3.499
10	8	0.706	1.397	1.860	2.306	2.896	3.355
11	9	0.703	1.383	1.833	2.262	2.821	3.250
12	10	0.700	1.372	1.812	2.228	2.764	3.169
13	11	0.697	1.363	1.796	2.201	2.718	3.106
14	12	0.695	1.356	1.782	2.179	2.681	3.055
15	13	0.694	1.350	1.771	2.160	2.650	3.012
16	14	0.692	1.345	1.761	2.145	2.624	2.977
17	15	0.691	1.341	1.753	2.131	2.602	2.947

馬上練習

依範例 Ch09.xlsx『外食費用-小樣本』工作表內容，計算大學生每月在外面吃飯費用之母體均數 μ 及其 95% 信賴區間的估計值。

	B	C	D	E
1	**外食費用**			
2	6000		樣本平均數	6026.67
3	12000		樣本標準差	2879.35
4	7000		樣本數	15
5	6000		自由度	14
6	4800		顯著水準	0.05
7	10000		t值	1.761
8	5000		可容忍誤差	1594.53
9	8000		信賴區間(下)	4432.13
10	2000		信賴區間(上)	7621.20

大學生每月在外面吃飯費用之均數為：6026.67，其 95% 信賴區間為：4432.13～7621.20。

9-3 母體比例 p 的估計

實務上，也經常要估計母體比例 p。如：估計平均失業率、產品不良率、品牌佔有率、政策支持率、候選人支持率、iPhone 擁有率、個人電腦擁有率、……。

若樣本數 n>30，則以其樣本比率 $\hat{p}$ 為母體比例 p 的點估計。母體比例 p 的 100（1-α）% 之信賴區間為：

$$\hat{p} \pm z_{\alpha/2} \sqrt{\frac{\hat{p}(1-\hat{p})}{n}}$$

其中，

$$z_{\alpha/2} \sqrt{\frac{\hat{p}(1-\hat{p})}{n}}$$

即我們可容忍的誤差（e）。所以，我們於第三章計算樣本大小時，就是將其簡化成

$$n = \frac{Z_{\alpha/2}^2 \cdot p(1-p)}{e^2}$$

來計算樣本數。

式中，$Z_{\alpha/2}$ 值可用 Excel 之 NORM.S.INV() 函數來求算，以 α=0.05 時為例，其 $Z_{\alpha/2}$ 值為 1.96。以範例 Ch09.xlsx『課綱微調』工作表之資料，調查 1000 位受訪者中有 748 個支持課綱微調，其樣本比例 $\hat{p}$ 為 74.8%，則母體比例 p 的 95% 之信賴區間為 72.11%～77.49%：

$$74.8\% \pm 1.96\sqrt{\frac{74.8 \times 25.2\%}{1000}}$$

$$=74.8\% \pm 2.69\%$$

$$=72.11\%～77.49\%$$

如果以口語化講，就是：此次調查，支持課綱微調之比例為 74.8%，在 95% 的信賴水準下，調查的誤差不超過 ±2.69%。

馬上練習

以範例 Ch09.xlsx『玩臉書比例』工作表內容，求玩臉書母體比例 p 的點估計及其 95% 信賴區間。

	B	C	D	E	F
1	是否玩 Facebook			母體比例p	
2	1		有玩Facebook	87.0%	
3	1				
4	1		樣本數	200	
5	1				
6	1		母體比例p的95%之信賴區間		
7	1		顯著水準	0.05	
8	1		$Z_{\alpha/2}$值	1.96	
9	1		可容忍誤差	4.66%	
10	1		信賴區間(下)	82.34%	
11	1		信賴區間(上)	91.66%	

此次調查有玩 Facebook 之比例為 87.0%，在 95% 的信賴水準下，調查的誤差不超過±4.66%。

假設檢定

10

Chapter

10-1 概說

由於我們對母體的不瞭解，任何有關母體的敘述，都只是假設而已（**統計假設**）。除非我們進行全面普查，否則，一個統計假設是對或錯？根本就不可能獲得正確之答案。但因為絕大多數之情況，是不允許也無法進行普查。所以，才會透過抽樣調查，以抽查結果所獲得的資料，來檢定先前統計假設，以判斷其對或錯？

如果，檢定後發現抽樣結果與統計假設間之差異很大，我們就無法接受該統計假設（亦即，否定或捨棄該假設）。反之，若檢定後發現抽樣結果與統計假設間之差異不大，我們就無法捨棄（否定）該統計假設。不過，我們會比較保守的說：**無充分證據證明該假設是錯的；而不直接說接受該統計假設。**

　　在進行各種統計假設檢定時，我們通常將要否定（捨棄）之事實當作**虛無假設**（null hypothesis，以 H_0 代表）。既然希望它是不對，以將其否定，那就表示會有一個希望它是對的對立假設（alternative hypothesis，以 H_1 或 H_a 代表）。當檢定結果，得否定該虛無假設時，就等於接受對立假設。注意，虛無假設與對立假設間必須是週延且互斥，其間絕無重疊的模糊地帶；也無任何無法涵蓋的真空地帶。如：

　　　　H_0：$\mu_1 = \mu_2$

　　　　H_1：$\mu_1 \neq \mu_2$

若安排成

　　　　H_0：$\mu_1 = \mu_2$

　　　　H_1：$\mu_1 \leqq \mu_2$

就有兩者相等時，會發生重疊，而無法互斥。但若安排成

　　　　H_0：$\mu_1 < \mu_2$

　　　　H_1：$\mu_1 > \mu_2$

則當兩者恰好相等時，就變成真空地帶，沒有被任一個假設涵蓋。

10-2 假設檢定之類型與單/雙尾檢定

　　假設檢定之類型與應使用單尾或雙尾檢定有：

1. 等於與不等於之雙尾檢定

　　　H_0：$\mu_1 = \mu_2$

　　　H_1：$\mu_1 \neq \mu_2$

　　無論檢定統計量之觀察值落在左側或右側之**危險域**（或稱**捨棄域**、**拒絕域**），均表示 $\mu_1 \neq \mu_2$。更詳細一點，若落在左側之危險域，表示 $\mu_1 < \mu_2$；若落在右側之危險域，表示 $\mu_1 > \mu_2$。

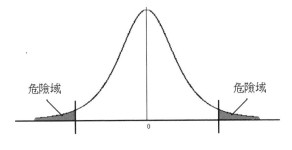

2. 等於與大於之右側單尾檢定

$$H_0 : \mu_1 \leqq \mu_2 \qquad \text{或} \qquad H_0 : \mu_1 = \mu_2$$

$$H_1 : \mu_1 > \mu_2 \qquad\qquad\qquad H_1 : \mu_1 > \mu_2$$

當檢定統計量之觀察值落右側之危險域，均表示 $\mu_1 > \mu_2$。

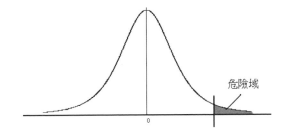

3. 等於與小於之左側單尾檢定

$$H_0 : \mu_1 \geqq \mu_2 \qquad\qquad\quad H_0 : \mu_1 = \mu_2$$
$$\text{或}$$
$$H_1 : \mu_1 < \mu_2 \qquad\qquad\quad H_1 : \mu_1 < \mu_2$$

當檢定統計量之觀察值落左側之危險域，均表示 $\mu_1 < \mu_2$。

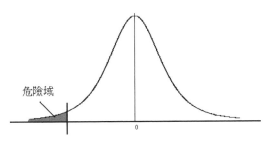

10-3 檢定的步驟

檢定的步驟為：

STEP **1**　設定虛無假設 H_0

STEP **2**　設定對立假設 H_1

STEP **3**　決定顯著水準（α）

STEP **4**　選擇適當的檢定統計量（z、t、F、……），以及決定危險域（捨棄域之臨界點）

STEP **5**　計算所選之檢定統計量的觀察值

STEP **6**　結論：當檢定統計量的觀察值落入危險域，捨棄虛無假設 H_0；反之，無法捨棄虛無假設 H_0（接受虛無假設）

10-4 單一母體平均數檢定

▶▶ 大樣本 Z 檢定

單一母體，若母體標準差 σ 已知，其各項檢定所使用之檢定統計量為：

$$Z = \frac{\bar{X} - \mu}{\sigma / \sqrt{n}}$$

若處理對象為大樣本（n>30），且母體標準差 σ 未知，則可使用樣本標準差 S 來替代：

$$Z = \frac{\bar{X} - \mu}{S / \sqrt{n}}$$

於未使用電腦的情況，我們是查附錄 A-2 之『標準常態分配表』，若 Z 值大於查表所得之臨界值（critical value），則捨棄虛無假設。

▶▶ 雙尾檢定

如範例 Ch10.xlsx『單一母體平均數檢定』工作表 A1:H5 之資料

	A	B	C	D	E	F	G	H
4	60	80	78	70	82	78	60	75
5	80	88	78	83	90	90	49	82

為自全班隨機抽取幾位學生之成績，於 α=0.05 之顯著水準，是否可接受全班成績為 70 分之假設？

其處理步驟為：

1. 設定虛無假設 H_0

   $H_0 : \mu = 70$

2. 設定對立假設 H_1

   $H_1 : \mu \neq 70$，為雙尾檢定

3. 決定顯著水準（α）

   α=0.05

4. 選擇適當的檢定統計量，以及決定危險域

   以 Z 檢定統計量，採雙尾檢定，應查 α=0.025 之表。

   查附錄 A-2 之『標準常態分配表』，累積機率為 0.475 時，其捨棄域之臨界點為 1.96。所以，若 Z 檢定統計量 < -1.96 或 > 1.96，就應該捨棄虛無假設。

5. 計算所選之檢定統計量的觀察值

   將所求算之樣本均數與樣本標準差 $\bar{X}$ =75.05、S=13.69 及已知之 μ=70，代入 Z 檢定統計量之公式

   $$Z = \frac{75.05 - 70}{13.69/\sqrt{40}} = 2.33$$

D12		✓ : × ✓ f_x	=(D8-C7)/(D9/SQRT(D10))				
	B	C	D	E	F	G	H
7	μ		70				
8	樣本平均數 $\bar{x}$		75.05	← =AVERAGE(A1:H5)			
9	樣本標準差 S		13.69	← =STDEV.S(A1:H5)			
10	樣本數 n		40	← =COUNT(A1:H5)			
11							
12	檢定統計量 Z		2.33	← =(D8-C7)/(D9/SQRT(D10))			
13		Z.TEST	0.0098	← =Z.TEST(A1:H5,C7)			
14	右尾機率		0.0098	← =1-NORM.S.DIST(D12,TRUE)			

6. 結論

檢定統計量的觀察值 Z=2.33＞1.96 之臨界值，已落入危險域，故應捨棄虛無假設 H_0：$\mu = 70$。也就是應接受其對立假設 H_1：$\mu \neq 70$。所以無法接受全班成績為 70 分之假設。

▶ Z.TEST() 函數

若使用 Excel，此一檢定結果，可直接以 Z.TEST() 函數來求算，其語法為：

```
Z.TEST(數列,μ,[σ])
Z.TEST(array,μ,[sigma])
```

將傳回單尾 z 檢定之 P 值（常態分配的單尾機率值）。即

```
1 - NORM.S.DIST(z)
```

之結果。式中，方括號所包圍之內容，表其可省略。z 即常態分配之 z 值。故本函數即算出：

```
1 - 自標準常態分配的左尾累加到 z 值處的機率
```

即下圖之右尾的機率：

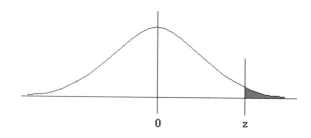

數列是要檢定相對於 μ 之陣列或資料範圍

μ 是要檢定之母體均數

σ 是母群體已知的標準差。若輸入有 σ，本函數之公式為：

$$Z = \frac{\bar{X} - \mu}{\sigma / \sqrt{n}}$$

若省略 σ，則自動使用樣本標準差，本函數之公式將為：

$$Z = \frac{\bar{X} - \mu}{S / \sqrt{n}}$$

如：

```
Z.TEST(數列,μ)
```

表以樣本標準差代替母體標準差，取抽樣之數列的均數（$\bar{x}$）與母體均數（μ）進行檢定。

判斷檢定結果時很簡單，只須看此 P 值是否小於所指定之 α 值（單尾檢定）；或小於所指定之 α 值的一半（雙尾檢定）。如：於雙尾檢定時，P 若為 0.014<(α/2=0.025)，即表示在 α=0.05 時，此檢定結果要捨棄虛無假設，接受對立假設。

所以，範例 Ch10.xlsx『單一母體平均數檢定』工作表資料，於 D13 以

```
=Z.TEST(A1:H5,C7)
```

所求算出 0.0098＜0.025（雙尾檢定，取 α/2），即可判定要捨棄虛無假設 H_0：μ＝70；也就是應接受其對立假設 H_1：μ≠70。

D13		: × √ fx	=Z.TEST(A1:H5,C7)				
▲	B	C	D	E	F	G	H
7	μ		70				
8	樣本平均數	x̄	75.05	← =AVERAGE(A1:H5)			
9	樣本標準差	S	13.69	← =STDEV.S(A1:H5)			
10	樣本數	n	40	← =COUNT(A1:H5)			
11							
12	檢定統計量	Z	2.33	← =(D8-C7)/(D9/SQRT(D10))			
13		Z.TEST	0.0098	← =Z.TEST(A1:H5,C7)			
14	右尾機率		0.0098	← =1-NORM.S.DIST(D12,TRUE)			

而於 D14 以

```
=1-NORM.S.DIST(D12,TRUE)          D12 即先前所算出之 Z 值 2.33
```

亦同樣可求算出 0.0098。此即查表 Z 值為 2.33 時，右尾的機率。

既然有 Z.TEST()，即可不用再查表決定危險域（捨棄域之臨界點），也不用再計算所選之檢定統計量的觀察值；而可直接以 Z.TEST() 之機率值來判斷檢定結果。

不過，本函數的計算基礎為 $\mu \leq \bar{x}$；若 $\mu > \bar{x}$，將會傳回大於 0.5～1 的值。如，將前例之 μ 改為 80，其結果竟為 0.9899：（若將 μ 改為 >84 之任一值，其結果將恆為 1，詳範例 Ch10.xlsx『單一母體平均數檢定 2』工作表）

C9		: × √ fx	=Z.TEST(A1:H5,C7)				
▲	A	B	C	D	E	F	G	H
4	60	80	78	70	82	78	60	75
5	80	88	78	83	90	90	49	82
6								
7		μ	80					
8		x̄	75.05					
9		Z.TEST	0.9889					

為避免此依不合理現象，可將其修正為：

```
=MIN(Z.TEST(array,x,[sigma])，1-Z.TEST(array,x,[sigma]))
```

則無論 $\mu \leq \bar{x}$ 或 $\mu > \bar{x}$，均可算出正確值。如範例 Ch10.xlsx『單一母體平均數檢定 3』工作表之 C9，使用

```
=MIN(Z.TEST(A1:H5,C7)，1-Z.TEST(A1:H5,C7))
```

當 μ 為 80（μ > $\bar{x}$），Z.TEST() 之結果為 0.0111；不再是先前的 0.9889。其結論當然完全不同：

C9	∨ : × ✓ fx	=MIN(Z.TEST(A1:H5,C7), 1 - Z.TEST(A1:H5,C7))						
	A	B	C	D	E	F	G	H	I
4	60	80	78	70	82	78	60	75
5	80	88	78	83	90	90	49	82
6								
7		μ	80					
8		$\bar{x}$	75.05					
9		Z.TEST	0.0111	<0.025，應捨棄虛無假設				

即使，將其 μ 改回為 70（μ < $\bar{x}$），Z.TEST() 之結果仍可求得先前之 0.0098：

C9	∨ : × ✓ fx	=MIN(Z.TEST(A1:H5,C7), 1 - Z.TEST(A1:H5,C7))						
	A	B	C	D	E	F	G	H	I
4	60	80	78	70	82	78	60	75
5	80	88	78	83	90	90	49	82
6								
7		μ	70					
8		$\bar{x}$	75.05					
9		Z.TEST	0.0098	<0.025，應捨棄虛無假設				

▶ 單尾檢定

假定，五年前大學生每週平均運動時間為 75 分鐘，範例 Ch10.xlsx『運動時間』本年度之資料，是否可顯示本年度運動時間已經明顯增加（α=0.05）？

解：

H_0：μ ≤ 75

H_1：μ > 75，為右尾單尾檢定

α=0.05，右尾單尾檢定，直接以 α=0.05 進行判定

ZTEST-P 值=0.015<α=0.05

結論：捨棄虛無假設，接受本年度每週運動時間均數超過 75 分鐘之對立假設。

E11 所使用之公式為：

```
=MIN(Z.TEST(B2:B116,F2)，1-Z.TEST(B2:B116,F2))
```

E11			f_x	=MIN(Z.TEST(B2:B116,F2), 1 - Z.TEST(B2:B116,F2))			

	B	C	D	E	F	G	H	I
1	每次運動時間/分							
2	120		五年前均數	μ	75			
3	30							
4	0		本年平均數	$\bar{x}$	85.88	← =AVERAGE(B2:B116)		
5	120		樣本數	n	115	← =COUNT(B2:B116)		
6	120							
7	30		$H_0：\mu \leq 75$					
8	150		$H_1：\mu > 75$	右尾單尾檢定，應查 α =0.05之表				
9	60		α =0.05					
10	0							
11	0		Z.TEST-P值	0.015				
12	60			< α =0.05，捨棄虛無假設				
13	90			接受本年度均數超過75分之對立假設				

馬上練習

假定，某報宣稱大學生一週平均飲料花費已 ≧ 100 元。以問卷調查蒐集範例 Ch10.xlsx『飲料花費』之資料，是否可否定該結論（α=0.05）？

$H_0：\mu \geq 100$

$H_1：\mu < 100$，左尾單尾檢定

α=0.05，左尾單尾檢定，直接以 α=0.05 進行判定

ZTEST-P 值=0.00<α=0.05

結論；捨棄虛無假設，可以否定該結論。接受大學生一週平均飲料花費不超過 100 元之對立假設。

	B	C	D	E	F	G
1	一週飲料花費					
2	100		樣本平均數 $\bar{x}$	83.2		
3	60		μ	100		
4	200					
5	30		$H_0：\mu \geq 100$			
6	200		$H_1：\mu < 100$	左尾單尾檢定，應查 α =0.05之表		
7	25		α =0.05			
8	75					
9	20		Z.TEST-P值	0.00		

▶▶ 小樣本

若樣本為抽自常態母體之小樣本（n≦30），且母體 μ 與 σ 均未知。其各項檢定所使用之檢定統計量為：

$$t = \frac{\overline{X} - \mu}{S/\sqrt{n}}$$

T 分配之自由度為 n-1。

假定，五年前行政院公佈大學生每月平均外食費用為 5000 元。假設其分配為常態，範例 Ch10.xlsx『外食費用-小樣本』工作表中之今年資料，是否可證明學生每月平均外食費用超過 5000 元？（α=0.05）

檢定步驟為：

1. 設定虛無假設 H_0

   H_0：μ≦5000

2. 設定對立假設 H_1

   H_1：μ＞5000

3. 決定顯著水準（α）

   α＝0.05

4. 選擇適當的檢定統計量，以及決定危險域

   以 t 檢定統計量，採右尾單尾檢定，樣本數 n=15，應查 $t_{(14)}$，α=0.05 之表。

   查附錄 A-4 之『t 分配的臨界值』，自由度為 14，右尾機率為 0.05 時，其捨棄域之臨界點為 1.761。所以，若 t 檢定統計量＞1.761，就應該捨棄虛無假設。

5. 計算所選之檢定統計量的觀察值

   將所求算之樣本均數 $\overline{x}$ =7240 與樣本標準差 S=2938.85 及已知之 μ=5000，代入 t 檢定統計量之公式

   $$t = \frac{7240 - 5000}{2938.85/\sqrt{15}} = 2.952$$

6. 結論

檢定統計量的觀察值 t=2.952＞1.761 之臨界值，已落入危險域，故應捨棄虛無假設 H_0：$\mu \leq 5000$；也就是應接受其對立假設 H_1：$\mu ＞ 5000$。所以，大學生每月平均外食費用應超過 5000 元。

E13		f_x	=(F4-F2)/(F5/SQRT(F6))				
	B	C	D	E	F	G	H
1	外食費用						
2	7400		行政院公佈之均數	μ	5000		
3	13300						
4	8100		樣本平均數	$\bar{x}$	7240.00	← =AVERAGE(B2:B16)	
5	7100		標準差	s	2938.85	← =STDEV.S(B2:B16)	
6	5800		樣本數	n	15	← =COUNT(B2:B16)	
7	11300		自由度	n-1	14	← =F6-1	
8	6200						
9	9200		H_0：$\mu \leq 4000$				
10	3200		H_1：$\mu ＞4000$	右尾單尾檢定，應查 α=0.05之表			
11	5300		α	0.05			
12	3000		t值臨界點	1.761	← =-T.INV(E11,F7)		
13	8400		t值	2.952	← =(F4-F2)/(F5/SQRT(F6))		
14	5100			P值	0.005	← =T.DIST.RT(E13,F7)	
15	4800		由2.952>臨界值1.761，或由P值0.005< α =0.05，應捨棄虛無假設				
16	10400		接受本年度外食費用均數超過5000之對立假設				

E12 求 t 值臨界點之公式為

```
=-T.INV(E11,F7)
```

可省去查附錄 A-4『t 分配的臨界值』表之麻煩。

F14 內，以 E13 計算出檢定統計量 t 值右尾 P 值的公式為

```
=T.DIST.RT(E13,F7)
```

可直接用來判斷檢定結果。如，由 P 值 0.005<α=0.05，就可知應捨棄虛無假設。（有關此二函數之用法，請參見第九章之說明）

本校去年學生平均通學距離為 6.8 公里，今年搬往另一新校區，假定其分配為常態，以範例 Ch10.xlsx『通學距離-小樣本』工作表內容，是否可證明今年學生平均通學距離大於去年？（α=0.05）

H_0：$\mu \leqq 6.8$

H_1：$\mu > 6.8$

α＝0.05

以 t 檢定統計量，採右尾單尾檢定，樣本數 n=11，應查 $t_{(10)}$，α=0.05 之表。查附錄 A-4 之『t 分配的臨界值』，自由度為 10，右尾機率為 0.05 時，其捨棄域之臨界點為 1.812。所以，若 t 檢定統計量＞1.812，就應該捨棄虛無假設。

將所求樣本均數 $\bar{x}$=21.05 與標準差 S=10.99 及已知之 μ=6.8，代入 t 檢定統計量之公式

$$t = \frac{21.05 - 6.8}{10.99/\sqrt{11}} = 4.3$$

檢定統計量的觀察值 t=4.3＞1.812 之臨界值，已落入危險域，故應捨棄虛無假設 H_0：$\mu \leq 6.8$；也就是接受其對立假設 H_1：$\mu > 6.8$。所以，今年學生平均通學距離大過去年。

	B	C	D	E	F	G	H
1	通學距離（公里）						
2	7.5		去年之均數	μ	6.8		
3	12.4						
4	24.8		樣本平均數	$\bar{x}$	21.05		
5	31.2		標準差	s	10.99		
6	0.6		樣本數	n	11		
7	22.5		自由度	n-1	10		
8	30.6						
9	31.8		H_0：$\mu \leq 6.8$				
10	18.9		H_1：$\mu > 6.8$	右尾單尾檢定，應查α=0.05之表			
11	34.5		α	0.05			
12	16.7		t值臨界點	1.812			
13			t值	4.3			
14				P值	0.001		
15			由4.3>臨界值1.812，或由P值0.001<α=0.05，應捨棄虛無假設				
16			接受本年度學生通學平均距離已經變得更遠之對立假設				

10-5　z 檢定：
兩個獨立大樣本母體平均數差異檢定

　　若曾安裝『分析工具箱』，則可以『**資料分析/z 檢定：兩個母體平均數差異檢定**』，進行檢定兩個母體之平均數差異。不過，其先決條件為母體變異數須為已知。若處理對象為大樣本（n>30），且母體變異數 σ^2 未知，則可使用樣本變異數 S^2 來替代。

　　範例 Ch10.xlsx『理想對象每月收入』工作表，為針對大學生調查其理想對象的每月收入，為檢定男/女受訪者所期望對方之每月收入的均數是否存有差異？我們得先以 DVAR() 求得男/女所期望對方之每月收入的變異數 507575092 與 498808964：

F3				f_x	=DVAR($A$1:$C$177,$C$1,F1:F2)		
	B	C	D	E	F	G	H
1	性別	理想對象 每月收入			性別	性別	全體
2	1	50000			1	2	
3	1	50000		樣本變異數	507575092	498808964	524072727
4	1	50000					
5	1	30000		性別：1男、2女			

　　然後，再依下示步驟檢定男/女所期望對方之每月收入是否存有顯著差異？本例之虛無假設與對立假設分別為：

$$H_0: \mu_1 - \mu_2 = 0$$
$$H_1: \mu_1 - \mu_2 \neq 0$$

或簡化成：

$$H_0: \mu_1 = \mu_2$$
$$H_1: \mu_1 \neq \mu_2$$

　　假定，顯著水準設定為 α=0.05，此為一雙尾檢定。其處理步驟為：

STEP 1　停於『性別』欄，按『**資料/排序與篩選/從最小到最大排序**』 $\frac{A}{Z}\downarrow$ 鈕，依性別遞增排序，使相同性別之資料能集中在一起

	A	B	C
			理想對象
1	編號	性別	每月收入
2	3	1	50000
3	7	1	50000
4	19	1	50000
5	22	1	30000

別擔心,所求得之標準差並不會因此而改變!

STEP **2** 　按『資料/分析/資料分析』 `資料分析` 鈕,於『分析工具』處選「z 檢定:兩個母體平均數差異檢定」

STEP **3** 　按 `確定` 鈕

STEP **4** 於『變數 1 的範圍』設定男性組資料之範圍（C2:C92）

STEP **5** 於『變數 2 的範圍』設定女性組資料之範圍（C93:C177）

STEP **6** 於『假設的均數差』輸入 0，兩均數若相等其差為 0

STEP **7** 於『變數 1 之變異數』與『變數 2 之變異數』處，輸入母體變異數
（507575092 與 498808964，因母體變異數未知，使用樣本變異數來
替代）

STEP **8** 不點選「**標記(L)**」（因兩組資料均不含字串標記）

STEP **9** α 維持 0.05

STEP **10** 設定輸出範圍，本例安排於目前工作表之 E7 位置

STEP 11 按 [確定] 鈕結束，即可獲致檢定結果

	E	F	G
7	z 檢定：兩個母體平均數差異檢定		
8			
9		變數 1	變數 2
10	平均數	53318.6813	43623.5294
11	已知的變異數	507575092	498808964
12	觀察值個數	91	85
13	假設的均數差	0	
14	z	2.86566922	
15	P(Z<=z) 單尾	0.00208064	
16	臨界值：單尾	1.64485363	
17	P(Z<=z) 雙尾	0.00416129	
18	臨界值：雙尾	1.95996398	

由於本例僅在檢定其是否相等，故為一雙尾檢定。依此結果：z 值 2.87>雙尾臨界值 1.96（F17 之 P 值為 0.004<α=0.05），故應捨棄虛無假設，也就是說男女受訪者所期望之理想對象的每月收入均數是存有顯著差異的。

若檢定之虛無假設為：男性期望對方之所得均數小於等於女性；對立假設為：男性期望對方之所得均數大於女性。則本例就變為右側單尾檢定，z 值 2.87>單尾臨界值 1.64（F15 之 P 值為 0.002<α=0.05），故應捨棄虛無假設，接受男性期望對方之所得均數大於女性之對立假設。男性受訪者希望其理想對象的每月收入均數為 53318，明顯高於女性的 43623。所以，男性對另一半的所得要求，明顯高過女性。

本例，也可以於依性別排序後，將其整理成兩欄資料：（詳範例 Ch10.xlsx『男女分組-理想對象每月收入』工作表）

	C	D	E	F
1	理想對象每月收入		男性	女性
2	50000		50000	50000
3	50000		50000	30000
4	50000		50000	30000

然後於各欄下，以 VAR.S() 求算其樣本變異數：

接著，再仿前述步驟進行『資料分析/z 檢定：兩個母體平均數差異檢定』：

亦可獲至相同結果，異於前例之處為資料範圍加有『標記』，故可顯示出『男性』『女性』之標題：

▲	H	I	J
1			
2	z 檢定：兩個母體平均數差異檢定		
3			
4		男性	女性
5	平均數	53318.68132	43623.52941
6	已知的變異數	507575092	498808964
7	觀察值個數	91	85
8	假設的均數差	0	
9	z	2.865669217	
10	P(Z<=z) 單尾	0.002080644	
11	臨界值：單尾	1.644853627	
12	P(Z<=z) 雙尾	0.004161288	
13	臨界值：雙尾	1.959963985	

　　事實上，「z 檢定：兩個母體平均數差異檢定」所使用之公式為：若已知兩母體之均數為 μ_1、μ_2，母體之變異數為 σ_1^2、σ_2^2，當兩母體為常態或樣本數均＞30，大樣本 $\mu_1 - \mu_2$ 之檢定統計量為：

$$Z = \frac{(\overline{X}_1 - \overline{X}_2) - \delta_0}{\sqrt{\dfrac{\sigma_1^2}{n_1} + \dfrac{\sigma_2^2}{n_2}}}$$

式中，δ_0 為已知常數。

　　若處理對象為大樣本（n>30），且母體變異數 σ_1^2、σ_2^2 未知，則可使用樣本變異數 S_1^2、S_2^2 來替代：

$$Z = \frac{(\overline{X}_1 - \overline{X}_2) - \delta_0}{\sqrt{\dfrac{S_1^2}{n_1} + \dfrac{S_2^2}{n_2}}}$$

　　所以，將各組均數、變異數與樣本數代入公式（詳範例 Ch10.xlsx『男女分組-理想對象每月收入 1』工作表之 L9）

$$\frac{(53318 - 43623) - 0}{\sqrt{\dfrac{507575092}{91} + \dfrac{498808964}{85}}} = 2.86567$$

所得之 2.86567 即為先前 I9 儲存格之內容。若要求算其右尾單尾機率之 P 值，也可以直接以

```
=(1-NORM.S.DIST(L9,TRUE))
```

亦可求得 0.0021（L10），即為先前 I10 儲存格之內容；若要求算雙尾機率之 P 值，也可以直接以

```
=(1-NORM.S.DIST(L9,TRUE))*2
```

亦可求得 0.0042（L12），即為先前 I12 儲存格之內容：

	L9		f_x	=(I5-J5)/SQRT((I6/I7)+(J6/J7))			
	H	I	J	K	L	M	N	O
2	z 檢定：兩個母體平均數差異檢定							
3								
4		男性	女性					
5	平均數	53318.68132	43623.52941					
6	已知的變異數	507575092	498808964					
7	觀察值個數	91	85					
8	假設的均數差	0						
9	z	2.86567			2.86567	← =(I5-J5)/SQRT((I6/I7)+(J6/J7))		
10	P(Z<=z) 單尾	0.0021			0.0021	← =(1-NORM.S.DIST(L9,TRUE))		
11	臨界值：單尾	1.6449						
12	P(Z<=z) 雙尾	0.0042			0.0042	← =(1-NORMSDIST(L9))*2		
13	臨界值：雙尾	1.9600						

馬上練習

以範例 Ch10.xlsx『男女運動時間之均數檢定』工作表內容

	E	F	G	H	I	J	K
1	每次運動時間/	性別	性別	全體			
2	分	1	2			性別：1男、2女	
3	樣本變異數	2477	3471	3049			

檢定男生平均運動時間是否大過女生？（α=0.10）

$H_0: \mu_1 \leqq \mu_2$

$H_1: \mu_1 > \mu_2$

α=0.05

（續下頁）

（承上頁）

此為一右尾單尾檢定

7	z 檢定：兩個母體平均數差異檢定		
8			
9		變數1	變數2
10	平均數	96.6949	75.3571
11	已知的變異數	2477	3471
12	觀察值個數	59	56
13	假設的均數差	0	
14	z	2.09269	
15	P(Z<=z) 單尾	0.01819	
16	臨界值：單尾	1.64485	
17	P(Z<=z) 雙尾	0.03638	
18	臨界值：雙尾	1.95996	

由於本例是在檢定男生平均運動時間是否大過女生？故為一右尾單尾
檢定。依此結果：z 值 2.09＞單尾臨界值 1.65（F15 之 P 值為 0.018＜
α=0.05），故應捨棄虛無假設，也就是說男生平均運動時間比女生長。

10-6 量表的檢定 — 兩組

對於如：

請先就下列有關手機之產品屬性勾選其重要程度。

	非常重要	重要	普通	不重要	非常不重要
1)大小適中	☐	☐	☐	☐	☐
2)重量輕巧	☐	☐	☐	☐	☐
3)顏色炫麗	☐	☐	☐	☐	☐
4)外形大方	☐	☐	☐	☐	☐

…

等之評價量表，我們也經常得以性別進行分組檢定。看對某依屬性之注重
程度，是否會因性別而有顯著差異？由於性別僅兩組，且我們的問卷通常
也都是大樣本，故也是以『**資料分析/z 檢定：兩個母體平均數差異檢定**』
來進行檢定。

以範例 Ch10.xlsx『男女性注重之手機屬性』工作表,其內僅安排一個『大小適中』評價項目(非常重要-5、......、非常不重要-1)及性別資料(男-1、女-2)。我們就以它來說明,如何依性別分組進行注重程度之均數檢定:

STEP **1** 　安排妥標題字串及條件內容,以 DVAR() 求出男女各組之變異數

	B	C	D	E	F	G	H
F4				f_x	=DVAR($A$1:$C$192,$B$1,F$2:F$3)		
1	大小適中	性別			大小適中之注重程度		
2	2	1			性別	性別	全體
3	2	1			1	2	
4	1	1		變異數	1.55	1.14	1.33
5	3	1		均數	3.64	3.99	3.85

STEP **2** 　按『資料/排序與篩選/從最小到最大排序』 ↓ 鈕,依性別遞增排序,使相同性別之資料能集中在一起

STEP **3** 　按『資料/分析/資料分析』 資料分析 鈕,於『分析工具』處選「z 檢定:兩個母體平均數差異檢定」,續按 確定 鈕

STEP **4** 　於『變數 1 的範圍』設定男性組資料之範圍(B2:B78)

STEP **5** 　於『變數 2 的範圍』設定女性組資料之範圍(B79:B192)

STEP **6** 　於『假設的均數差』輸入 0,兩均數若相等其差為 0

STEP **7** 　於『變數 1 之變異數』與『變數 2 之變異數』處,輸入母體變異數(1.55 與 1.14,因母體變異數未知,使用樣本變異數來替代)

STEP **8** 　不點選「標記(L)」(因兩組資料均不含字串標記)

STEP **9** 　α 維持 0.05

STEP **10** 設定輸出範圍，本例安排於目前工作表之 E7 位置

STEP **11** 按 ⎡ 確定 ⎤ 鈕結束，即可獲致檢定結果

	E	F	G
7	z 檢定：兩個母體平均數差異檢定		
8			
9		大小適中	2
10	平均數	3.6363636	4.0088496
11	已知的變異數	1.15	1.14
12	觀察值個數	77	113
13	假設的均數差	0	
14	z	-2.354699	
15	P(Z<=z) 單尾	0.0092689	
16	臨界值：單尾	1.6448536	
17	P(Z<=z) 雙尾	0.0185377	
18	臨界值：雙尾	1.959964	

由於本例之虛無假設及對立假設為：

$H_0: \mu_1 \geq \mu_2$

$H_1: \mu_1 < \mu_2$

$\alpha = 0.05$

此為一左尾單尾檢定，依此結果：z 值之絕對值 2.04439 ＞單尾臨界值 1.6449（F15 之 P 值為 0.02＜α=0.05），故應捨棄虛無假設，也就是說，女生對『大小適中』之著重程度顯著高過男生（3.991 對 3.636）。

馬上練習

依範例 Ch10.xlsx『性別 x 注重之手機屬性』工作表內容，檢定女性對『重量輕巧』屬性之注重程度，是否會高於男性？

	A	B	C	D	E	F	G	H
1	編號	重量輕巧	性別			重量輕巧之注重程度		
2	203	2	1			性別	性別	全體
3	204	2	1			1	2	
4	205	1	1		變異數	1.16	1.20	1.22
5	206	3	1		均數	3.61	4.00	3.84

由於本例之虛無假設及對立假設為：

$H_0 : \mu_1 \geqq \mu_2$

$H_1 : \mu_1 < \mu_2$

α=0.05

此為一左尾單尾檢定，依此結果：z 值之絕對值 2.43548 ＞單尾臨界值 1.64485（F15 之 P 值為 0.007＜α=0.05），故應捨棄虛無假設，也就是說女生對『重量輕巧』之著重程度顯著高過男生（4.0 對 3.61）。

	E	F	G	H
1	重量輕巧之注重程度			
7	z 檢定：兩個母體平均數差異檢定			
8				
9		男	女	
10	平均數	3.61039	4	
11	已知的變異數	1.16	1.2	
12	觀察值個數	77	114	
13	假設的均數差	0		
14	z	-2.435481		
15	P(Z<=z) 單尾	0.007436		
16	臨界值：單尾	1.644854		
17	P(Z<=z) 雙尾	0.014872		
18	臨界值：雙尾	1.959964		

10-7 於報告上量表檢定的寫法 — 兩組

通常，我們問卷上的評價量表，絕不會是少數的幾個評價項目而已。以「z 檢定：兩個母體平均數差異檢定」來進行檢定，得一個一個逐一進行檢定，其過程相當辛苦。這也是沒辦法的事，主要是 Excel 並不是專門的統計軟體，能做到這樣也算是不錯了。

當然，也可以將 DAVERAGE()、DVAR() 與 DCOUNT() 等函數，所求得之分組均數、變異數及樣本數，代入

$$Z = \frac{(\bar{X}_1 - \bar{X}_2) - \delta_0}{\sqrt{\dfrac{S_1^2}{n_1} + \dfrac{S_2^2}{n_2}}}$$

來計算 z 值，再利用

```
=1-NORM.S.DIST(ABS(F202),TRUE)
=1-NORM.S.DIST(z,是否累加)
```

來計算單/雙尾之機率 P 值：（詳範例 Ch10.xlsx『理想對象的個性』工作表）

	B	C	D	E	F	G	H	I	J	K	L
C231			fx	=1-NORM.S.DIST(ABS(C230),TRUE)							
1	性別	幽默	體貼	忠誠	勤勞	耐心	細心	開朗活潑	浪漫	務實	節儉
219	2	4	5	5	4	4	4	3	3	4	3
220	1	5	5	5	4	4	3	3	3	4	4
221											
222	均數	4.02	4.42	4.64	3.88	3.99	3.96	4.05	3.30	4.06	3.67
223	變異數	0.48	0.31	0.28	0.34	0.39	0.44	0.47	0.55	0.56	0.50
224	樣本數	96									
225											
226	均數	3.75	4.46	4.66	3.90	4.12	3.89	4.10	3.32	4.04	3.62
227	變異數	0.55	0.46	0.39	0.65	0.47	0.65	0.63	0.78	0.58	0.48
228	樣本數	123									
229											
230	Z	2.80	-0.56	-0.30	-0.29	-1.49	0.64	-0.45	-0.14	0.21	0.51
231	P值	0.00	0.29	0.38	0.39	0.07	0.26	0.32	0.45	0.42	0.30

C 欄處理分組均數、變異數、樣本數、Z 值與 P 值之公式分別為：

C222 均數	=DAVERAGE($A$1:$L$220,C$1,$A$222:$A$223)
C223 變異數	=DVAR($A$1:$L$220,C$1,$A$222:$A$223)
C224 樣本數	=DCOUNTA($A$1:$L$220,C$1,$A$222:$A$223)
C226 均數	=DAVERAGE($A$1:$L$220,C$1,$A$226:$A$227)
C227 變異數	=DVAR($A$1:$L$220,C$1,$A$226:$A$227)
C228 樣本數	=DCOUNTA($A$1:$L$220,C$1,$A$226:$A$227)
C230 z 值	=(C222-C226)/SQRT((C223/$C$224)+(C227/$C$228))
C231 P 值	=1-NORM.S.DIST(ABS(C230),TRUE)

其中，除樣本數外；其餘各項，均可以拖曳方式，向右側抄給 D～L 各欄。最後，再利用轉置剪貼之技巧，將 Z 值與 P 值轉貼到下表（詳下文說明）：

	N	O	P	Q	R	S	T	U
1		性別	性別	全體	排名	Z值	P值	備註
2		1	2					
3	幽默	4.02	3.75	3.87	8	2.80	0.00	**
4	體貼	4.42	4.46	4.44	2	-0.56	0.29	
5	忠誠	4.64	4.66	4.65	1	-0.30	0.38	
6	勤勞	3.88	3.90	3.89	7	-0.29	0.39	
7	耐心	3.99	4.12	4.06	4	-1.49	0.07	
8	細心	3.96	3.89	3.92	6	0.64	0.26	
9	開朗活潑	4.05	4.10	4.08	3	-0.45	0.32	
10	浪漫	3.30	3.32	3.31	10	-0.14	0.45	
11	務實	4.06	4.04	4.05	5	0.21	0.42	
12	節儉	3.67	3.62	3.64	9	0.51	0.30	
13	樣本數	96	123	219				

檢定結果顯著者，於其 P 值後加註"*"（表其＜α=0.05）；或加註"**"（表其＜α=0.01），並於報告中對其詳加解釋；檢定結果不顯著者，則僅解釋其重要程度之排序即可。如：

根據調查解果，受訪者較注重之理想對象的個性，依序為：『忠誠』、『體貼』、『開朗活潑』、『耐心』與『務實』。

經逐一以 Z 檢定，依性別分組對其注重程度進行檢定，發現僅對『幽默』個性之注重程度會隨性別不同，而有顯著差異（P<α=0.01），男性對理想對象的『幽默』注重程度明顯超過女性。看起來，有幽默感的女性，會較受男性歡迎。

▶▶ 相關處理技巧

上表，O3 求男性組均數之公式為

```
=DAVERAGE($A$1:$L$220,$N3,O$1:O$2)
```

將其抄給 P3:Q3，可求得女性組及全體均數，其公式變為

```
=DAVERAGE($A$1:$L$220,$N3,P$1:P$2)
=DAVERAGE($A$1:$L$220,$N3,Q$1:Q$2)
```

O3		f_x	=DAVERAGE($A$1:$L$220,$N3,O$1:O$2)			

▲	N	O	P	Q	R	S	T	U	V
1		性別	性別	全體	排名	Z值	P值	備註	
2		1	2						
3	幽默	4.02	3.75	3.87					

續將 O3:Q3 抄給 Q4:Q12，即可求得所有個性注重程度之各組均數：

O3		f_x	=DAVERAGE($A$1:$L$220,$N3,O$1:O$2)			

▲	N	O	P	Q	R	S	T	U	V
1		性別	性別	全體	排名	Z值	P值	備註	
10	浪漫	3.30	3.32	3.31					
11	務實	4.06	4.04	4.05					
12	節儉	3.67	3.62	3.64					
13	樣本數								

O13 求男性組樣本數之公式為

```
=DCOUNTA($A$1:$L$220,$B$1,O$1:O$2)
```

將其抄給 P13:Q13，可求得女性組及全體樣本數：

O13		f_x	=DCOUNTA($A$1:$L$220,$B$1,O$1:O$2)			

▲	N	O	P	Q	R	S	T	U	V
1		性別	性別	全體	排名	Z值	P值	備註	
11	務實	4.06	4.04	4.05					
12	節儉	3.67	3.62	3.64					
13	樣本數	96	123	219					

R3 求『幽默』屬性之排名的公式為

```
=RANK.EQ(Q3,$Q$3:$Q$12)
```

R3			✕ ✓	*fx*	=RANK.EQ(Q3,$Q$3:$Q$12)		
▲	N	O	P	Q	R	S	T	U
1		性別	性別	全體	排名	Z值	P值	備註
2		1	2					
3	幽默	4.02	3.75	3.87	8			

將其抄給 R4:R12，可求得全部個性之注重程度的排名：

R3			✕ ✓	*fx*	=RANK.EQ(Q3,$Q$3:$Q$12)		
▲	N	O	P	Q	R	S	T	U
1		性別	性別	全體	排名	Z值	P值	備註
10	浪漫	3.30	3.32	3.31	10			
11	務實	4.06	4.04	4.05	5			
12	節儉	3.67	3.62	3.64	9			
13	樣本數	96	123	219				

至於 S 欄之 Z 值與 T 欄之 P 值言，係由 C230:L231 轉置剪貼過來，其處理步驟為：

STEP **1** 選取 C230:L231

2R x 10C			✕ ✓	*fx*	=(C222-C226)/SQRT((C223/$C$224)+(C227/$C$228))		
▲	B	C	D	E	F	G	H	I	J	K	L
1	性別	幽默	體貼	忠誠	勤勞	耐心	細心	開朗活潑	浪漫	務實	節儉
229											
230	Z	2.80	-0.56	-0.30	-0.29	-1.49	0.64	-0.45	-0.14	0.21	0.51
231	P值	0.00	0.29	0.38	0.39	0.07	0.26	0.32	0.45	0.42	0.30

STEP **2** 按『常用/剪貼簿/複製』 🗎 鈕，記下所有 Z 及 P 值（目前含公式）

STEP **3** 移到其下任意空白，如：C233

STEP **4** 按『常用/剪貼簿/貼上』 📋 貼上 之下拉鈕，選按『貼上值/值(V)』 📋 123

鈕，將其等由公式轉為常數。這純是為了方便後續步驟之轉置。若無此過程，轉置後，將無法取得正確值！

C233		✓ fx	2.79709705283008								
	B	C	D	E	F	G	H	I	J	K	L
1	性別	幽默	體貼	忠誠	勤勞	耐心	細心	開朗活潑	浪漫	務實	節儉
229											
230	Z	2.80	-0.56	-0.30	-0.29	-1.49	0.64		-0.45	-0.14	0.21	0.51
231	P值	0.00	0.29	0.38	0.39	0.07	0.26		0.32	0.45	0.42	0.30
232											
233		2.80	-0.56	-0.30	-0.29	-1.49	0.64		-0.45	-0.14	0.21	0.51
234		0.00	0.29	0.38	0.39	0.07	0.26		0.32	0.45	0.42	0.30

STEP 5 於轉為常數之 Z 與 P 值（C233:L234），尚呈選取之狀態，按『常用/剪貼簿/複製』鈕，記下所有 Z 與 P 值的常數

STEP 6 移到 S3『Z 值』標題下，選按『常用/剪貼簿/貼上』之下拉鈕，選按『貼上/轉置(T)』鈕，可將原以橫列方式排列之所有個性的 Z 與 P 值，轉置為以直欄方式排列，複製到 S3:T12

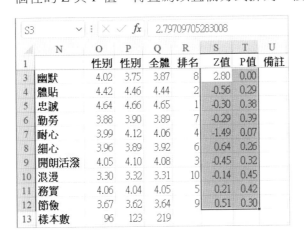

而 U 欄之"*"號，則是於 U3 以

```
=IF(T3<0.01,"**",IF(T3<0.05,"*",""))
```

於判斷 T3 之 P 值小於 0.01 時，顯示"**"號；或 T3 之 P 值小於 0.05 時，轉為顯示出"*"號。將其抄給 U4:U12 即大功告成：

U3			fx	=IF(T3<0.01,"**",IF(T3<0.05,"*",""))				
	N	O	P	Q	R	S	T	U
1		性別	性別	全體	排名	Z值	P值	備註
3	幽默	4.02	3.75	3.87	8	2.80	0.00	**
4	體貼	4.42	4.46	4.44	2	-0.56	0.29	
5	忠誠	4.64	4.66	4.65	1	-0.30	0.38	
6	勤勞	3.88	3.90	3.89	7	-0.29	0.39	
7	耐心	3.99	4.12	4.06	4	-1.49	0.07	
8	細心	3.96	3.89	3.92	6	0.64	0.26	
9	開朗活潑	4.05	4.10	4.08	3	-0.45	0.32	
10	浪漫	3.30	3.32	3.31	10	-0.14	0.45	
11	務實	4.06	4.04	4.05	5	0.21	0.42	
12	節儉	3.67	3.62	3.64	9	0.51	0.30	
13	樣本數	96	123	219				

10-8 t 檢定 T.TEST() 函數

T.TEST() 函數之語法為：

```
T.TEST(第一組資料,第二組資料,單尾或雙尾,類型)
T.TEST(array1,array2,tails,type)
```

是用來進行**兩組小樣本（n<30）**資料之均數檢定，或成對樣本的均數差檢定。除成對樣本外，兩組資料之樣本數允許不同。

單尾或雙尾是以 1 或 2 來標示，其**類型**則可分為下列三種：

1. 成對

2. 具有相同變異數的二個樣本

3. 具有不同變異數的二個樣本

注意

通常，於實務上，要事先以 F 檢定，判定兩群體之變異數是否相同。才可決定應使用何種類型之 t 檢定。（參見下章『F 檢定 F.TEST()』處之說明）

本函所回應之值為其右尾之機率（P），判斷檢定結果時很簡單，只須看此 P 值是否小於所指定顯著水準之 α 值（單尾）；或 α 值的一半（雙尾）。

在應用 t 檢定時，應符合下列假設，方可得到正確分析的結果：

- ◉ 每個取樣必須隨機(random)且獨立(independent)。
- ◉ 所取樣本的母群體必須為常態分配(normal distribution)。

由於，t 分配是取決於樣本大小(n)；當樣本數超過 30(n>30)，t-分配就頗接近常態分佈，故檢定時可改查常態分配表，或使用『**資料分析**』之「**z 檢定：兩個母體平均數差異檢定**」。

10-9 兩獨立小樣本均數檢定（變異數相同）

兩樣本平均數的 t 檢定，旨在比較變異數相同的兩個母群之間平均數的差異，或比較來自同一母群之兩個獨立樣本之均數的不同。

若兩母群體之變異數相同（$\sigma_1^2 = \sigma_2^2$），是採用匯總變異數 t 檢定 (pooled-variance t-test)。其相關公式為：

$$t = \frac{\overline{X_1} - \overline{X_2}}{\sqrt{\dfrac{S_p^2}{N_1} + \dfrac{S_p^2}{N_2}}}$$

$$S_p^2 = \frac{(N_1-1)S_1^2 + (N_2-1)S_2^2}{N_1 + N_2 - 2}$$

$$d.f. = N_1 + N_2 - 2$$

式中，S_p^2 即是匯總變異數

假定，班上男女生之成績的變異數相同。依範例 Ch10.xlsx『T.TEST1』工作表之抽樣資料，是否可證明在 α=0.05 之顯著水準下，男女生之成績無差異存在？

由於是變異數相同，t 檢定之類型為 2。且虛無假設與對立假設分別為：

$H_0: \mu_1 = \mu_2$

$H_1: \mu_1 \neq \mu_2$

故此類檢定為雙尾。所以，B15 處之公式為

```
=T.TEST(B2:B11,C2:C9,2,2)
```

	A	B	C	D	E	F	
1		男	女				
2		76	81				
3		74	82				
4		70	78				
5		80	85				
6		68	79				
7		90	81				
8		72	82				
9		75	85				
10		78					
11		72					
12							
13	平均	75.5	81.6				
14							
15	T-test	0.019	← =T.TEST(B2:B11,C2:C9,2,2)				

B15 ∨ ⋮ × ✓ fx =T.TEST(B2:B11,C2:C9,2,2)

由其 T.TEST() 函數所獲得之 P 值為 0.019<α/2=0.025，故將捨棄男女成績相等之虛無假設。也就是說，在 α=0.05 之顯著水準下，男女生之成績存有顯著差異（女性明顯高於男性）。

同樣之例子，若使用『**資料分析**』，其處理步驟為：（詳範例 Ch10.xlsx『T.TEST2』工作表）

STEP 1　按『**資料/分析/資料分析**』 ☐ 資料分析 鈕，於『**分析工具**』處選「**t 檢定：兩個母體平均數差異檢定，假設變異數相等**」

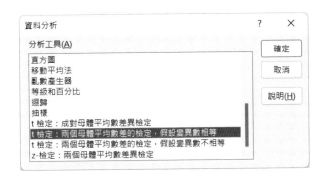

STEP **2**　續按 ▢ 確定 ▢ 鈕

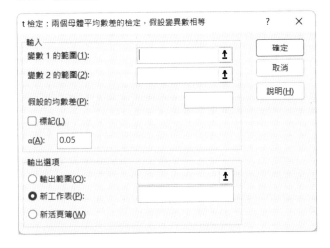

STEP **3**　於『變數 1 的範圍』與『變數 2 的範圍』設定兩組資料之範圍
　　　　　（B1:B11 與 C1:C9）

STEP **4**　於『假設的均數差』輸入 0，兩均數若相等其差為 0

STEP **5**　點選「**標記(L)**」（因兩組資料均含『男』、『女』之字串標記）

STEP **6**　α 維持 0.05

STEP **7**　　設定輸出範圍，本例安排於目前工作表之 E1 位置

STEP **8**　　按 ▢確定▢ 鈕結束，即可獲致檢定結果

	A	B	C	D	E	F	G	H	I
1		男	女		t 檢定：兩個母體平均數差的檢定，假設變異數相等				
2		76	81						
3		74	82			男	女		
4		70	78		平均數	75.5	81.625		
5		80	85		變異數	38.94444	6.267857		
6		68	79		觀察值個數	10	8		
7		90	81		Pooled 變異數	24.64844			
8		72	82		假設的均數差	0			
9		75	85		自由度	16			
10		78			t 統計	-2.600879			
11		72			P(T<=t) 單尾	0.009653			
12					臨界值：單尾	1.745884			
13	平均	75.5	81.6		P(T<=t) 雙尾	0.019306			
14					臨界值：雙尾	2.119905			
15	T-test	0.019							

由於本例僅在檢定其是否相等，故為一雙尾檢定。依此結果：自由度為 16，t 統計值之絕對值 2.6009>雙尾臨界值 2.1199（F13 處之 P 值 0.019<α/2=0.025，同於 B15），故得捨棄男女成績均數相等之虛無假設（兩者存有顯著差異）。

假定，兩年度之所得變異數相同。若 α=0.05，範例 Ch10.xlsx『T.TEST 變異數相同』工作表資料，是否表示 2021 年之每月所得明顯高過 2018 年：（此為單尾檢定）

	A	B	C	D	E	F	G
1	假定，兩年度每月所得變異數相同。						
2							
3	2021	2018		t 檢定：兩個母體平均數差的檢定，假設變異數相等			
4	38,200	57,700					
5	42,750	56,000			2021	2018	
6	31,100	53,500		平均數	34855	49620	
7	21,400	73,700		變異數	74385531.82	189386222.2	
8	42,700	42,000		觀察值個數	12	10	
9	51,060	57,400		Pooled 變異數	126135842.5		
10	40,300	41,100		假設的均數差	0		
11	35,000	54,800		自由度	20		
12	25,900	27,200		t 統計	-3.070389539		
13	32,100	32,800		P(T<=t) 單尾	0.00301825		
14	24,605			臨界值：單尾	1.724718243		
15	33,145			P(T<=t) 雙尾	0.006036499		
16				臨界值：雙尾	2.085963447		

（答案：應捨棄 2018 年度的每月所得大於等於 2021 年度之虛無假設，接受 2018 年之每月所得小於 2021 年）

10-10 兩獨立小樣本均數檢定（變異數不同）

若兩母群體之變異數不同（$\sigma_1^2 \neq \sigma_2^2$），則將用個別變異數的 t 統計量（Cochran & Cox 法）。其相關公式為：

$$t = \frac{\overline{X_1} - \overline{X_2}}{\sqrt{\dfrac{S_1^2}{N_1} + \dfrac{S_2^2}{N_2}}} \qquad d.f. = \frac{\left(\dfrac{S_1^2}{N_1} + \dfrac{S_2^2}{N_2}\right)}{\dfrac{\left(\dfrac{S_1^2}{N_1}\right)^2}{(N_1 - 1)} + \dfrac{\left(\dfrac{S_2^2}{N_2}\right)^2}{(N_2 - 1)}}$$

請注意，其自由度已不再是兩母群體之變異數相等時簡單的 $d.f. = N_1 + N_2 - 2$，依此處公式計算之自由度可能會含小數。

假定，甲乙兩班成績的變異數不相同。依範例 Ch10.xlsx『T.TEST3』工作表之抽樣資料，是否可證明在 $\alpha=0.05$ 之顯著水準下，甲班成績優於乙班？

由於是變異數不同，t 檢定之類型為 3。且虛無假設與對立假設分別為：

$H_0:\mu_1 \leqq \mu_2$

$H_1:\mu_1 > \mu_2$

故此類檢定為右側單尾檢定。所以，B15 處之公式為：

```
=T.TEST(B2:B8,C2:C11,1,3)
```

	A	B	C	D	E	F
B15		fx	=T.TEST(B2:B8,C2:C11,1,3)			
1		甲班	乙班			
2		81	72			
3		82	80			
4		92	68			
5		85	90			
6		88	72			
7		75	75			
8		82	78			
9			81			
10			78			
11			80			
12						
13	平均	83.57	77.40			
14	假定兩班之變異數不同					
15	T-Test	0.023	← =T.TEST(B2:B8,C2:C11,1,3)			

由其 T.TEST() 函數所獲得之 P 值為 $0.023 < \alpha=0.05$，故將捨棄甲班成績 $\leqq$ 乙班成績之虛無假設。也就是說，在 $\alpha=0.05$ 之顯著水準下，甲班平均成績優於乙班平均成績。

同樣之例子，若使用『**資料分析**』，其處理步驟為：（詳範例 Ch10.xlsx『T.TEST4』工作表）

STEP**1** 按『**資料/分析/資料分析**』 資料分析 鈕，於『分析工具』處選「t 檢定：兩個母體平均數差的檢定，假設變異數不相等」

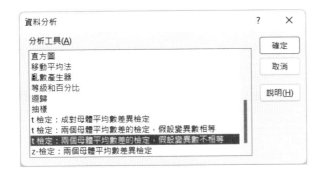

STEP **2** 按 ▢ 確定 ▢ 鈕

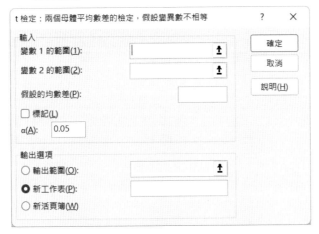

STEP **3** 於『變數 1 的範圍』與『變數 2 的範圍』設定兩組資料之範圍（B1:B8 與 C1:C11）

STEP **4** 於『假設的均數差』輸入 0，兩均數若相等其差為 0

STEP **5** 點選「標記(L)」（因兩組資料均含『甲班』、『乙班』之字串標記）

STEP **6** α 維持 0.05

STEP **7**　設定輸出範圍，本例安排於目前工作表之 E1 位置

```
t 檢定：兩個母體平均數差的檢定，假設變異數不相等          ?    ×

輸入
變數 1 的範圍(1):        $B$1:$B$8      ↥        確定
變數 2 的範圍(2):        $C$1:$C$11     ↥        取消
假設的均數差(P):              0                   說明(H)
☑ 標記(L)
α(A):    0.05

輸出選項
◉ 輸出範圍(O):           $E$1          ↥
○ 新工作表(P):
○ 新活頁簿(W)
```

STEP **8**　按 ［ 確定 ］ 鈕結束，即可獲致檢定結果

	A	B	C	D	E	F	G	H	I
1		甲班	乙班		t 檢定：兩個母體平均數差的檢定，假設變異數不相等				
2		81	72						
3		82	80			甲班	乙班		
4		92	68		平均數	83.57143	77.4		
5		85	90		變異數	29.61905	37.6		
6		88	72		觀察值個數	7	10		
7		75	75		假設的均數差	0			
8		82	78		自由度	14			
9			81		t 統計	2.183118			
10			78		P(T<=t) 單尾	0.023274			
11			80		臨界值：單尾	1.76131			
12					P(T<=t) 雙尾	0.046549			
13	平均	83.57	77.40		臨界值：雙尾	2.144787			
14	假定兩班之變異數不同								
15	T-Test	0.023							

由於本例是在檢定甲班平均是否大於乙班平均，故為一右側單尾檢定。依此結果：自由度為 14，t 統計值 2.183>單尾臨界值 1.761（F10處之 P 值 0.023<α=0.05，同於 B15），故得捨棄甲班平均成績≦乙班平均成績之虛無假設，接受甲班平均成績＞乙班平均成績之對立假設。

馬上練習

假定,兩地區之所得變異數不同。若 α=0.05,範例 Ch10.xlsx『T.TEST 變異數不同』工作表內容,是否表示甲地區之所得明顯高過乙地區:(此為單尾檢定)

	A	B	C	D	E	F	G	H
1	假定,兩地區之所得變異數不同。							
2				t 檢定:兩個母體平均數差的檢定,假設變異數不相等				
3	甲地	乙地						
4	48,760	35,700			甲地	乙地		
5	45,250	40,650		平均數	49882	37290		
6	60,200	28,600		變異數	148070168	87509900		
7	48,560	24,900		觀察值個數	10	9		
8	37,800	40,200		假設的均數差	0			
9	52,500	48,560		自由度	17			
10	73,400	27,800		t 統計	2.5423945			
11	59,600	52,500		P(T<=t) 單尾	0.01051819			
12	32,105	36,700		臨界值:單尾	1.73960672			
13	40,645			P(T<=t) 雙尾	0.02103637			
14				臨界值:雙尾	2.10981556			

(答案:甲地區之所得明顯高過乙地區)

10-11 成對樣本

　　前面兩類『兩獨立樣本均數檢定』,無論其變異數是否相等,其共通點為兩組受測樣本間為獨立,並無任何關聯。如:甲乙班、男女生、兩不同年度、都市與鄉村、……。

　　但若同組人,受訓後的打字速度是否高於受訓前。同一部車,左右使用不同廠牌輪胎,經過一段時間後,檢查其磨損程度,看甲廠牌之輪胎是否優於乙廠牌?……。諸如此類之例子,兩組受測樣本間為相依(同一個人、同一部車、……),就要使用配對樣本的 t 檢定。

其相關公式為：

$$t = \frac{\bar{d} - \mu_d}{s_d / \sqrt{n}} \qquad \begin{array}{l} d = x_1 - x_2 \\ d.f. = n-1 \end{array}$$

式中，d 即同一配對之兩資料相減之差。

假定，要比較兩廠牌輪胎之壽命。抽 7 部車，左右使用不同廠牌輪胎，每車各由同一個人駕駛（同一駕駛習慣），經過一段時間後，獲得下示輪胎磨損之配對資料（以千分之一吋為單位，詳範例 Ch10.xlsx『T.TEST5』工作表）。是否可證明，在 α=0.05 之顯著水準下，甲廠牌之輪胎磨損程度較乙廠牌大？

由於是配對樣本，t 檢定之類型為 1。且虛無假設與對立假設分別為：

$H_0 : \mu_d \leqq 0$

$H_1 : \mu_d > 0$

故此類檢定為右側單尾。所以，B12 處之公式為

```
=T.TEST(B2:B8,C2:C8,1,1)
```

B12			f_x	=T.TEST(B2:B8,C2:C8,1,1)	
	A	B	C	D	E	F
1		甲廠	乙廠	d=甲-乙		
2		143	125	18		
3		68	64	4		
4		100	94	6		
5		35	38	-3		
6		105	90	15		
7		123	125	-2		
8		98	76	22		
9						
10	平均	96.00	87.43	8.57		
11						
12	T-Test	0.03	← =T.TEST(B2:B8,C2:C8,1,1)			

由其 T.TEST() 函數所獲得之 P 值為 0.03<α=0.05，故將捨棄甲乙廠輪胎的耐磨程度相等之虛無假設。也就是說，在 α=0.05 之顯著水準下，甲廠輪胎磨損程度較乙廠大。

同樣之例子，若使用『**資料分析**』，其處理步驟為：（詳範例 Ch10.xlsx 『T.TEST6』工作表）

STEP **1**　　按『**資料/分析/資料分析**』 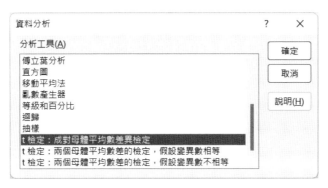 鈕，於『分析工具』處選「t 檢定：成對母體平均數差異檢定」

STEP **2**　　按　確定　鈕

STEP **3**　　於『變數 1 的範圍』與『變數 2 的範圍』設定兩組資料之範圍（B1:B8 與 C1:C8）

STEP **4**　　於『假設的均數差』輸入 0，配對均數若相等其差為 0

STEP **5**　　點選「**標記(L)**」（因兩組資料均含『甲廠』、『乙廠』之字串標記）

STEP **6**　　α 維持 0.05

STEP **7**　　設定輸出範圍，本例安排於目前工作表之 F1 位置

STEP **8**　　按 ┌──確定──┐ 鈕結束，即可獲致檢定結果

	A	B	C	D	E	F	G	H
1		甲廠	乙廠	d=甲-乙		t 檢定：成對母體平均數差異檢定		
2		143	125	18				
3		68	64	4			甲廠	乙廠
4		100	94	6		平均數	96	87.42857
5		35	38	-3		變異數	1257.333	999.2857
6		105	90	15		觀察值個數	7	7
7		123	125	-2		皮耳森相關係數	0.963207	
8		98	76	22		假設的均數差	0	
9						自由度	6	
10	平均	96.00	87.43	8.57		t 統計	2.299205	
11						P(T<=t) 單尾	0.030584	
12	T-Test	0.03				臨界值：單尾	1.94318	
13						P(T<=t) 雙尾	0.061167	
14						臨界值：雙尾	2.446912	

　　由於本例是在檢定甲廠牌輪胎磨損程度是否大於乙廠牌，故為一單尾檢定。依此結果：自由度為 6，t 統計值 2.299>單尾臨界值 1.943（G12 處之 P 值 0.03<α=0.05，同於 B12），故可知甲廠牌輪胎磨損程度大於乙廠牌。

 馬上練習

假定，要比較一套新打字教法之效果。隨機抽取 10 位未經任何訓練之學生，加以訓練。範例 Ch10.xlsx『配對 1』工作表，訓練前及訓練後之每分鐘的打字速度（字），於 α=0.05 之水準下，是否表示此套訓練可讓學生每分鐘平均多打 40 個字：（此為單尾檢定）

	A	B	C	D	E	F	G	H
1		訓練前	訓練後	d=後-前		t 檢定：成對母體平均數差異檢定		
2		12	53	41				
3		25	67	42			訓練前	訓練後
4		18	60	42		平均數	17.9	59.3
5		14	48	34		變異數	25.211111	128.45556
6		23	72	49		觀察值個數	10	10
7		20	80	60		皮耳森相關係數	0.7737651	
8		24	65	41		假設的均數差	0	
9		13	50	37		自由度	9	
10		12	47	35		t 統計	-16.16398	
11		18	51	33		P(T<=t) 單尾	2.943E-08	
12						臨界值：單尾	1.8331129	
13	平均	17.9	59.3	41.4		P(T<=t) 雙尾	5.885E-08	
14						臨界值：雙尾	2.2621572	

（請注意，數字較大之『訓練後』數列，應置於『變數 1』之範圍）

此例若要以 T.TEST() 進行檢定，應另將訓練後之值-40 置於另一新欄，再將其與訓練前之值進行配對檢定：（範例 Ch10.xlsx『配對 2』工作表）

	A	B	C	D
1		訓練前	訓練後	訓練後-40
2		12	53	13
3		25	67	27
4		18	60	20
5		14	48	8
6		23	72	32
7		20	80	40
8		24	65	25
9		13	50	10
10		12	47	7
11		18	51	11
12				
13	平均	17.9	59.3	19.3
14				
15	T-Test	0.30		

兩種方式，均顯示此套訓練並無法讓學生每分鐘多打 40 個字。

10

 馬上練習

假定，要比較一套新減肥法之效果。隨機抽取 12 位受測者進行測試一個月。範例 Ch10.xlsx『配對 3』工作表，減肥前及減肥後之體重（公斤），於 α=0.05 之水準下，是否表示此套新減肥法可讓受測者至少減 5 公斤：（此為單尾檢定）

	B	C	D	E	F	G
1	減肥前	減肥後		t 檢定：成對母體平均數差異檢定		
2	56	50				
3	51	46			減肥前	減肥後
4	62	56		平均數	58.417	49.417
5	64	48		變異數	86.447	24.811
6	60	47		觀察值個數	12	12
7	70	55		皮耳森相關係數	0.5867646	
8	53	48		假設的均數差	5	
9	71	45		自由度	11	
10	49	47		t 統計	1.837	
11	42	41		P(T<=t) 單尾	0.047	
12	70	58		臨界值：單尾	1.796	
13	53	52		P(T<=t) 雙尾	0.093	
14				臨界值：雙尾	2.201	

（答案：於 α=0.05 之水準下，此套新減肥法至少可讓受測者平均減 5 公斤）

單因子 變異數分析

11 Chapter

學習重點

- ☑ F 分配 F.DIST.RT()與 F.DIST()
- ☑ F 分配反函數 F.INV.RT()與 F.INV()
- ☑ F 檢定 F.TEST()

- ☑ 兩常態母體之變異數檢定
- ☑ ☑ 先檢定變異數再進行均數檢定
- ☑ 單因子變異數分析（ANOVA）
- ☑ 量表的檢定 — 多組
- ☑ 於報告上量表檢定的寫法 — 多組

11-1 F 分配 F.DIST.RT() 與 F.DIST()

▶ F.DIST.RT() 函數

F 分配右尾機率函數 F.DIST.RT() 之語法為：

```
F.DIST.RT(F,分子的自由度,分母的自由度)
F.DIST.RT(F,degrees_freedom1,degrees_freedom2)
```

F 為用來求算此函數的 F 值。由於 F 值是兩個均方相除：

$$F = \frac{MSA}{MSE} = \frac{處理的均方}{誤差的均方}$$

故其自由度有兩個，一為分子的自由度；另一個為分母的自由度。且因分子與分母均為正值（均方），故其分配僅在 0 之右側而已。

本函數在求：於某兩個自由度下之 F 分配中，求自右尾累計到 F 值的總面積（機率）。即傳回 F 分配之右尾累計機率值（下圖之陰影部份）：

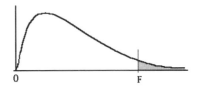

F 分配之圖形及機率值，將隨自由度不同而略有不同。範例 Ch11.xlsx 『F.DIST.RT』工作表，為自由度(2,10)與(3,15)之情況下，不同 F 值所求得之右尾累計機率：

	B3		f_x	=F.DIST.RT(A3,2,10)					
	A	B	C	D	E	F	G	H	I
1	自由度為2,10					自由度為3,15			
2	F值	右尾機率				F值	右尾機率		
3	4.10	0.050	← =F.DIST.RT(A4,2,10)			3.29	0.050	← =F.DIST.RT(F3,3,15)	
4	5.46	0.025	← =F.DIST.RT(A5,2,10)			4.15	0.025	← =F.DIST.RT(F4,3,15)	
5	7.56	0.010	← =F.DIST.RT(A6,2,10)			5.42	0.010	← =F.DIST.RT(F5,3,15)	

▶▶ F.DIST() 函數

另一個類似作用之 F 分配函數 F.DIST() 的語法為：

```
F.DIST(F,分子的自由度,分母的自由度,是否要累加)
F.DIST(F,degrees_freedom1,degrees_freedom2,cumulative)
```

cumulative 字面意思為累加，用以安排是否要累加？為 FALSE 時，其作用為求某特定自由度下（分子的自由度,分母的自由度）的 F 分配上，某特定 F 值的機率。cumulative 是否要累加為 TRUE 時，其作用為求自左尾開始，累加到 F 值處的總面積（由-∞積分到 F 後之結果），若要求算右尾之機率，則以 1 減去其累加值，即可獲得，其結果就完全相同於前述之 F.DIST.RT() 函數。

範例 Ch11.xlsx 『F.DIST』工作表，為自由度(2,10)與(3,15)之情況下，不同 F 值於設定於 cumulative 是否要累加為 TRUE 時，所求得之左側累計機率，如，B3 之公式內容為：

```
=F.DIST(A3,2,10,TRUE)
```

而其右一欄則為以 1 減去該值後之右尾累計機率，如：C3 之公式內容為：

```
=1-B3
```

可發現結果同於前例範例 Ch11.xlsx『F.DIST.RT』工作表之結果，本例將其安排於 A7:G11，以利比較：

B3		✓ fx	=F.DIST(A3,2,10,TRUE)					
	A	B	C	D	E	F	G	H	I
1	自由度為2,10					自由度為3,15			
2	F值	左側機率	右尾機率			F值	左側機率	右尾機率	
3	4.10	0.950	0.050	← =1-B3		3.29	0.950	0.050	← =1-G3
4	5.46	0.975	0.025			4.15	0.975	0.025	
5	7.56	0.990	0.010			5.42	0.990	0.010	
6									
7	自由度為2,10					自由度為3,15			
8	F值	右尾機率				F值	右尾機率		
9	4.10	0.050	← =F.DIST.RT(A4,2,10)			3.29	0.050	← =F.DIST.RT(F3,3,15)	
10	5.46	0.025	← =F.DIST.RT(A5,2,10)			4.15	0.025	← =F.DIST.RT(F4,3,15)	
11	7.56	0.010	← =F.DIST.RT(A6,2,10)			5.42	0.010	← =F.DIST.RT(F5,3,15)	

11-2 F 分配反函數 F.INV.RT() 與 F.INV()

▶▶ F.INV.RT() 函數

F 分配右尾機率反函數 F.INV.RT() 之語法為：

```
F.INV.RT(右尾機率,分子的自由度,分母的自由度)
F.INV.RT(probability,degrees_freedom1,degrees_freedom2)
```

此函數用以於已知自由度之 F 分配中，求右尾某累計機率所對應之 F 值。

由於 F 分配之圖形及機率值，將隨自由度不同而略有不同。範例 Ch11.xlsx『F.INV.RT』工作表，是以自由度為(2,10)之情況下，所求得之結果。如，F4 之公式內容為：

```
=F.INV.RT(E4,2,10)
```

F4		⋮	×	✓	f_x	=F.INV.RT(E4,2,10)	
	A	B	C	D	E	F	G	H
1	自由度為2,10				自由度為2,10			
2								
3	F值	右尾機率			右尾機率	F值		
4	4.10	0.050	← =F.DIST.RT(A4,2,10)		0.050	4.10	← =F.INV.RT(E4,2,10)	
5	5.46	0.025	← =F.DIST.RT(A5,2,10)		0.025	5.46	← =F.INV.RT(E5,2,10)	
6	7.56	0.010	← =F.DIST.RT(A6,2,10)		0.010	7.56	← =F.INV.RT(E6,2,10)	

有了此函數，即可省去查『附錄 A-5　F 分配的臨界值』F 分配表之麻煩。

馬上練習

查兩個自由度（d.f.）分別為 1~10 之情況下，單尾機率為 5%之 F 值：
（詳範例 Ch11.xlsx『F 分配的臨界值』工作表）

	A	B	C	D	E	F	G	H	I	J	K
1	**α =**	0.05									
2	d.f.	分子 1	2	3	4	5	6	7	8	9	10
3	1	161.45	199.50	215.71	224.58	230.16	233.99	236.77	238.88	240.54	241.88
4	2	18.51	19.00	19.16	19.25	19.30	19.33	19.35	19.37	19.38	19.40
5	3	10.13	9.55	9.28	9.12	9.01	8.94	8.89	8.85	8.81	8.79
6	4	7.71	6.94	6.59	6.39	6.26	6.16	6.09	6.04	6.00	5.96
7	5	6.61	5.79	5.41	5.19	5.05	4.95	4.88	4.82	4.77	4.74
8	6	5.99	5.14	4.76	4.53	4.39	4.28	4.21	4.15	4.10	4.06
9	7	5.59	4.74	4.35	4.12	3.97	3.87	3.79	3.73	3.68	3.64
10	8	5.32	4.46	4.07	3.84	3.69	3.58	3.50	3.44	3.39	3.35
11	9	5.12	4.26	3.86	3.63	3.48	3.37	3.29	3.23	3.18	3.14
12	10	4.96	4.10	3.71	3.48	3.33	3.22	3.14	3.07	3.02	2.98

▶▶ F.INV() 函數

F.INV() 之語法為：

```
F.INV(左側累加機率,分子的自由度,分母的自由度)
F.INV(probability,degrees_freedom1,degrees_freedom2)
```

其作用為於已知自由度之 F 分配中，求左側累積機率所對應之 F 值。以 1 減去右尾機率，即為左側之累積機率，以範例 Ch11.xlsx『F.INV』工作表為例，其自由度為(2,10)，E4 之公式內容為：

```
=1-B4
```

相當

```
=1-F.DIST.RT(A4,2,10)
```

可求得左側累加機率。而 F4 利用

```
=F.INV(E4,2,10)
```

即可求得該累積機率所對應之 F 值，其結果同於 A 欄之 F 值：

	A	B	C	D	E	F	G	H
B4			f_x	=F.DIST.RT(A4,2,10)				
1	自由度為2,10				自由度為2,10			
2								
3	F值	右尾機率			左側累加機率	F值		
4	4.10	0.050	← =F.DIST.RT(A4,2,10)		0.950	4.10	← =F.INV(E4,2,10)	
5	5.46	0.025	← =F.DIST.RT(A5,2,10)		0.975	5.46	← =F.INV(E5,2,10)	
6	7.56	0.010	← =F.DIST.RT(A6,2,10)		0.990	7.56	← =F.INV(E6,2,10)	
7					↑ =1-B6			

11-3 F 檢定 F.TEST()

　　變異數分析(Analysis-of-Variance 簡稱 ANOVA)，為統計學家費雪 (Fisher，R.A.)首創，最常被用來檢定兩常母體之變異數是否相等（即，變異數同質性的檢定）與檢定多組（大於兩組）母群平均數是否相等？（若為兩組則採用 t 檢定或 z 檢定）

　　要使用變異數分析的基本假設為：

- ◉ 各樣本之母群體為常態分配(normality)
- ◉ 各樣本之母群體為獨立(independence)
- ◉ 各組樣本之母群體變異數相同(homogeneity-of-variance)

11-4 兩常態母體之變異數檢定

F.TEST() 函數之語法為：

```
F.TEST(範圍1,範圍2)
F.TEST(array1,array2)
```

可傳回兩組資料（樣本數允許不同），變異數是否存有顯著差異的 F 檢定之右尾機率值（P 值）。判斷檢定結果時很簡單，只須看此 P 值之二分之一是否小於所指定顯著水準之 α 值。（按理，係雙尾檢定，但通常會將數字大者當分子，故只須看右尾之臨界值即可）

本函數，可用來測試兩組樣本的變異數是否相同？即變異數同質性的檢定，其虛無假設與對立假設分別為：

$H_0: \sigma_1^2 = \sigma_2^2$（兩變異數相等）

$H_1: \sigma_1^2 \neq \sigma_2^2$（兩變異數不等）

假定，要檢定甲/乙兩縣所得之母體變異數是否相同（α=0.05）？隨機抽得範例 Ch11.xlsx『F-TEST1』工作表之資料，以

```
=F.TEST(B2:B10,C2:C11)/2
```

求得其右尾機率（P 值）並將其除以 2，其值為 0.03<α=0.05，故應捨棄兩變異數相等之虛無假設：

B15	f_x =F.TEST(B2:B10,C2:C11)/2			
	A	B	C	D	E
1		**甲縣**	**乙縣**		
2		75,600	37,700		
3		69,500	42,200		
4		75,100	42,800		
5		90,500	55,900		
6		40,250	59,400		
7		38,600	30,100		
8		85,680	43,500		
9		92,000	31,500		
10		104,520	63,000		
11			36,700		
12					
13	**變異數**	509,588,961	131,817,333		
14					
15	FTEST	0.030	← =F.TEST(B2:B10,C2:C11)/2		

同樣之例子，若使用『**資料分析**』增益集（安裝方法參見第一章）。
其處理步驟為：（詳範例 Ch11.xlsx『F-TEST2』工作表）

STEP**1** 按『**資料/分析/資料分析**』 ⊞ 資料分析 鈕，於『分析工具』處選「F-
檢定：兩個常態母體變異數的檢定」

STEP**2** 續按 確定 鈕

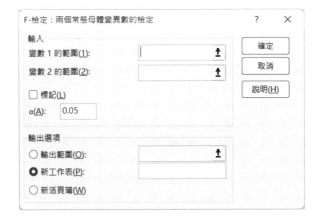

STEP**3** 於『變數 1 的範圍』與『變數 2 的範圍』處，設定兩組資料之範圍
（B1:B10 與 C1:C11）

STEP**4** 點選「**標記(L)**」（因兩組資料均含『甲縣』、『乙縣』之字串標
記）

STEP**5** α 維持 0.05

STEP **6** 設定輸出範圍，本例安排於目前工作表之 E1 位置

```
F-檢定：兩個常態母體變異數的檢定              ?    ×

輸入
變數 1 的範圍(1):        $B$1:$B$10    ↑        確定

變數 2 的範圍(2):        $C$1:$C$11    ↑        取消

☑ 標記(L)                                       說明(H)

α(A):    0.05

輸出選項
⦿ 輸出範圍(O):          $E$1         ↑
○ 新工作表(P):
○ 新活頁簿(W)
```

STEP **7** 按 ┌─ 確定 ─┐ 鈕結束，即可獲致檢定結果（為便於閱讀，稍加設定
其數值顯示格式）

	A	B	C	D	E	F	G
1		**甲縣**	**乙縣**		F 檢定：兩個常態母體變異數的檢定		
2		75,600	37,700				
3		69,500	42,200			甲縣	乙縣
4		75,100	42,800		平均數	74,638.89	44,280.00
5		90,500	55,900		變異數	509,588,961.11	131,817,333.33
6		40,250	59,400		觀察值個數	9	10
7		38,600	30,100		自由度	8	9
8		85,680	43,500		F	3.866	
9		92,000	31,500		P(F<=f) 單尾	0.03	
10		104,520	63,000		臨界值：單尾	3.23	
11			36,700				
12							
13	**變異數**	509,588,961	131,817,333				
14							
15	F.TEST	0.030		F.INV.RT	3.866		

依此結果：自由度為(8,9)，F 值 3.866>臨界值 3.23（F9 處之 P 值
0.030<α=0.05，同於 B15 之值；E15 處以 F.INV.RT() 所算得之 F 值
為 3.866，同於 F8 之值），故可知甲乙兩縣之變異數存有顯著差異。
（應捨棄兩變異數相等之虛無假設）

F.TEST() 函數實際上是以

$$F = \frac{S_1^2}{S_2^2}$$

計算求得 F 值，再代入 F.DIST.RT() 以$(n_1\text{-}1, n_2\text{-}1)$為自由度，求得其右尾機率。如以前面例子 n_1=9、n_2=10、S_1^2=509,588,961、S_2^2=131,817,333，F 值為 3.866：

$$F = \frac{S_1^2}{S_2^2} = \frac{509,588,961}{131,817,333} = 3.866$$

此值恰等於範例 Ch11.xlsx『F-TEST3』工作表中，B16 以 F.INV.RT() 函數所計算之結果。將其代入 F.DIST.RT() 以(8,9)為自由度，於 B19 求得其右尾機率為 0.030，恰等於 B15 以 F.TEST() 函數所計算之結果（該值係將雙尾機率除以 2）：

	B19	✓ : × ✓ fx	=F.DIST.RT(B17,B18,C18)			
	A	B	C	D	E	F	G
1		甲縣	乙縣		F 檢定：兩個常態母體變異數的檢定	
2		75,600	37,700				
3		69,500	42,200			甲縣	乙縣
4		75,100	42,800		平均數	74,639	44,280
5		90,500	55,900		變異數	509,588,961	131,817,333
6		40,250	59,400		觀察值個數	9	10
7		38,600	30,100		自由度	8	9
8		85,680	43,500		F	3.866	
9		92,000	31,500		P(F<=f) 單尾	0.030	
10		104,520	63,000		臨界值：單尾	3.230	
11			36,700				
12							
13	變異數	509,588,961	131,817,333				
14							
15	F.TEST	0.030	← =F.TEST(B2:B10,C2:C11)/2				
16	F.INV	3.866	← =F.INV.RT(B15,8,9)				
17	F=	3.866	← =B13/C13				
18	d. f.	8	9				
19	P值	0.030	← =F.DIST.RT(B17,B18,C18)				

11-5 先檢定變異數再進行均數檢定

當以 t 檢定，進行兩獨立樣本（小樣本）均數檢定時，將視其變異數相同或不同，而使用不同之計算方法。實務上，很多知名的統計套裝軟體（如：SPSS 或 SAS），就先以 F 檢定，判斷其變異數是否相同？然後再進行適當之 t 檢定。

如，要對範例 Ch11.xlsx『F&T』工作表之資料，進行兩縣抽樣所得之均數檢定：

B13		f_x	=VAR.S(B2:B11)
	A	B	C
1		甲縣	乙縣
2		75,600	37,700
3		69,500	42,200
4		75,100	42,800
5		90,500	55,900
6		40,250	59,400
7		38,600	30,100
8		85,680	43,500
9		92,000	31,500
10		104,520	63,000
11			36,700
12			
13	變異數	509,588,961	131,817,333
14	均數	74,639	44,280

以前，我們是假設變異數相等（或不等）後，才來進行 t 檢定。但這種假設合理否？誰都不知道！所以，就先以 F 檢定，判斷其變異數是否相同：

	A	B	C	D	E	F	G
1		甲縣	乙縣		F 檢定：兩個常態母體變異數的檢定		
2		75,600	37,700				
3		69,500	42,200			甲縣	乙縣
4		75,100	42,800		平均數	74,639	44,280
5		90,500	55,900		變異數	509,588,961	131,817,333
6		40,250	59,400		觀察值個數	9	10
7		38,600	30,100		自由度	8	9
8		85,680	43,500		F	3.866	
9		92,000	31,500		P(F<=f) 單尾	0.030	
10		104,520	63,000		臨界值：單尾	3.230	
11			36,700				
12							
13	變異數	509,588,961	131,817,333				
14	均數	74,639	44,280				

由其 F10 處之 P 值為 $0.03<\alpha=0.05$，故應捨棄兩變異數相等之虛無假設。

由於，F 檢定之結果顯示甲乙兩縣之所得變異數不等。故可使用『t 檢定：兩個母體平均數差異檢定，假設變異數不相等』之方法進行檢定。

假定，要判斷在 α=0.05 之顯著水準下，甲縣之平均所得是否高過乙縣？由於是變異數不相同，t 檢定之類型為 3。且虛無假設與對立假設分別為：

$$H_0:\mu_1 \leqq \mu_2$$

$$H_1:\mu_1 > \mu_2$$

故此類檢定為單尾檢定。所以，B16 以

```
=T.TEST(B2:B10,C2:C11,1,3)
```

或以『資料分析 / t 檢定：兩個母體平均數差異檢定，假設變異數不相等』增益集：

均可進行檢定：（為便於閱讀，稍加設定其數值顯示格式）

B16		✓ fx	=T.TEST(B2:B10,C2:C11,1,3)			
	A	B	C	D	E	F	G
16	T.TEST	0.002		t 檢定：兩個母體平均數差的檢定，假設變異數不相等		
17						
18					甲縣	乙縣
19				平均數	74,639	44,280
20				變異數	509,588,961	131,817,333
21				觀察值個數	9	10
22				假設的均數差	0	
23				自由度	12	
24				t 統計	3.634	
25				P(T<=t) 單尾	0.002	
26				臨界值：單尾	1.782	
27				P(T<=t) 雙尾	0.003	
28				臨界值：雙尾	2.179	

　　無論由 B16 或 E25 之單尾 P 值來看，均顯示其值 0.002<α=0.05，故應捨棄甲縣所得均數小於等於乙縣的虛無假設，接受甲縣之所得均數高過乙縣之對立假設。

馬上練習

以範例 Ch11.xlsx『F&T 馬上練習』工作表，利用 F 檢定，判斷北區與南區給予剛畢業之餐飲科廚師的薪資變異數是否相等（α=0.05）？續以適當之 t 檢定，判斷北區給剛畢業之餐飲科廚師的平均薪資是否高過南區（α=0.05）？

	A	B	C
1	剛畢業之餐飲科廚師的薪資		
2		北區	南區
3		26,500	28,000
4		30,000	24,000
5		28,000	23,000
6		34,000	20,500
7		27,000	27,000
8		30,000	28,600
9		25,800	20,500
10		25,500	18,000
11		28,500	24,000
12			
13	變異數	7172500	13377500

解：

由其 F10 處之 P 值為 0.29>α=0.05，故無法捨棄兩變異數相等之虛無假設，故得使用兩個母體變異數相等之均數檢定：

	E	F	G
1	F 檢定：兩個常態母體變異數的檢定		
2			
3		北區	南區
4	平均數	28366.667	23733.333
5	變異數	7172500	13377500
6	觀察值個數	9	9
7	自由度	8	8
8	F	0.5361615	
9	P(F<=f) 單尾	0.1982445	
10	臨界值：單尾	0.2908582	

由 F23 之單尾 P 值 0.0037<α=0.05，故得捨棄北區剛畢業餐飲科廚師薪資均數小於等於南區薪資均數之虛無假設；接受北區給剛畢業餐飲科廚師的平均薪資高過南區之對立假設。

	E	F	G	H	I
13	t 檢定：兩個母體平均數差的檢定，假設變異數相等				
14					
15		北區	南區		
16	平均數	28366.667	23733.333		
17	變異數	7172500	13377500		
18	觀察值個數	9	9		
19	Pooled 變異數	10275000			
20	假設的均數差	0			
21	自由度	16			
22	t 統計	3.0662594			
23	P(T<=t) 單尾	0.0036917			
24	臨界值：單尾	1.7458837			
25	P(T<=t) 雙尾	0.0073834			
26	臨界值：雙尾	2.1199053			

11-6 單因子變異數分析（ANOVA）

變異數分析的另一種用途，是用來檢定多組（>2）母群平均數是否相等？亦即，Z 與 t 檢定是用於兩組資料比較平均數差異時；而比較二組以上的平均數是否相等時，就須使用到變異數分析。其虛無假設與對立假設為：

$H_0:\mu_1 = \mu_2 = \ldots = \mu_k$（每組之均數相等）

H_1:至少有兩個平均數不相等

假定，範例 Ch11.xlsx『廣告 ANOVA』工作表，為某大飯店之餐廳於報紙上進行廣告，不同方式廣告當天所獲得之回應人數：

	A	B	C	D
1	不同廣告方式所獲得之回應人數			
2				
3	全版	半版	1/4版	小廣告
4	1250	1083	850	660
5	1324	1400	755	605
6	1600	1385	623	580
7	890	680	600	856
8	926	868	701	964
9	1051		782	
10			760	

試以 α=0.05 之顯著水準，檢定不同方式廣告之回應人數是否存有顯著差異？

本例，以使用『**資料分析**』進行處理最為便捷。其步驟為：

STEP 1 按『**資料/分析/資料分析**』 ⊞ 資料分析 鈕，於『分析工具』處選「**單因子變異數分析**」

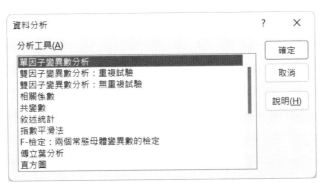

11

STEP **2** 續按 確定 鈕

STEP **3** 於『輸入範圍』處,設定四組資料之範圍,選取可包括所有資料之最小範圍即可(本例為 A3:D10,別管其內可能仍含有空白儲存格)

STEP **4** 將『分組方式』安排為「**逐欄(C)**」

STEP **5** 點選「**類別軸標記在第一列上(L)**」(因各組資料均含標題之字串標記)

STEP **6** α 設定為 0.05

STEP **7** 設定輸出範圍,本例安排於目前工作表之 F1 位置

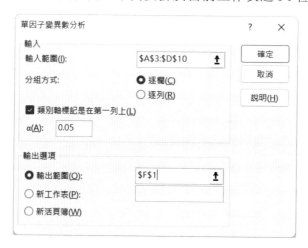

STEP **8** 　　按 [確定] 鈕結束，即可獲致單因子變異數分析之 ANOVA 表

	F	G	H	I	J
1	單因子變異數分析				
2					
3	摘要				
4	組	個數	總和	平均	變異數
5	全版	6	7041	1173.5	73407.9
6	半版	5	5416	1083.2	100081.7
7	1/4版	7	5071	724.42857	7933.619
8	小廣告	5	3665	733	28403

	F	G	H	I	J	K	L
11	ANOVA						
12	變源	SS	自由度	MS	F	P-值	臨界值
13	組間	961279.64	3	320426.55	6.5563595	0.0031485	3.12735
14	組內	928580.01	19	48872.632			
15							
16	總和	1889859.7	22				

依此結果：自由度為(3,19)，F 值 6.556>臨界值 3.127（K13 處之 P 值 0.003<α=0.05），故可知不同方式廣告之回應人數存有顯著差異。全版與半版廣告之平均回應人數（1173.5 與 1083.2）高於 1/4 版與小廣告（724.4 與 733.0）。

馬上練習

依範例 Ch11.xlsx『信用卡刷卡金額』工作表

	A	B	C
1	刷卡金額 X 零用金來源		
2	家中給予	打工賺取	兩者皆有
3	30000	2000	3000
4	3000	2000	2000
5	2000	3000	1000
6	3000	2500	4000
7	2000	500	600
8	600		3000
9	1000		30000

試以 α=0.05 之顯著水準，檢定大學生每月刷卡金額是否隨零用金來源不同而存有顯著差異？

（續下頁）

（承上頁）

	F	G	H	I	J
3	單因子變異數分析				
4					
5	摘要				
6	組	個數	總和	平均	變異數
7	家中給予	19	86600	4557.9	40341462.0
8	打工賺取	5	10000	2000.0	875000.0
9	兩者皆有	11	59600	5418.2	68443636.4

	F	G	H	I	J	K	L
12	ANOVA						
13	變源	SS	自由度	MS	F	P-值	臨界值
14	組間	40539035	2	20269517.4	0.46	0.64	3.29
15	組內	1414082679	32	44190083.7			
16							
17	總和	1454621714	34				

答案：F=0.46，d.f.=2,32，P-值=0.64，大學生每月刷卡金額並不會因其零用金來源不同而存有顯著差異。

馬上練習

將範例 Ch11.xlsx『手機平均月費』工作表之內容

	A	B	C	D	E	F
1	編號	平均月費	居住狀況			
2	101	80	2		居住狀況：	
3	107	500	2		1.家裡 2.學校宿舍	
4	109	250	1		3.校外	
5	110	500	1			

將其整理成以居住狀況分組：

	G	H	I
1	手機月費 x 居住狀況		
2	家裡	學校宿舍	校外
3	250	80	400
4	500	500	1000
5	200	100	400

試以 α=0.05 之顯著水準，檢定大學生每月手機月費是否隨其居住狀況不同而存有顯著差異？

（續下頁）

（承上頁）

	K	L	M	N	O
2	單因子變異數分析				
3					
4	摘要				
5	組	個數	總和	平均	變異數
6	家裡	55	31480	572.36	150636.90
7	學校宿舍	35	11180	319.43	27652.61
8	校外	29	12980	447.59	92097.54

	K	L	M	N	O	P	Q
11	ANOVA						
12	變源	SS	自由度	MS	F	P-值	臨界值
13	組間	1383680.9	2	691840.47	6.887	0.001	3.074
14	組內	11653312	116	100459.59			
15							
16	總和	13036993	118				

答案：F=6.887，d.f.=2,116，P-值=0.001＜α=0.05，故大學生每月手機月費將隨其居住狀況不同而存有顯著差異，住家裡最高（572.36）、其次為住校外（447.59），最後為住學校宿舍（319.43）。這可能與住學校者較為節儉有關。

11-7 量表的檢定 — 多組

對於如：

請就下列的項目對您洗髮精消費決定的影響勾選重要程度

	極不重要	不重要	普通	重要	極重要
去頭皮屑	☐	☐	☐	☐	☐
保濕	☐	☐	☐	☐	☐
熱油護髮	☐	☐	☐	☐	☐
止癢	☐	☐	☐	☐	☐
香味	☐	☐	☐	☐	☐
防止分岔	☐	☐	☐	☐	☐
柔順	☐	☐	☐	☐	☐
整體效果	☐	☐	☐	☐	☐

等之評價量表，我們也經常得進行分組檢定。看對某一屬性之注重程度，是否會因組別不同而有顯著差異？

若僅分兩組，係以『**資料分析/Z 檢定：兩個母體平均數差異檢定**』來進行檢定。若組數為兩組以上，則以『**資料分析/單因子變異數分析**』來進行檢定。

以範例 Ch11.xlsx『保濕 X 品牌』工作表，其內僅安排一個『保濕』評價項目（極重要-5、……、極不重要-1）及使用品牌。品牌之原問卷內容為：

請問您最常使用的洗髮精品牌為何？(單選)

☐1.海倫仙度絲　　☐2.飛柔　　　☐3.Mod's Hair　　☐4.沙宣

☐5.麗仕　　　　　☐6.花王　　　☐7.多芬　　　　　☐8.絲逸歡

☐9.潘婷　　　　　☐10.其他＿＿＿＿＿＿＿

	A	B	C
1	編號	使用品牌	保濕
2	1	10	5
3	4	5	2
4	5	1	4

由於分組結果超過兩組，故得以『**資料分析/單因子變異數分析**』來進行檢定。先將其資料整理成：（海倫仙度絲、飛柔、Mod's Hair、麗仕、多芬以外各品牌，因筆數太低，併入『其他』組）

	E	F	G	H	I	J
1	海倫仙度絲	飛柔	Mod's Hair	麗仕	多芬	其他
2	4	4	5	2	4	5
3	4	4	4	3	5	5
4	3	3	5	3	4	4

然後，以『**資料分析/單因子變異數分析**』來進行檢定：

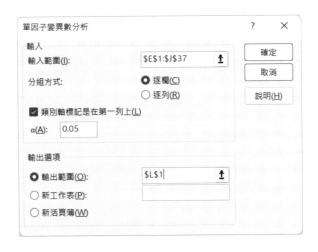

其檢定結果為：

	L	M	N	O	P
1	單因子變異數分析				
2					
3	摘要				
4	組	個數	總和	平均	變異數
5	海倫仙度絲	22	88	4	0.47619
6	飛柔	14	51	3.642857	0.862637
7	Mod's Hair	22	102	4.636364	0.337662
8	麗仕	10	34	3.4	0.933333
9	多芬	20	80	4	0.631579
10	其他	36	141	3.916667	1.221429

	L	M	N	O	P	Q	R
13	ANOVA						
14	變源	SS	自由度	MS	F	P-值	臨界值
15	組間	14.54481	5	2.908961	3.753285	0.003443	2.291158
16	組內	91.45519	118	0.775044			
17							
18	總和	106	123				

由於本例之虛無假設及對立假設為：

$H_0: \mu_1 = \mu_2 = \ldots = \mu_k$（每組之均數相等）

$H_1:$至少有兩個平均數不相等

$\alpha = 0.05$

依此結果：F=3.753，d.f.=5,118，P-值=0.003＜α=0.05，故大學生對洗髮精『保濕』的注重程度，將隨其使用品牌而存有顯著差異。海倫仙度絲、Mod's Hair 與多芬等品牌之使用者對『保濕』的注重程度較高（分別為 4.00、4.64 與 4.00）。

 馬上練習

依範例 Ch11.xlsx『柔順 X 品牌』工作表內容

	A	B	C
1	編號	使用品牌	柔順
2	1	10	4
3	4	5	4
4	5	1	3

將其資料整理成：

	E	F	G	H	I	J
1	海倫仙度絲	飛柔	Mod's Hair	麗仕	多芬	其他
2	3	5	5	4	2	4
3	5	4	3	5	3	5
4	4	3	5	4	4	5

然後，以『**資料分析/單因子變異數分析**』來進行檢定大學生對『柔順』項目的注重程度，是否隨其使用之洗髮精品牌而存有顯著差異？

本例之虛無假設及對立假設為：

$H_0:\mu_1 = \mu_2 = \ldots = \mu_k$（每組之均數相等）

H_1:至少有兩個平均數不相等

α=0.05

	L	M	N	O	P
1	單因子變異數分析				
2					
3	摘要				
4	組	個數	總和	平均	變異數
5	海倫仙度絲	22	97	4.41	0.44
6	飛柔	14	51	3.64	1.02
7	Mod's Hair	22	103	4.68	0.23
8	麗仕	10	38	3.80	0.84
9	多芬	20	87	4.35	0.87
10	其他	36	152	4.22	0.86

（續下頁）

（承上頁）

	L	M	N	O	P	Q	R
13	ANOVA						
14	變源	SS	自由度	MS	F	P-值	臨界值
15	組間	12.06452	5	2.412904	3.486	0.006	2.291
16	組內	81.67742	118	0.692182			
17							
18	總和	93.74194	123				

依此結果：F=3.486，d.f.=5,118，P-值=0.006＜α=0.05，故大學生對
『柔順』項目的注重程度，會隨其使用之洗髮精品牌而存有顯著差異。
海倫仙度絲、Mod's Hair 與多芬等品牌之使用者對『柔順』的注重程
度較高（分別為 4.41、4.68 與 4.35）。

11-8 於報告上量表檢定的寫法 — 多組

通常，我們問卷上的評價量表，絕不會是少數的幾個評價項目而已。
以『**資料分析/單因子變異數分析**』來進行檢定，也是得一個一個進行檢定，
其過程相當辛苦。這也是沒辦法的事，主要是 Excel 並不是專門的統計軟
體，能做到這樣也算是不錯了。

最後，將其彙總成下表：（詳範例 Ch11.xlsx『洗髮精-ANOVA』工作
表）

	L	M	N	O	P	Q	R	S	T	U	V	W
1	屬性	海倫仙度絲	飛柔	Mod's Hair	麗仕	多芬	其他	總和	排名	F檢定	顯著性	＜α
2	去頭皮屑	4.27	3.64	4.00	3.40	3.80	3.81	3.87		1.74	0.13	
3	保濕	4.00	3.64	4.64	3.40	4.00	3.92	4.00	3	3.75	0.00	**
4	護髮	3.45	3.29	3.77	3.10	3.25	3.33	3.40		0.87	0.50	
5	止癢	4.05	3.46	4.27	3.40	3.90	4.03	3.94	4	2.03	0.08	
6	香味	3.77	3.36	3.95	3.50	3.65	3.94	3.77		1.02	0.41	
7	防止分岔	4.09	3.57	4.14	3.10	3.95	3.89	3.88	5	2.46	0.04	*
8	柔順	4.41	3.64	4.68	3.80	4.35	4.22	4.26	1	3.49	0.01	**
9	整體效果	4.00	3.43	4.50	3.80	4.15	4.11	4.06	2	2.96	0.02	*
10	樣本數	22	14	22	10	20	36	124				

檢定結果顯著者，於其 P 值後加註"**"（表其＜α=0.01）或"*"（表其＜α=0.05），並於報告中對其詳將解釋；檢定結果不顯著者，則僅解釋其重要程度之排序即可。如：

根據調查解果，洗髮精購買考慮因素依其重要程度高低，依序為：柔順、整體效果、保濕、止癢與防止分岔。

經逐一以 F 檢定，以使用品牌分組，對其注重程度進行檢定，發現有『柔順』、『整體效果』、『保濕』與『防止分岔』等屬性之注重程度會隨使用品牌不同，而有顯著差異。這些項目，均是 Mod's Hair、海倫仙度絲與多芬等品牌使用者的注重程度較高。

相關

12

Chapter

☑ 簡單相關係數 CORREL()　　☑ 母相關係數之檢定（小樣本）

☑ 繪製資料散佈圖（XY 散佈圖）　☑ 母相關係數之檢定（大樣本）

☑ 使用『資料分析』求相關矩陣

學習重點

12-1 簡單相關係數 CORREL()

所謂相關是指變項間相互發生之關聯，若僅是分析兩組資料間之相關，我們稱**簡單相關**；若是分析多組資料間之相關，則稱之為**複相關**。

要瞭解簡單相關，通常有二種方式，一為繪製資料散佈圖（即 Excel 之 XY 圖），另為計算簡單相關係數（亦即表示相關程度大小及正負之量數）。

於 Excel，計算簡單相關係數，可直接使用 CORREL() 函數，其語法為：

```
CORREL(範圍1,範圍2)
CORREL(array1,array2)
```

本函數用以計算兩組數字範圍之簡單相關係數，兩組數字範圍之資料點必須相同。

簡單相關係數之計算公式為：

$$\rho_{x,y} = \frac{\dfrac{1}{n}\sum_{j=1}^{n}\left(x_j - \mu_x\right)\left(x_j - \mu_y\right)}{\sigma_x \cdot \sigma_y}$$

相關係數係一介於 -1 到 +1 之數字：

$$-1 \le \rho_{x,y} \le 1$$

其情況可有下列三種：

- ⊙　=0　無關
- ⊙　>0　正相關
- ⊙　<0　負相關

當相關係數之絕對值達小於 0.3 時，為低度相關；絕對值介於 0.3~0.7 時，即為中度相關；達 0.7~0.8 時，即為高度相關；若達 0.8 以上時，即為非常高度相關。

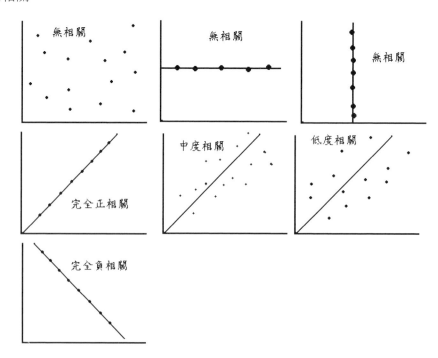

範例 Ch12.xlsx『廣告費與銷售量』工作表，為一年度每月份之廣告費與銷售量之數字；以

```
=CORREL(B2:B13,C2:C13)
```

可算出其相關係數為 0.923，表銷售量與廣告費間存有極高度之正相關，銷售量會隨廣告費遞增而明顯增加：

	A	B	C	D	E
	月份	廣告費(萬)	銷售量(萬)		
1					
2	1	250	2,600		
3	2	300	2,950		
4	3	200	1,850		
5	4	180	1,650		
6	5	150	1,500		
7	6	200	2,400		
8	7	240	2,800		
9	8	300	2,960		
10	9	190	2,400		
11	10	150	1,600		
12	11	120	1,500		
13	12	220	2,350		
14					
15		相關係數	0.923		

C15　＝CORREL(B2:B13,C2:C13)

12-2 繪製資料散佈圖（XY 散佈圖）

XY 散佈圖通常用以探討兩數值資料之相關情況，如：廣告費與銷售量之關係、年齡與所得之關係、所得與購買能力之關係、每月所得與信用分數之關係、……。

在 X 軸之資料稱為**自變數**；Y 軸之資料稱為**因變數**；利用 XY 圖即可判讀出：當 X 軸資料變動後，對 Y 軸資料之影響程度。如：隨廣告費逐漸遞增，銷售量將如何變化？

繪製 XY 散佈圖時，所有數列資料均必需為數值性資料（圖例及標記文字除外），若安排字串標記將被視為 0，其所繪之圖形即無任何意義。

假定，要依範例 Ch12.xlsx『廣告費與銷售量』工作表之資料，來繪製
廣告費與銷售量之 XY 散佈圖，其執行步驟為：

STEP **1**　　選取 B1:C13 之連續範圍

	A	B	C
1	月份	廣告費(萬)	銷售量(萬)
2	1	250	2,600
3	2	300	2,950
4	3	200	1,850
5	4	180	1,650
6	5	150	1,500
7	6	200	2,400
8	7	240	2,800
9	8	300	2,960
10	9	190	2,400
11	10	150	1,600
12	11	120	1,500
13	12	220	2,350

STEP **2**　　按『插入/圖表/插入 XY 散佈圖或泡泡圖』 鈕，選『散佈圖/
散佈圖』

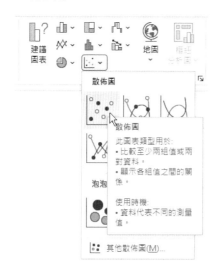

產生 XY 散佈圖，稍加移動其位置：

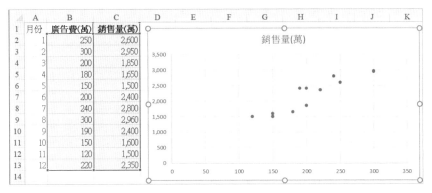

STEP **3**　按『圖表工具/設計/快速配置版面』鈕，選『版面配置 1』

圖表轉為：

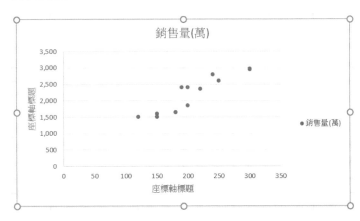

STEP **4** 點選圖例『 ●銷售量(萬) 』，按 Delete 將其刪除；分別點選圖表標題、X 與 Y 軸標題之文字方塊，輸入新內容『廣告費與銷售量之關係圖』、『廣告費』與『銷售量』

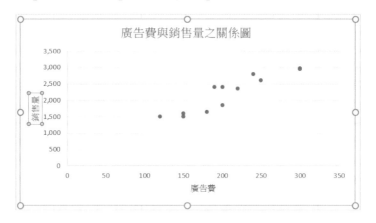

STEP **5** 選取『銷售量』軸標題，按『**常用/對齊方式/方向**』 ✏️ ˅ 鈕，選『**垂直文字(V)**』將其文字方向設定為垂直

STEP **6** 以右鍵單按 X 軸廣告費之數字，續選「**座標軸格式(F)...**」，轉入『座標軸格式』窗格之『座標軸選項』標籤，將「**最小值**」改為 100

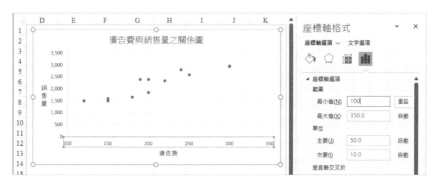

STEP **7** 不用關閉『座標軸格式』窗格，續點選 Y 軸銷售量之數字，轉入『座標軸格式』窗格之『座標軸選項』標籤，將「**最小值**」改為 1000

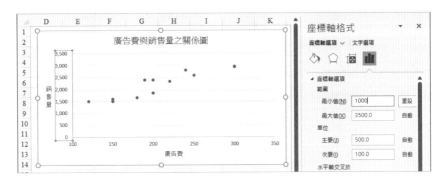

STEP **8** 按『座標軸格式』窗格右上角 ✖ 鈕結束，獲致新 XY 散佈圖，可輕易看出銷售量會隨廣告費遞增而明顯增加

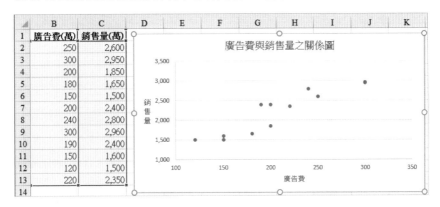

馬上練習

以範例 Ch12.xlsx『成績』工作表內容：

	A	B	C
1	姓名	國文	英文
2	胡松鋒	85	67
3	陳振惟	75	82
4	高于茱	91	88

計算其相關係數，並繪製國文及英文成績之 XY 圖，是否可看出國文成績較高者，其英文成績也同樣會較高？

（續下頁）

（承上頁）

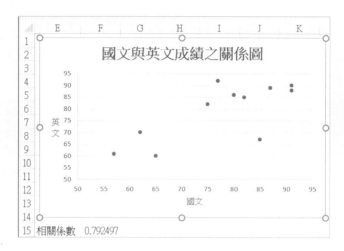

可看出國文成績較高者，其英文成績也同樣會較高。

馬上練習

以範例 Ch12.xlsx『學童』工作表內容：

	A	B	C
1	學童之仰臥起坐與伏地挺身個數		
2	仰臥起坐	伏地挺身	
3	9	12	
4	30	40	
5	26	32	

計算其相關係數，並繪製 XY 圖，查看學童之仰臥起坐與伏地挺身個數之相關情況：

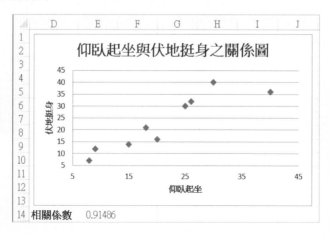

12-3 使用『資料分析』求相關矩陣

前例之 CORREL() 函數，僅能求算兩組資料間之相關係數。若使用『**資料分析**』（安裝方法參見第一章），還可計算出多組資料間之相關係數，組成一個相關係數表。

範例 Ch12.xlsx『**汽車**』工作表，收集到有關汽車鈑金、省油與價格之滿意度資料：

	A	B	C	D
1	滿意度(5-很滿意，1-很不滿意)			
2	**鈑金**	**省油**	**價格**	
3	4	3	2	
4	5	2	1	
5	4	3	3	

擬以『**資料分析**』進行計算其相關係數表。其步驟為：

STEP **1** 按『**資料/分析/資料分析**』 資料分析 鈕，於『分析工具』處選「**相關係數**」

STEP **2** 續按 確定 鈕

STEP **3**　於『輸入範圍』處，設定兩組資料之範圍（本例為 A2:C16）

STEP **4**　將『分組方式』安排為「**逐欄(C)**」

STEP **5**　點選「**類別軸標記在第一列上(L)**」（因各組資料均含標題之字串標記）

STEP **6**　設定輸出範圍，本例安排於目前工作表之 E1 位置

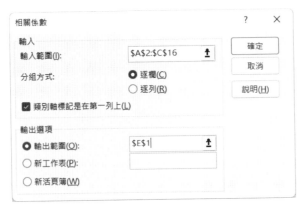

STEP **7**　按 ⬜確定 鈕，結束

即可獲致多組資料之相關係數表（因為對稱矩陣，故顯示一半即可）：

E	F	G	H
1	鈑金	省油	價格
2　鈑金	1		
3　省油	-0.938971	1	
4　價格	-0.91483	0.834895	1

　　依此結果，顯示『鈑金與省油』及『鈑金與價格』之滿意度間均呈高度負相關，對鈑金越滿意對其省油與價格將越不滿意。鈑金好的車身重量大，當然較不省油，且其售價一般也比較高。另外，『省油與價格』之滿意度間則呈高度正相關，因省油的車一般價位比較低之故。

馬上練習

以範例 Ch12.xlsx『相關矩陣』工作表之內容：

	A	B	C	D
1	總平均成績	出席率	選修學分數	每週打工時數
2	82	96%	14	4
3	75	80%	16	8
4	68	70%	10	10

求本班學生上學期之總平均成績、出席率、選修學分數與每週打工時數間之相關係數表：

	F	G	H	I	J
1		總平均成績	出席率	選修學分數	每週打工時數
2	總平均成績	1			
3	出席率	0.484824213	1		
4	選修學分數	0.560389925	0.604478669	1	
5	每週打工時數	-0.713569371	-0.213938918	-0.157601286	1

以範例 Ch12.xlsx『數位相機』工作表，求各屬性間之相關係數表：

	R	S	T	U	V	W	X
3	Q23		Q23_1	Q23_2	Q23_3	Q23_4	Q23_5
4	1)價格	Q23_1	1.00				
5	2)與電腦配合執行的軟體	Q23_2	0.32	1.00			
6	3)操控性(穩定度、速度等)	Q23_3	0.26	0.65	1.00		
7	4)售後服務及維修能力	Q23_4	0.27	0.40	0.32	1.00	
8	5)升級的成本	Q23_5	0.16	0.33	0.30	0.28	1.00

12-4 母相關係數之檢定（小樣本）

由於，相關係數會受樣本數大小影響。於求得前面之相關係數後，我們都會困惑，到底多大的相關係數，才可以說兩變數之間存有顯著相關？

▶ 以 r_α 檢定

若母體為常態分配，且母均數（μ_1、μ_2）與母變異數（σ_1^2、σ_2^2）均為已知，於樣本數 $n \leq 30$，母相關係數 ρ 之檢定是以自由度 $n-2$ 之 t 分配進行，其虛無假設與對立假設為：

H_0: $\rho=0$（無關）

H_1: $\rho\neq0$（相關）

於求得樣本之相關係數（r）後，若

$$|r| > r_\alpha$$

得捨棄虛無假設；若

$$|r| \leq r_\alpha$$

得接受虛無假設。式中

$$r_\alpha = \frac{t_\alpha}{\sqrt{t_\alpha^2 + (n-2)}}$$

所使用之 t 值，是使用自由度 n-2 之 t 分配求得（雙尾）。

以範例 Ch12.xlsx『檢定相關係數』工作表，於 $\alpha=0.05$、n=11、d.f.=9、所計算之 $r_\alpha=0.6021>r=0.4848$，故得接受母相關係數為 0 之虛無假設；也就是成績與出席率之間無關：

	A	B	C	D	E	F	G	H
E7			f_x	=E5/SQRT(E6+E3)				
1	成績	出席率		相關係數(r)	0.4848	← =CORREL(A2:A12,B2:B12)		
2	82	96%		n	11	← =COUNT(A2:A12)		
3	75	80%		d.f.	9	← =E2-2		
4	68	70%		α	0.05			
5	88	82%		$t_{\alpha(9)}$	2.262	← =T.INV.2T(E4,E3)		
6	84	90%		t_α^2	5.117	← =E5^2		
7	71	75%		r_α	0.6021	← =E5/SQRT(E6+E3)		
8	66	80%						
9	90	85%		$r_\alpha>0.4848$	得接受虛無假設			
10	83	90%			兩者無顯著相關			

E 欄各儲存格之相關公式分別為：

相關係數(r)	=CORREL(A2:A12,B2:B12)
n	=COUNT(A2:A12)
d.f.	=E2-2
α	0.05
$t_{\frac{\alpha}{2}(9)}$	=T.INV.2T(E4,E3)
t_α	=E5^2
r_α	=E5/SQRT(E6+E3)

馬上練習

以範例 Ch12.xlsx『檢定相關矩陣』工作表之內容：

	A	B	C	D	E	F	G	H	I	J
1	總平均成績	出席率	選修學分數	每週打工時數			總平均成績	出席率	選修學分數	每週打工時數
2	82	96%	14	4		總平均成績	1.0000			
3	75	80%	16	8		出席率	0.4848	1.0000		
4	68	70%	10	10		選修學分數	0.5604	0.6045	1.0000	
5	88	82%	12	0		每週打工時數	-0.7136	-0.2139	-0.1576	1.0000

以 α=0.05，依先前所計算出 r_α=0.6021 逐一配對檢定，利用

$$|r| > r_\alpha$$

檢定相關矩陣內之變數，是否相互存有顯著相關？

	F	G	H	I	J
14	r_α	0.6021	$|r| > r_\alpha$ 表有關		
15		總平均成績	出席率	選修學分數	每週打工時數
16	總平均成績				
17	出席率				
18	選修學分數	正相關			
19	每週打工時數	負相關			

只要相關係數之絕對值 > 0.6021 即表示兩者相關。可發現，選修學分與出席率存有顯著正相關，選修學分愈高者，通常較認真，其出席率也較高；每週工作時數與總平均成績間存有顯著負相關，打工時數愈多者，其成績會愈低。

▶ 以 t 檢定

另一種檢定方式為；

H_0: $\rho=0$（無關）
H_1: $\rho\neq0$（相關）

於求得樣本之相關係數（r）及樣本數後，以

$$t = \frac{r\sqrt{n-2}}{\sqrt{1-r^2}}$$

計算 t 值，然後查『附錄 A-4　t 分配的臨界值』自由度 n-2 之 $t_{\alpha/2(n-2)}$ 值。當

$$|t| > t_{\alpha/2(n-2)}$$

即捨棄虛無假設。

前面，範例 Ch12.xlsx『檢定相關係數』工作表之資料，其 t 值為

$$t = \frac{r\sqrt{n-2}}{\sqrt{1-r^2}} = \frac{0.4848\sqrt{9}}{\sqrt{1-0.4848^2}} = 1.66$$

即 E12 之

```
=(E1*SQRT(E3))/SQRT((1-E1^2))
```

於 α=0.05、d.f.=9、查『附錄 A-4　t 分配的臨界值』自由度 n-2 之 $t_{\alpha/2(n-2)}$ 值得到 2.262（也可直接以=T.INV.2T(雙尾機率,自由度)求得，即 E5 之 =T.INV.2T(E4,E3)）

由於

$$t = \frac{r\sqrt{n-2}}{\sqrt{1-r^2}} = 1.66 < t_{\alpha/2(n-2)} = 2.262$$

t 並未落入捨棄域，故也是得接受母相關係數為 0 之虛無假設，成績與出席率之間無關。

當然，也可以將 1.66 及自由度 9 代入 **T.DIST.2T(t 值,自由度)**函數，以 E13 之

```
=T.DIST.2T(E12,E3)
```

求得 P 值為 0.13＞α=0.05，同樣可判斷出無法捨棄虛無假設：

	A	B	C	D	E	F	G	H
1	成績	出席率		相關係數(r)	0.4848	← =CORREL(A2:A12,B2:B12)		
2	82	96%		n	11	← =COUNT(A2:A12)		
3	75	80%		d.f.	9	← =E2-2		
4	68	70%		α	0.05			
5	88	82%		$t_{\alpha(9)}$	2.262	← =T.INV.2T(E4,E3)		
6	84	90%		t_α^2	5.117	← =E5^2		
7	71	75%		r_α	0.6021	← =E5/SQRT(E6+E3)		
8	66	80%						
9	90	85%		r_α>0.4848	得接受虛無假設			
10	83	90%			兩者無顯著相關			
11	80	100%						
12	75	95%		t	1.66	← =(E1*SQRT(E3))/SQRT((1-E1^2))		
13				p值	0.13	← =T.DIST.2T(E12,E3)		
14			由1.66<2.262或P值為0.13> α =0.05，得接受虛無假設					

如果，以範例 Ch12.xlsx『成績與打工時數』工作表之資料，其 t 值為：

$$t = \frac{r\sqrt{n-2}}{\sqrt{1-r^2}} = \frac{-0.714\sqrt{9}}{\sqrt{1-(-0.714)^2}} = -3.06$$

即 E7 之：

```
=(E2*SQRT(E4))/SQRT((1-E2^2))
```

於 α=0.05、d.f.=9、查『附錄 A-4　t 分配的臨界值』自由度 n-2 之 $t_{\alpha/2(n-2)}$ 值得到 2.262（即 E6 之=T.INV.2T(E4,E3)）

由：

$$|t| = 3.16 > t_{\alpha/2(n-2)} = 2.262$$

或由 E8 以：

```
=T.DIST.2T(ABS(E7),E4)        因為 t 為負值故取其絕對值
```

計算之 P 值為 $0.01 < \alpha = 0.05$。均得判斷出應捨棄母相關係數為 0 之虛無假設，亦即成績與打工時數間存有顯著之負相關：

E8			f_x	=T.DIST.2T(ABS(E7),E4)				
	A	B	C	D	E	F	G	H
1	總平均成績	每週打工時數						
2	82	4		相關係數(r)	-0.714	← =CORREL(A2:A12,B2:B12)		
3	75	8		n	11	← =COUNT(A2:A12)		
4	68	10		d.f.	9	← =E3-2		
5	88	0		α	0.05			
6	84	6		$t_{\alpha(9)}$	2.262	← =T.INV.2T(E5,E4)		
7	71	0		t	-3.06	← =(E2*SQRT(E4))/SQRT((1-E2^2))		
8	66	15		p值	0.01	← =T.DIST.2T(ABS(E7),E4)		
9	90	0						
10	83	4		由I-3.06I>2.262或P值為0.01<α=0.05				
11	80	4		故得捨棄兩者無關之虛無假設				

12-5 母相關係數之檢定（大樣本）

若母體為常態分配，於樣本數 $n > 30$，母相關係數 ρ 之檢定是以標準常態分配進行，其虛無假設與對立假設為：

$H_0: \rho = 0$（無關）
$H_1: \rho \neq 0$（相關）

於求得樣本之相關係數（r）後，若

$$\sqrt{n-1}\,|r| > z_{\alpha/2}$$

得捨棄虛無假設；若

$$\sqrt{n-1}\,|r| < z_{\alpha/2}$$

則無法捨棄虛無假設。而此 $Z_{\alpha/2}$ 值，可直接以

```
=NORM.S.INV(1-A2/2)
```

求得。如 α=0.05，$Z_{\alpha/2}$ 值為 1.96：（詳範例 Ch12.xlsx『Z 值』工作表）

	A	B	C	D	E
B2		f_x	=NORM.S.INV(1-A2/2)		
1	α	$Z_{\alpha/2}$			
2	0.10	1.64	← =NORM.S.INV(1-A2/2)		
3	0.05	1.96	← =NORM.S.INV(1-A3/2)		
4	0.01	2.58	← =NORM.S.INV(1-A4/2)		

　　範例 Ch12.xlsx『軟體 x 操控性』工作表，為消費者對數位相機『與電腦配合執行的軟體』與『操控性(穩定度、速度等)』兩屬性之注重程度，於 α=0.05、$Z_{\alpha/2}$ 值為 1.96、n=98、r=0.651 代入

$$\sqrt{n-1}\,|r|$$

由所計算之

$$\sqrt{98-1}\,|0.651| = 6.41 > z_{\alpha/2} = 1.96$$

故得捨棄母相關係數為 0 之虛無假設；也就是數位相機之『與電腦配合執行的軟體』與『操控性(穩定度、速度等)』兩屬性之注重程度間存有顯著相關：

	A	B	C	D	E	F	G	H
E4			f_x	=SQRT(E3-1)*ABS(E2)				
1	與電腦配合執行的軟體	操控性(穩定度、速度等)						
2	4	4		相關係數(r)	0.651	← =CORREL(A2:A99,B2:B99)		
3	4	4		n	98	← =COUNT(A2:A99)		
4	4	4		$\sqrt{n-1}\,|r|$	6.41	← =SQRT(E3-1)*ABS(E2)		
5	5	5		α	0.05			
6	2	4		$Z_{\alpha/2}$	1.96	← =NORM.S.INV(1-E5/2)		
7	5	5		$\sqrt{n-1}|r|=6.41>z_{\alpha/2}=1.96$				
8	5	5						
9	5	5		應捨棄兩者無關之虛無假設				

E 欄各儲存格之相關公式分別為：

```
相關係數(r)      =CORREL(A2:A99,B2:B99)
n               =COUNT(A2:A99)
√n-1|r|         =SQRT(E3-1)*ABS(E2)
α               0.05
Zα/2            =NORM.S.INV(1-E5/2)
```

馬上練習

範例 Ch12.xlsx『清晰 X 速度』工作表之內容，為消費者對數位相機『畫素色彩是否清晰』與『內建記憶體容量及速度』兩屬性之注重程度：

	A	B
1	畫素色彩是否清晰	內建記憶體容量及速度
2	5	5
3	4	3
4	4	4

求兩者之相關係數，並檢定其是否存有相關：

H_0: $\rho=0$（無關）

H_1: $\rho\neq0$（相關）

$$\sqrt{n-1}\,|r| = 6.096 > z_{\alpha/2} = 1.96$$

應捨棄兩者無關之虛無假設

	D	E	F
2	相關係數(r)	0.619	
3	n	98	
4	$\sqrt{n-1}\|r\|$	6.096	
5	α	0.05	
6	$Z_{\alpha/2}$	1.96	
7			
8	$\sqrt{n-1}\|r\| = 6.096 > z_{\alpha/2} = 1.96$		
9			
10	應捨棄兩者無關之虛無假設		

迴歸 13
Chapter

學習重點

☑ 求算迴歸之方法
☑ 繪圖中加入趨勢線
☑ 使用『資料分析』進行迴歸

13-1 求算迴歸之方法

　　當兩變數間存有相關時,即可進行迴歸分析,通常可由一個自變數(預測變項,X),來預測一個因變數(被預測變項,Y)。於 Excel 中,要求算迴歸,可有下列幾種方法:

◎ 於繪圖結果中,按『**圖表工具/設計/新增圖表項目**』 新增圖表項目 鈕,選『**趨勢線/其他趨勢線選項(M)…**』,轉入『**趨勢線格式**』窗格『**趨勢線選項**』標籤,進行求算迴歸,此為最簡便之方式,且其可求算之迴歸種類也最多。

◎ 按『**資料/分析/資料分析**』 資料分析 鈕,利用其「**迴歸**」分析工具求迴歸,可獲致很多相關之統計數字。如:相關係數、判定係數、以 F 檢定因變數與自變數間是否有迴歸關係存在、以 t 檢定各迴歸係數是否不為 0、……。

13-2 繪圖中加入趨勢線

於繪圖中，利用加入趨勢線之機會，一併求算迴歸方程式是最簡便之方式。且其可求算之迴歸種類也最多，包括：直線（一次式）、多次式、指數、對數、……等。

▶ 直線迴歸

假定，範例 Ch13.xlsx『直線迴歸』工作表 A1:B11
範圍，收集了某一廠牌同一車型中古車之車齡及其售價
資料：

	A	B
1	車齡	價格(萬)
2	1	56.0
3	2	48.5
4	3	42.0

擬繪製其資料散佈圖，並求車齡對售價之迴歸方程式。
其處理步驟為：

STEP **1**　　選取 A1:B11 之範圍

STEP **2**　　按『插入/圖表/插入 XY 散佈圖或泡泡圖』
　　　　　　鈕，選『散佈圖/散佈圖』

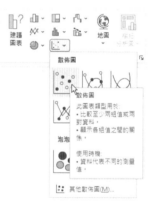

可獲致下示圖表

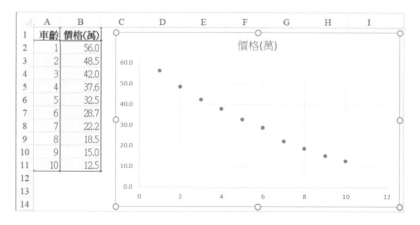

STEP **3** 按『**圖表工具/設計/快速配置版面**』 鈕,選『**版面配置 1**』

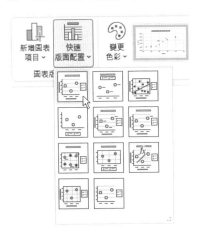

可為圖表加入 X/Y 軸之標題:

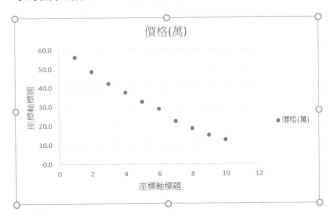

STEP **4** 於 X/Y 軸之標題上(目前均為『座標軸標題』),點按一下滑鼠,即可重新輸入新內容,分別將其改為:『**車齡**』與『**價格(萬)**』

STEP **5** 於上方之圖表標題上(目前為『價格(萬)』),點按一下滑鼠,續點一下文字,將其改為:『**中古車齡與價格之關係圖**』

STEP **6** 選取『價格(萬)』軸標題,按『**常用/對齊方式/方向**』 鈕,選『**垂直文字(V)**』,將其文字方向設定為垂直

STEP **7** 以滑鼠點按右側之『 ●價格(萬) 』圖例，續按 Delete ，將其刪除

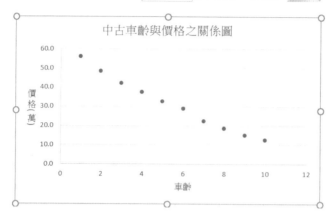

STEP **8** 點選圖內任一資料點

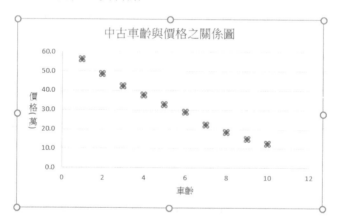

STEP **9** 按『**圖表工具/設計/新增圖表項目**』鈕，選『**趨勢線/其他趨勢線選項(M)…**』，轉入『**趨勢線格式**』窗格『**趨勢線選項**』標籤

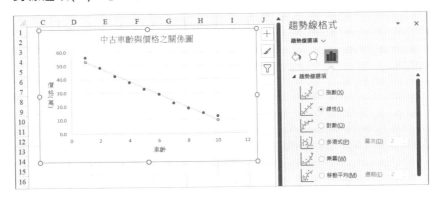

STEP **10** 由於散佈圖顯示各圖點之分佈接近直線，故於『**趨勢線選項**』處，選「**線性(L)**」；另於最底下，加選「**在圖表上顯示方程式(E)**」與「**圖表上顯示 R 平方值(R)**」，即可於圖表上獲致迴歸方程式及其判定係數（R 平方值）

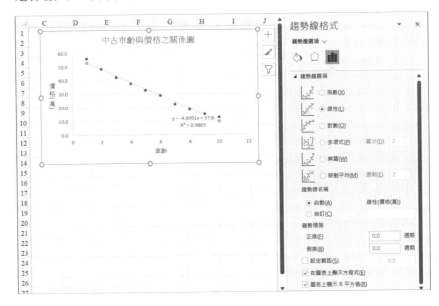

其迴歸方程式為

```
y = -4.8091x + 57.8
```

即

```
中古車車價 = -4.8091×車齡 + 57.8
```

其判定係數 0.9865，表整個迴歸模式之解釋力很強，即車齡的變異可解釋 98.65% 之售價差異。

取得迴歸方程式後，即可用以預測不同車齡之售價。假定，要求當車齡為 6.5 年時，其售價應為多少？僅須將 6.5 代入其迴歸方程式之 x：

```
y = -4.8091×(6.5) + 57.8
```

即

```
中古車車價 = -4.8091×6.5 + 57.8=26.54
```

可求得其中古車車價為 26.54 萬：

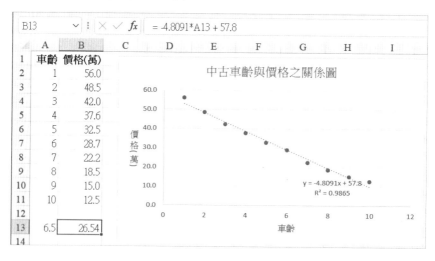

於 Excel，我們是以下示步驟，來複製公式並進行運算：

STEP **1**　　於 A13 輸入要求算之年數 6.5

STEP **2** 　選點圖上之迴歸方程式，會變成以方框包圍

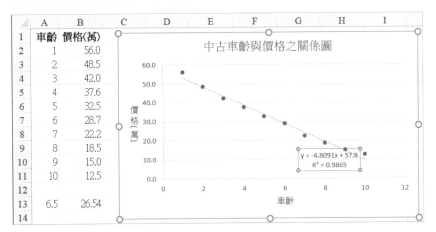

STEP **3** 　再選點迴歸方程式之內容，可進入編輯狀態，以拖曳方式，選取迴
歸方程式之內容

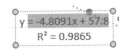

STEP **4** 　按『常用/剪貼簿/複製』 📋 鈕，記下迴歸方程式之內容

STEP **5** 　移回 B13，按其資料編輯區轉入編輯狀態

	A	B	C	D
11	10	12.5		0.0
12				0
13	6.5			

STEP **6** 　按『常用/剪貼簿/貼上』 📋 鈕，將記下之迴歸方程式內容貼進來

	A	B	C	D	E
11	10	12.5		0.0	
12				0	2
13	6.5	+ 57.8			

STEP **7** 將其 x 改為*A13，使其變成

= -4.8091*A13 + 57.8

| B13 | | f_x | = -4.8091*A13 + 57.8 |

	A	B	C	D	E
11	10	12.5	0.0		
12				0	2
13	6.5	A13 +			

STEP **8** 按 ✓ 鈕，即可計算出：當車齡為 6.5 年時，其售價應 26.54 萬元

| B13 | | f_x | = -4.8091*A13 + 57.8 |

	A	B	C	D	E
11	10	12.5	0.0		
12				0	2
13	6.5	26.54			

馬上練習

依範例 Ch13.xlsx『廣告費與銷售量』工作表資料，繪製其資料散佈圖並求廣告費對銷售量之迴歸方程式。同時，求算當廣告費為 400 萬時，其預測之銷售量為多少？

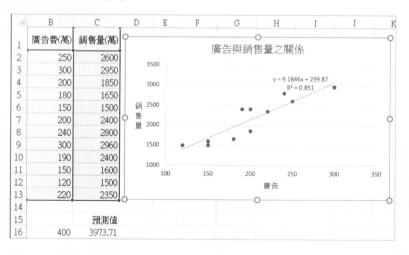

▶▶ 殘差與判定係數

有了迴歸方程式後，即可依此方程式

$$\widehat{Y} = a + bX$$

計算 Y 的預測值：（詳範例 Ch13.xlsx『殘差與判定係數』工作表）

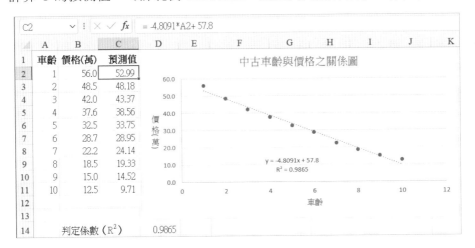

預測值與實際值之差距，即稱之為殘差：

	A	B	C	D
			fx	=C2-B2
1	車齡	價格(萬)	預測值	殘差
2	1	56.0	52.99	-3.01
3	2	48.5	48.18	-0.32

　　若是判定係數不是很高，研究者於此應判斷是否有殘差很大之特異樣本？若有，可將其排除後再重算一次迴歸，可求得更適當之迴歸方程式。但問題是殘差應小於多少才好？並無一定標準，仍全憑研究者自行判斷！本例之判定係數（R^2）為 0.9865，相當不錯，所以就不必再進行此一處理過程。

　　判定係數之公式為：

$$R^2 = \frac{\displaystyle\sum_{i=1}^{n}\left(\widehat{Y} - \overline{Y}\right)^2}{\displaystyle\sum_{i=1}^{n}\left(Y - \overline{Y}\right)^2} = \frac{\text{迴歸平方和}}{\text{總平方和}}$$

迴歸平方和佔總平方和之百分比，即是這條迴歸線可幫助資料解釋的部份。由於

總平方和 ＝ 迴歸平方和 ＋ 殘差平方和

所以，判定係數就變成

$$R^2 = 1 - \frac{殘差平方和}{總平方和} = 1 - \frac{\sum_{i=1}^{n} \left(\hat{Y} - Y_i\right)^2}{\sum_{i=1}^{n} \left(Y - \bar{Y}\right)^2}$$

範例 Ch13.xlsx『殘差與判定係數』工作表之 E12 的殘差平方和（26.06），就是迴歸線無法解釋的部份，將其除以 F12 之總平方和（1934.07），就是這條迴歸線無法解釋部份的百分比。以 1 減去無法解釋的百分比，就是這條迴歸線可幫助資料解釋的百分比，即 D14 之 0.9865，我們稱之為判定係數（R^2），恰等於原利用繪圖求迴歸方程式所算出之 R^2 ＝0.9865：

	A	B	C	D	E	F
	車齡	價格(萬)	預測值	殘差	殘差^2	$(Y_i - Y$均數$)^2$
2	1	56.0	52.99	-3.01	9.05	607.62
3	2	48.5	48.18	-0.32	0.10	294.12
4	3	42.0	43.37	1.37	1.88	113.42
5	4	37.6	38.56	0.96	0.93	39.06
6	5	32.5	33.75	1.25	1.57	1.32
7	6	28.7	28.95	0.25	0.06	7.02
8	7	22.2	24.14	1.94	3.75	83.72
9	8	18.5	19.33	0.83	0.68	165.12
10	9	15.0	14.52	-0.48	0.23	267.32
11	10	12.5	9.71	-2.79	7.79	355.32
12				總和	26.06	1934.07
13						
14		判定係數（R^2）		0.9865		

儲存格 D14 公式列：`=1-E12/F12`

其內之相關儲存格之運算公式分別為：

D2	殘差	=C2-B2
E2	殘差^2	=D2^2
F2	$(Y_i - Y$均數$)^2$	=(B2-AVERAGE($B$2:$B$11))^2
E12	殘差平方和	=SUM(E2:E11)

F12	總平方和	=SUM(F2:F11)
D14	判定係數（R^2）	=1-E12/F12

判定係數（R^2）愈大，代表可解釋的部份愈大；若兩組迴歸模式之判定係數（R^2）差不多，就選擇方程式較簡單之一組迴歸模式。

馬上練習

續上一個『馬上練習』，以所求得之廣告費對銷售量迴歸方程式

$$y = 9.1846x + 299.87$$

就範例 Ch13.xlsx『廣告費與銷售量1』工作表之內容，計算各樣本點之預測值及殘差：

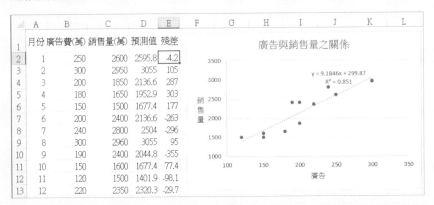

若將殘差絕對值最大之 9 月與 4 月兩筆資料排除，將其資料轉存到範例 Ch13.xlsx『廣告費與銷售量2』工作表，以其資料重新再求一次迴歸，其結果為：

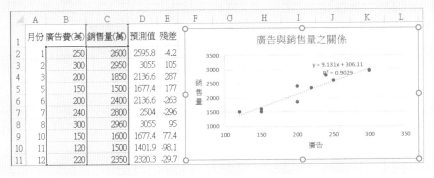

（續下頁）

（承上頁）

由其判定係數（R^2）0.9029 大於先前之 0.851，可看出將殘差較大之特異樣本排除後，可獲得更好的迴歸模式。此時之迴歸方程式為：

$$y = 9.131x + 306.11$$

▶▶ 多項式迴歸

有些資料間並不是單純的直線關係，如下例之『年齡與每月所得關係圖』資料，以「**線性(L)**」之迴歸分析類型求其迴歸方程式，其判定係數（R^2）僅為 0.0001，根本不具任何解釋力：（範例 Ch13.xlsx 之『年齡與所得－非線性』工作表）

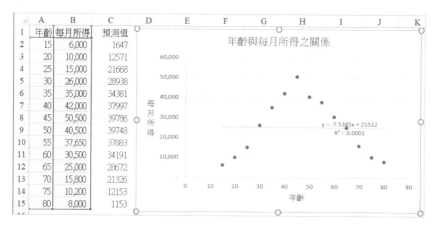

點選其資料點，按『**圖表工具/設計/新增圖表項目**』 鈕，選『**趨勢線/其他趨勢線選項(M)…**』，轉入『**趨勢線格式**』窗格『**趨勢線選項**』標籤，將其迴歸分析類型改為「**多項式(P)**」之冪次「**2**」，另於最底下，加選「**在圖表上顯示方程式(E)**」與「**圖表上顯示 R 平方值(R)**」

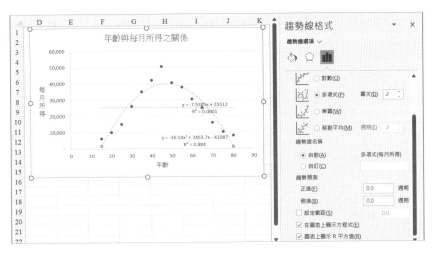

其迴歸方程式為

```
y = -36.54x² + 3463.7x - 42087
```

判定係數（R^2）可高達 0.884，就明顯較具解釋能力。將所獲得之迴歸方程式

```
= -36.54x² + 3463.7x - 42087
```

複製到 C2，可看出原式之平方（x^2）僅是以上標格式顯示，轉過來後僅變成 x2：

SUM	✕ ✓ fx	= -36.54x2 + 3463.7x - 42087			
	A	B	C	D	E
1	年齡	每月所得	預測值		
2	15	6,000	42087		

原式之 x 代表年齡，故將其改為 A2，並轉為 Excel 可用之運算式（原式之平方僅是以上標顯示且無星號，無法拿來運算）：

```
= -36.54*A2^2 + 3463.7*A2 - 42087
```

SUM	✕ ✓ fx	= -36.54*A2^2 + 3463.7*A2 - 42087			
	A	B	C	D	E
1	年齡	每月所得	預測值		
2	15	6,000	42087		

按 ✓ 鈕後，即可算出當年齡等於 15 時，以迴歸方程式進行預側，其所得將為多少？

C2		✓	fx	= -36.54*A2^2 + 3463.7*A2 - 42087
	A	B	C	D	E	F
1	年齡	每月所得	預測值			
2	15	6,000	1647			

將 C2 複製給 C3:C15，可算出各年齡之所得預測值：

C2		✓	fx	= -36.54*A2^2 + 3463.7*A2 - 42087
	A	B	C	D	E	F
1	年齡	每月所得	預測值			
2	15	6,000	1647			
3	20	10,000	12571			
4	25	15,000	21668			
5	30	26,000	28938			
6	35	35,000	34381			
7	40	42,000	37997			
8	45	50,500	39786			
9	50	40,500	39748			
10	55	37,650	37883			
11	60	30,500	34191			
12	65	25,000	28672			
13	70	15,800	21326			
14	75	10,200	12153			
15	80	8,000	1153			

當然，若要我們於第 17 列，求算當年齡為 48 歲，其所得預測值將為多少？對我們也不是難事：

C17		✓	fx	= -36.54*A17^2 + 3463.7*A17 - 42087
	A	B	C	D	E	F	G
14	75	10,200	12153				
15	80	8,000	1153				
16							
17	48		39982.44				

馬上練習

以範例 Ch13.xlsx『成就動機 x 成績』工作表之內容，繪製其資料散佈圖並求成就動機對成績之迴歸方程式。檢視應以一次或二次較為合適？同時，求算當成就動機為 80 時，其預測之成績為多少？

一次式時之 R^2=0.436，二次式時之 R^2=0.913，故應選擇二次式之迴歸方程式，當成就動機為 80 時，其預測之成績應為 41.77：

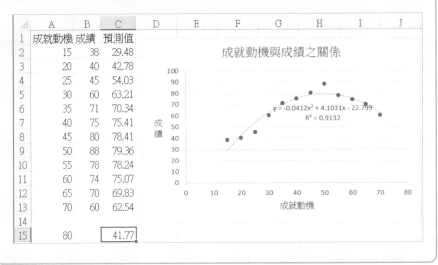

▶▶ 指數迴歸

於繪圖中，利用加入趨勢線可求算之迴歸種類最多，包括：直線、多次式、指數、對數……等。本章前文，使用範例 Ch13.xlsx『直線迴歸』工作表 A1:B11 範圍，所收集了某一廠牌同一車型中古車之車齡及其售價資料：

	A	B
1	車齡	價格(萬)
2	1	56.0
3	2	48.5
4	3	42.0

繪製其資料散佈圖,並求車齡對售價之迴歸方程式:

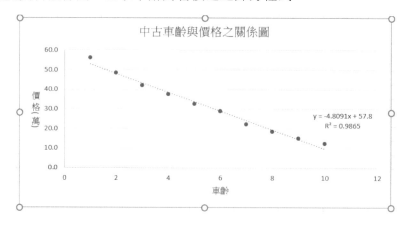

其迴歸方程式為

```
y = -4.8091x + 57.8
```

其判定係數 0.9865,取得迴歸方程式後,我們用來求當車齡為 6.5 年時,其售價應為多少?僅須將 6.5 代入其迴歸方程式之 x:

```
y = -4.8091×(6.5) + 57.8
```

可求得其中古車車價為 26.54 萬:

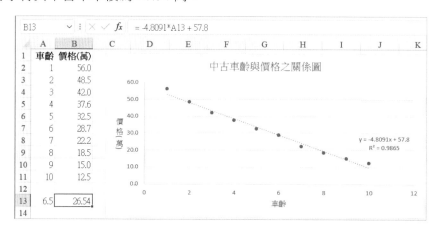

但是這個預測模式，有其缺點：當想要預測之車齡較大時，其結果就變成負值。如，車齡 15 年，其預測之售價為-14.34：

B13		✓ : × ✓ f_x	= -4.8091*A13 + 57.8	
	A	B	C	D	E
1	車齡	價格(萬)			
11	10	12.5			
12					
13	15	-14.34			

這樣的結果並不合理！

故而，我們以下示之步驟，將其迴歸改為指數模式，就不會有這樣的缺點（範例 Ch13.xlsx『指數迴歸』工作表）：

STEP **1** 點選迴歸方程式及 R 平方之文字方塊，將其選取，以拖曳方式移往其他位置。以免兩個迴歸結果重疊。接著，點選圖內任一資料點

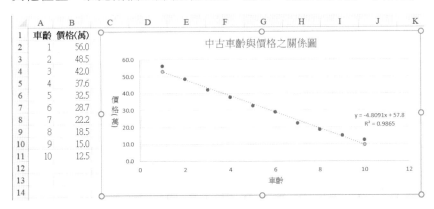

STEP **2** 按『圖表工具/設計/新增圖表項目』 ![新增圖表項目] 鈕，選『趨勢線/其他趨勢線選項(M)...』，轉入『趨勢線格式』窗格『趨勢線選項』標籤，於『趨勢線選項』處，選「指數(X)」；另於最底下，加選「在圖表上顯示方程式(E)」與「圖表上顯示 R 平方值(R)」，即可於圖表上獲致迴歸方程式及其判定係數（R 平方值）

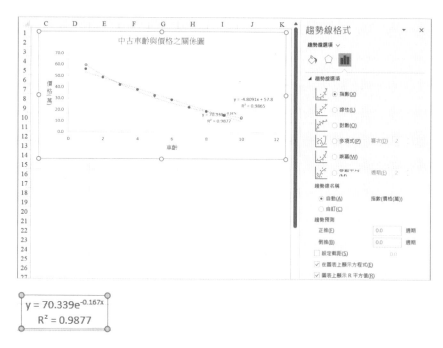

可發現其迴歸方程式為

$$y = 70.339e^{-0.167x}$$

即

$$中古車車價 = 70.339e^{-0.167*車齡}$$

其判定係數 0.9877，略高於直線模式的 0.9865。

　　取得迴歸方程式後，僅須將 15 代入其迴歸方程式之 x：

$$y = 70.339e^{-0.167*15}$$

即可求得其售價。本部分轉為 Excel 所使用之語法即：

```
= 70.339*EXP(-0.167*A13)
```

A13 之值為 15，將其輸入於 C13，即可求得車齡 15 年時，其中古車車價為 5.74 萬；而非原來使用直線模式時之負值-14.34 萬（B13 之結果）。

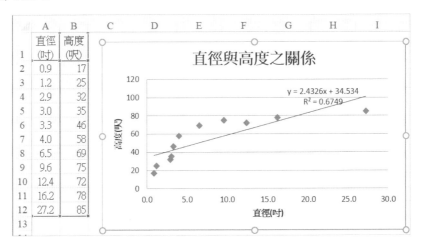

C13			fx	= 70.339*EXP(-0.167*A13)	
	A	B	C	D	E	F
1	車齡	價格(萬)				
11	10	12.5				
12						
13	15	-14.34	5.74			
14			↑ 指數模式			
15		↑ 直線模式 y = -4.8091x + 57.8				

這樣的預測結果應該較為合理！當我們再將 A13 改回為 6.5，兩個結果也非常接近，並無不合理之情況：

C13			fx	= 70.339*EXP(-0.167*A13)	
	A	B	C	D	E	F
1	車齡	價格(萬)				
11	10	12.5				
12						
13	6.5	26.54	23.76			
14			↑ 指數模式			
15		↑ 直線模式 y = -4.8091x + 57.8				

▶▶ 對數迴歸

於繪圖中，利用加入趨勢線可求算之迴歸種類最多，包括：直線、多次式、指數、對數……等。如，範例 Ch13.xlsx 之『樹木直徑與高度－線性』工作表之資料，以「線性(L)」迴歸分析類型進行迴歸，其判定係數（R^2）僅為 0.6749：

	A	B
1	直徑(吋)	高度(呎)
2	0.9	17
3	1.2	25
4	2.9	32
5	3.0	35
6	3.3	46
7	4.0	58
8	6.5	69
9	9.6	75
10	12.4	72
11	16.2	78
12	27.2	85
13		

直徑與高度之關係

y = 2.4326x + 34.534
R^2 = 0.6749

改為使用「**對數(O)**」迴歸分析類型（範例 Ch13.xlsx 之『樹木直徑與高度－對數』工作表），其迴歸方程式為

$$y = 21.512Ln(x) + 19.478$$

判定係數（R^2）可高達 0.9257，就很明顯的較直線模式更具解釋力：

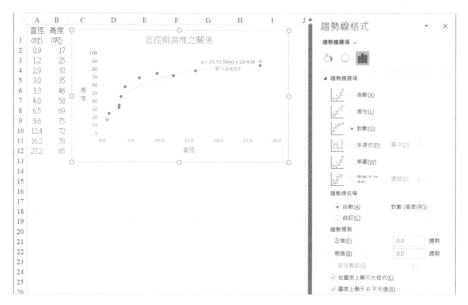

馬上練習

依範例 Ch13.xlsx『對數迴歸』工作表資料，繪製 XY 散佈圖並求其對數迴歸方程式：

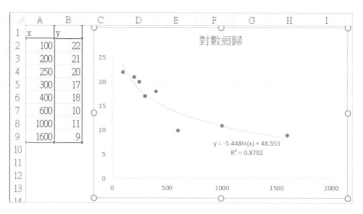

13-3 使用『資料分析』進行迴歸

於繪圖中，利用加入趨勢線求算迴歸方程式，並無法對方程式及其係數進行檢定，且很多統計數字亦未提供。

若使用『增益集』之『**資料/分析/資料分析/迴歸**』進行求算，則可獲致很多相關之統計數字。如：求簡單相關係數、判定係數、以 F 檢定判斷因變數與自變數間是否有迴歸關係存在、以 t 檢定判斷各迴歸係數是否不為 0、計算迴歸係數之信賴區間、計算殘差、……。甚至，還可繪製圖表。（只是，並不很好看而已）

▶ 直線迴歸

假定，有範例 Ch13.xlsx『廣告與銷售量』工作表 A1:B11 之廣告費與銷售額資料：

	A	B
1	廣告費（萬）	銷售量（萬）
2	250	2,600
3	300	2,950
4	200	1,850

擬使用『資料分析』進行迴歸，其步驟為：

STEP **1** 按『**資料/分析/資料分析**』 ▤ 資料分析 鈕，選「**迴歸**」項

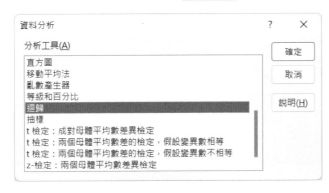

STEP **2** 按 ▭ 確定 鈕，轉入

STEP **3**　於『輸入 Y 範圍』處，以拖曳方式選取銷售額之範圍 B1:B11

STEP **4**　於『輸入 X 範圍』處，以拖曳方式選取廣告費之範圍 A1:A11

STEP **5**　由於上述兩範圍均含標記，故點選「**標記(L)**」

STEP **6**　於『輸出選項』處，決定要將迴歸結果輸出於何處？本例選「**輸出
範圍(O)**」，並將其安排於原工作表之 D1 位置

STEP **7**　若要分析殘差，可點選「**殘差(R)**」或「**標準化殘差(T)**」（本例選前者）

STEP **8** 按 [確定] 鈕，即可獲致迴歸結果。因其內容較多，將其拆分為
幾個部份說明其顯示結果之作用：

	D	E
1	摘要輸出	
2		
3	迴歸統計	
4	R 的倍數	0.9501929
5	R 平方	0.902866548
6	調整的 R 平方	0.890724866
7	標準誤	195.848576
8	觀察值個數	10

此部份在求算簡單相關係數 0.9502（R，寫成『R 的倍數』應是將
coefficient of multiple correlation 翻譯錯了，在複迴歸模式，此部份即複相
關係數）、判定係數（R 平方）0.9029、調整後的 R 平方 0.8907（在複迴
歸時使用，有些統計學家認為在複迴歸模式中，增加預測變數必然會使 R
平方增大，故必須加以調整）標準誤 195.85 與觀察值個數 10。

	D	E	F	G	H	I
10	ANOVA					
11		自由度	SS	MS	F	顯著值
12	迴歸	1	2852236.68	2852236.682	74.36091	2.53E-05
13	殘差	8	306853.318	38356.66472		
14	總和	9	3159090			

此部份以 ANOVA 檢定，判斷因變數（Y）與自變數間（X，於複迴歸
中則為全部之自變數），是否有顯著之迴歸關係存在？判斷是否顯著，只
須看顯著值是否小於所指定之 α 值即可，如本例之顯著值 2.53E-5（即
0.0000253）<α=0.05，故其結果為捨棄因變數與自變數間無迴歸關係存在
之虛無假設。

	D	E	F	G	H
16		係數	標準誤	t 統計	P-值
17	截距	306.1064016	233.888727	1.308769369	0.226956
18	廣告費(萬)	9.130955861	1.05887302	8.623277505	2.53E-05

此部份以 t 檢定，判斷迴歸係數與常數項是否為 0（為 0 即無直線關
係存在）？並求其信賴區間。其虛無假設為迴歸係數與常數項為 0，判斷
是否顯著，只須看顯著值（P-值）是否小於所指定之 α 值即可，如本例之

常數項（截距）為 306.106，其 t 統計量為 1.309，顯著值（P-值）0.227＞α=0.05，故無法捨棄其為 0 之虛無假設，迴歸方程式之常數項應為 0，故往後可將其省略。最好，是將截距（常數）定為 0，再重新迴歸一次。

另，本例之自變數 X（廣告費）的迴歸係數為 9.131，其 t 統計量為 8.623，顯著值（P-值）2.53E-5＜α=0.05，故捨棄其為 0 之虛無假設，迴歸方程式之自變數 X 的係數不為 0，自變數與因變數間存有直線關係。

最後，Excel 仍以

y = 9.131x + 306.106

進行後續之殘差分析：

	D	E	F
22	殘差輸出		
23			
24	觀察值	預測為 銷售量(萬)	殘差
25	1	2588.845367	11.1546331
26	2	3045.39316	-95.39316
27	3	2132.297574	-282.29757

此部份，為於求得迴歸方程式

y = 9.131x + 306.106

後，將各觀察值之 X（廣告費）代入方程式。以求其預測之銷售量（萬），並計算預測結果與原實際銷售量間之殘差（將兩者相減即可求得。如觀察值 1 之廣告費為 250 萬，代入方程式所求得之預測銷售量為 2588.85 萬，以原實際銷售量 2600 萬減去預測結果即為殘差 11.15 萬）。

研究者於此應判斷是否有殘差很大之特異樣本？若有，可將其排除後再重算一次迴歸，可求得更適當之迴歸方程式。但問題是殘差應小於多少才好？並無一定標準，仍全憑研究者自行判斷！

由於，前面 t-檢定之結果顯示，其截距應為 0。故將其常數設定為 0：

重新求一次迴歸，其結果為：

	D	E
1	摘要輸出	
2		
3		迴歸統計
4	R 的倍數	0.99653347
5	R 平方	0.993078956
6	調整的 R 平方	0.881967845
7	標準誤	203.4572236
8	觀察值個數	10

	D	E	F	G	H	I
10	ANOVA					
11		自由度	SS	MS	F	顯著值
12	迴歸	1	53456546.4	53456546.42	1291.382	3.94E-10
13	殘差	9	372553.577	41394.84184		
14	總和	10	53829100			

	D	E	F	G	H
16		係數	標準誤	t 統計	P-值
17	截距	0	#N/A	#N/A	#N/A
18	廣告費(萬)	10.46730887	0.29127801	35.93580145	4.95E-11

判定係數（R 平方）0.9931，最後之迴歸方程式為：

```
y = 10.4673x
```

馬上練習

以範例 Ch13.xlsx『存放款』工作表之內容，繪製資料散佈圖並求存款對放款之迴歸方程式：

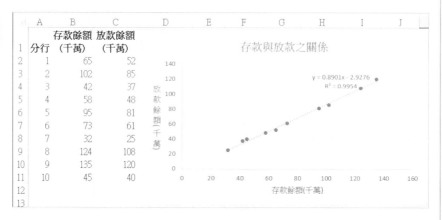

同時，以『資料分析/迴歸』項，進行迴歸：

	D	E
15	摘要輸出	
16		
17	迴歸統計	
18	R 的倍數	0.9977
19	R 平方	0.9954
20	調整的 R 平方	0.9948
21	標準誤	2.2842
22	觀察值個數	10

	D	E	F	G	H	I
24	ANOVA					
25		自由度	SS	MS	F	顯著值
26	迴歸	1	8966.358	8966.358	1718.4193	1.26E-10
27	殘差	8	41.74235	5.217794		
28	總和	9	9008.1			

（續下頁）

（承上頁）

判定係數（R^2）為 0.9954，ANOVA 檢定之顯著值 1.26E-10<α=0.05，故其結果為捨棄因變數與自變數間無迴歸關係存在之虛無假設。

	D	E	F	G	H	I	J	K	L
30		係數	標準誤	t 統計	P-值	下限 95%	上限 95%	下限 95.0%	上限 95.0%
31	截距	-2.9276	1.806245	-1.62081	0.1437173	-7.09279	1.237631	-7.09279	1.237631
32	存款餘額（千萬）	0.8901	0.021472	41.45382	1.263E-10	0.840596	0.939627	0.840596	0.939627

常數項（截距）為-2.9276，其 t 統計量為-1.6208，顯著值（P-值）0.1437 > α=0.05，故無法捨棄其為 0 之虛無假設，迴歸方程式之常數項應為 0。故可將其設定為 0，重新求算一次迴歸。

自變數 X（存款餘額）的迴歸係數為 0.8901，其 t 統計量為 41.4538，顯著值（P-值）1.263E-10<α=0.05，故捨棄其為 0 之虛無假設，迴歸方程式之自變數 X 的係數不為 0，自變數與因變數間存有直線關係。

由於，前面 t-檢定之結果顯示，其截距應為 0。故將其常數設定為 0，重新進行迴歸，其結果為：

	D	E
51	摘要輸出	
52		
53	迴歸統計	
54	R 的倍數	0.9995
55	R 平方	0.9989
56	調整的 R 平方	0.8878
57	標準誤	2.4821
58	觀察值個數	10

	D	E	F	G	H	I
60	ANOVA					
61			自由度	SS	MS	F	顯著值
62	迴歸	1	52117.55	52117.55	8459.1768	2.18E-13
63	殘差	9	55.4496	6.161066		
64	總和	10	52173			
65						
66		係數	標準誤	t 統計	P-值	下限 95%
67	截距	0	#N/A	#N/A	#N/A	#N/A
68	存款餘額（千萬）	0.8582	0.009331	91.97378	1.076E-14	0.837105

最後之迴歸方程式應為：

放款餘額=0.8582×存款餘額

▶ 複迴歸

　　現實中，很多狀況並非簡單之單一變數即可以解釋清楚。如銷售量並非完全決定於廣告費而已，產品品質、售價、銷售人員、……等，亦均有其重要性。又如，銀行計算客戶之信用分數，亦不會只決定於其每月所得而已，其動產、不動產甚或年齡、性別、教育程度、……等，亦均有可能

13

影響其信用分數。故於迴歸中,同時使用多個自變數以預測某一因變數的情況已越來越多。這種同時使用多個自變數之迴歸,即稱為複迴歸(multiple regression)或多元迴歸。

但於繪製圖表中,利用加入趨勢線之機會求迴歸模式,只可以求解單變量之迴歸(只有一個 X),並無法處理同時使用多個自變數(多個 X)之迴歸。此時,即得使用『資料分析』進行迴歸(最多可達 16 個自變數)。

▶ 中古車車價之實例

假定,以範例 Ch13.xlsx『中古車車價』工作表 A1:C11,同一廠牌同型中古車之車齡、里程數及其價格資料:

	A	B	C
1	車齡	里程數 (萬公里)	價格 (萬)
2	1	1.5	61
3	2	1.8	57
4	3	4.6	42

擬使用『資料分析』進行複迴歸分析。其步驟為:

STEP **1**　按『**資料/分析/資料分析**』 `資料分析` 鈕,選「**迴歸**」項,按 `確定` 鈕

STEP **2**　於『**輸入 Y 範圍**』處,以拖曳方式選取因變數(價格)範圍 C1:C11

STEP **3**　於『**輸入 X 範圍**』處,以拖曳方式選取自變數(車齡及里程數)範圍 A1:B11(兩欄資料表使用兩個自變數,最多可達 16 個自變數)

STEP **4**　由於上述兩範圍均含標記,故點選「**標記(L)**」

STEP **5**　選「**輸出範圍(O)**」,並將其安排於原工作表之 E1 位置

STEP **6** 按 確定 鈕，即可獲致迴歸結果

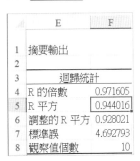

此結果之複相關係數（R）為 0.9716，判定係數（R 平方）為 0.9440、調整後的 R 平方為 0.9280。顯示整組迴歸方程式可解釋價格差異之程度相當高。

	E	F	G	H	I	J
10	ANOVA					
11		自由度	SS	MS	F	顯著值
12	迴歸	2	2599.444	1299.722	59.01842	4.15E-05
13	殘差	7	154.1562	22.02231		
14	總和	9	2753.6			

ANOVA 表中之 F 檢定的顯著水準 4.15E-5< α =0.05，故其結果為捨棄因變數與自變數間無迴歸關係存在之虛無假設。顯示價格與車齡及里程數整體間有明顯迴歸關係存在。

	E	F	G	H	I
16		係數	標準誤	t 統計	P-值
17	截距	62.6468	3.207102	19.53377	2.3E-07
18	車齡	-5.37385	1.216041	-4.41914	0.003084
19	里程數 (萬公里)	-0.22924	1.059104	-0.216445	0.834814

最後之 t 檢定結果中，常數項（截距）為 62.6468，其顯著水準（P-值）2.3E-07<α=0.05，故捨棄其為 0 之虛無假設，迴歸方程式之常數項不應為 0，故不可將其省略。

兩個自變數中之車齡的迴歸係數為-5.3739，其顯著水準（P-值）0.003<α=0.05，故捨棄其為 0 之虛無假設，車齡與價格間存有直線關係。由其係數為負值，顯示車齡與價格間之關係為一負相關，車齡愈大售價愈低。

另一個自變數里程數的迴歸係數為-0.2292，其顯著水準（P-值）0.835>α=0.05，故無法捨棄其為 0 之虛無假設，里程數與價格間並無直線關係。故可將此一係數自迴歸方程式中排除掉。（少掉一個變數，即可省去蒐集其資料之時間與成本）

故而，僅以『車齡』與『價格』再重新進行一次迴歸，記得不用將截距（常數項）設定為 0：

其結果為：

	E	F
22	摘要輸出	
23		
24	迴歸統計	
25	R 的倍數	0.971412
26	R 平方	0.943642
27	調整的 R 平方	0.936597
28	標準誤	4.404371
29	觀察值個數	10

	E	F	G	H	I	J
31	ANOVA					
32		自由度	SS	MS	F	顯著值
33	迴歸	1	2598.412	2598.412	133.9492	2.82E-06
34	殘差	8	155.1879	19.39848		
35	總和	9	2753.6			
36						
37		係數	標準誤	t 統計	P-值	下限 95%
38	截距	62.66667	3.008758	20.82808	2.96E-08	55.72846
39	車齡	-5.61212	0.484905	-11.57364	2.82E-06	-6.730315

所以，最後之迴歸方程式應為

$y = -5.6121X_1 + 62.6667$

（價格 = -5.6121×車齡 +62.6667）

▶▶ 信用分數之實例

　　再舉一個複迴歸之例子，假定，銀行為核發信用卡，而蒐集了申請人之每月總收入、不動產、動產、每月房貸與扶養支出費用等資料，並以主管之經驗，主觀的給予一信用分數：（範例 Ch13.xlsx『信用分數』工作表之 A1:F9）

	A	B	C	D	E	F
1	每月總收入（萬）	不動產（百萬）	動產（百萬）	每月房貸（萬）	扶養支出（萬）	信用分數
2	6.5	12.0	3.0	2.0	2.0	82
3	7.2	8.0	2.0	0.0	2.0	86
4	3.8	0.0	1.0	0.0	1.0	70

　　為使評估信用分數能有一套公式，免得老是要主管抽空評分。擬以複迴歸來求得一迴歸方程式，其處理步驟為：

STEP **1**　　按『**資料/分析/資料分析**』 ▣ 資料分析 鈕，選「**迴歸**」項，按 ▢ 確定 ▢ 鈕

STEP **2**　　於『**輸入 Y 範圍**』處，以拖曳方式選取因變數（信用分數）範圍 F1:F9

STEP **3** 於『輸入 X 範圍』處，以拖曳方式選取自變數（每月總收入、不動產、動產、每月房貸與扶養支出）範圍 A1:E9（五欄資料表使用 5 個自變數，最多可達 16 個自變數）

STEP **4** 由於上述兩範圍均含標記，故點選「**標記(L)**」

STEP **5** 選「**輸出範圍(O)**」，並將其安排於原工作表之 H1 位置

STEP **6** 按 ‖ 確定 ‖ 鈕，即可獲致迴歸結果

	H	I
1	摘要輸出	
2		
3	迴歸統計	
4	R 的倍數	0.990989
5	R 平方	0.98206
6	調整的 R 平方	0.93721
7	標準誤	2.179361
8	觀察值個數	8

此結果之複相關係數（R）為 0.9910，判定係數（R 平方）為 0.9821、調整後的 R 平方為 0.9372。顯示整組迴歸方程式可解釋信用分數差異之程度相當高。

	H	I	J	K	L	M
10	ANOVA					
11		自由度	SS	MS	F	顯著值
12	迴歸	5	520.0008	104.0002	21.89655	0.044248
13	殘差	2	9.499228	4.749614		
14	總和	7	529.5			

ANOVA 表中之 F 檢定的顯著水準 0.0442< α =0.05，故其結果為捨棄因變數與自變數間無迴歸關係存在之虛無假設。顯示每月總收入、不動產、動產、每月房貸、扶養支出與信用分數整體間有明顯迴歸關係存在。

	H	I	J	K	L
16		係數	標準誤	t 統計	P-值
17	截距	57.0761	4.950432	11.52952	0.007439
18	每月總收入(萬)	5.350913	0.995484	5.375187	0.032912
19	不動產(百萬)	0.703921	0.930382	0.756593	0.528274
20	動產(百萬)	-4.961893	5.445107	-0.911257	0.458351
21	每月房貸(萬)	-0.089893	1.715809	-0.052391	0.96298
22	扶養支出(萬)	-2.499189	1.704976	-1.465821	0.280338

最後之 t 檢定結果中，常數項（截距）為 57.0761，其顯著值（P-值）0.0074< α =0.05，故捨棄其為 0 之虛無假設，迴歸方程式之常數項不應為 0，故不可將其省略。

所有五個自變數中，僅『每月總收入』之顯著值（P-值）為 0.0329< α =0.05，可捨棄其為 0 之虛無假設，表示每月總收入與信用分數間存有直線關係。其係數為 5.3509，顯示每月總收入與信用分數間之關係為正相關，收入愈高信用分數愈高。

其餘之『不動產』、『動產』、『每月房貸』與『扶養支出』等四個變數之顯著水準（P-值）均大於 α =0.05，故無法捨棄其為 0 之虛無假設，顯示信用分數與這些變數間並無顯著之線性關係。

故可將這些變數之係數自迴歸方程式中排除掉。僅以『每月總收入』與『信用分數』兩欄之資料重新進行一次迴歸，記得不用將截距（常數項）設定為 0：

其結果為：

	H	I
25	摘要輸出	
26		
27	迴歸統計	
28	R 的倍數	0.97416
29	R 平方	0.948987
30	調整的 R 平方	0.940485
31	標準誤	2.121762
32	觀察值個數	8

	H	I	J	K	L	M
34	ANOVA					
35		自由度	SS	MS	F	顯著值
36	迴歸	1	502.4887	502.4887	111.6176	4.23E-05
37	殘差	6	27.01125	4.501875		
38	總和	7	529.5			
39						
40		係數	標準誤	t 統計	P-值	下限 95%
41	截距	55.19834	2.217962	24.88696	2.77E-07	49.77118
42	每月總收入 (萬)	4.131459	0.391054	10.56493	4.23E-05	3.174584

所以，最後之迴歸方程式應為

$$y = 4.13146X_1 + 55.19834$$

（信用分數 = 4.13146 × 每月總收入 + 55.19834）

馬上練習

老師為找出學生出席率高低之主要原因，以問卷調查蒐集了範例 Ch13.xlsx『上課出席率』工作表 A1:E11 資料（5-非常同意，1-非常不同意），試以複迴歸求出席率高低之迴歸方程式：

	A	B	C	D	E
1	受測者對影響出席率之因素的同意程度				
2	是否點名	成績高低	上課內容	上課時段	出席率
3	2	3	5	2	95%
4	1	5	3	4	65%
5	3	3	5	2	100%

	G	H
3	摘要輸出	
4		
5	迴歸統計	
6	R 的倍數	0.983924
7	R 平方	0.968106
8	調整的 R 平方	0.936211
9	標準誤	0.039823
10	觀察值個數	9

	G	H	I	J	K	L
12	ANOVA					
13		自由度	SS	MS	F	顯著值
14	迴歸	4	0.192545	0.048136	30.353479	0.002987
15	殘差	4	0.006343	0.001586		
16	總和	8	0.198889			
17						
18		係數	標準誤	t 統計	P-值	下限 95%
19	截距	0.479278	0.098561	4.862774	0.0082627	0.20563
20	是否點名	0.026372	0.020997	1.255964	0.2774847	-0.03193
21	成績高低	0.012951	0.015849	0.817132	0.4597264	-0.03105
22	上課內容	0.100028	0.014268	7.010792	0.0021795	0.060414
23	上課時段	-0.05741	0.016316	-3.51863	0.0244802	-0.10271

由於，t 檢定之結果僅『截距』、『上課內容』與『上課時段』之 P-值<0.05，故僅以『上課內容』、『上課時段』與『出席率』等三欄之資料，重新進行一次迴歸，記得不用將截距（常數項）設定為 0。其結果為：

	G	H
26	摘要輸出	
27		
28	迴歸統計	
29	R 的倍數	0.97548
30	R 平方	0.951562
31	調整的 R 平方	0.935416
32	標準誤	0.04007
33	觀察值個數	9

	G	H	I	J	K	L
35	ANOVA					
36		自由度	SS	MS	F	顯著值
37	迴歸	2	0.189255	0.094628	58.934986	0.000114
38	殘差	6	0.009634	0.001606		
39	總和	8	0.198889			
40						
41		係數	標準誤	t 統計	P-值	下限 95%
42	截距	0.550159	0.083239	6.609389	0.0005773	0.346481
43	上課內容	0.102707	0.013755	7.466925	0.0002977	0.06905
44	上課時段	-0.05462	0.015829	-3.45048	0.0136251	-0.09335

（出席率=0.5502+0.1027*上課內容-0.0546*上課時段）

▶▶ 含二次式之複迴歸

像前文『年齡與每月所得關係圖』之資料，其迴歸方程式為：

$$y = -36.54x^2 + 3463x - 42087$$

係一含二次式之拋物線：

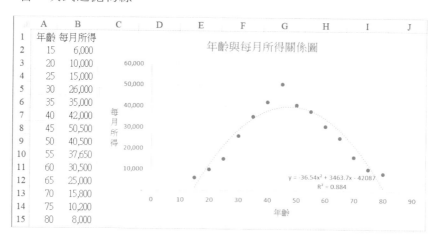

若仍擬以『資料分析』來求得迴歸方程式，得自行加入一平方項才可。其處理步驟為：（詳範例 Ch13.xlsx『年齡與所得迴歸』工作表 A1:C15 資料）

STEP **1**　於原年齡之前，插入一欄，將其安排為年齡之平方（如：A2 之內容為=B2^2）

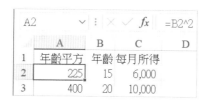

STEP **2**　按『資料/分析/資料分析』 [圖示] 資料分析 鈕，選「迴歸」項，按 [確定] 鈕

STEP **3**　於『輸入 Y 範圍』處，以拖曳方式選取因變數（每月所得）範圍 C1:C15

STEP **4**　於『輸入 X 範圍』處，以拖曳方式選取自變數（年齡平方與年齡）範圍 A1:B15

STEP **5**　由於上述兩範圍均含標記，故點選「**標記(L)**」

STEP **6**　選「**輸出範圍(O)**」，並將其安排於原工作表之 E3 位置

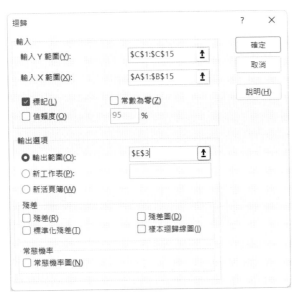

STEP **7**　按 ⌷ 確定 ⌷ 鈕，即可獲致迴歸結果

	E	F
3	摘要輸出	
4		
5	迴歸統計	
6	R 的倍數	0.94023
7	R 平方	0.8840325
8	調整的 R 平方	0.8629476
9	標準誤	5383.55
10	觀察值個數	14

	E	F	G	H	I	J
12	ANOVA					
13		自由度	SS	MS	F	顯著值
14	迴歸	2	2430313600	1215156800	41.927099	7.142E-06
15	殘差	11	318808721.8	28982611.08		
16	總和	13	2749122321			

13

此結果之判定係數（R 平方）為 0.8840，ANOVA 表中之 F 檢定的顯著水準 7.14E-06< α =0.05，故其結果為捨棄因變數與自變數間無迴歸關係存在之虛無假設。

	E	F	G	H	I
18		係數	標準誤	t 統計	P-值
19	截距	-42087.05	8250.413611	-5.101204459	0.0003434
20	年齡平方	-36.53984	3.990552791	-9.156584833	1.77E-06
21	年齡	3463.7459	385.7649034	8.978903597	2.145E-06

最後之 t 檢定結果中，常數項（截距）、年齡平方與年齡等之顯著水準（P-值）均小於 α =0.05，故捨棄其為 0 之虛無假設，故均不可將其省略。所以，最後之迴歸方程式應為：

$$y = -36.5398x^2 + 3463.746x - 42087$$

（每月所得 = -36.5398×年齡平方 + 3463.746×年齡 - 42087）

馬上練習

範例 Ch13.xlsx『對數迴歸 1』工作表 A1:B9 資料分佈情況接近對數圖形，試新增一欄 ln(x)資料，並以『資料分析』求其迴歸方程式：

	A	B	C	D	E	F
1	x	y	Ln(x)		摘要輸出	
2	100	25	4.605			
3	200	22	5.298		迴歸統計	
4	250	21	5.521		R 的倍數	0.96056
5	300	17	5.704		R 平方	0.922675
6	400	18	5.991		調整的 R 平方	0.909788
7	600	10	6.397		標準誤	1.951472
8	1000	9	6.908		觀察值個數	8

	E	F	G	H	I	J
10	ANOVA					
11		自由度	SS	MS	F	顯著值
12	迴歸	1	272.6505	272.6505	71.59481	0.000149
13	殘差	6	22.84947	3.808244		
14	總和	7	295.5			
15						
16		係數	標準誤	t 統計	P-值	下限 95%
17	截距	57.83382	4.962743	11.6536	2.41E-05	45.69043
18	Ln(x)	-6.95925	0.822473	-8.46137	0.000149	-8.97177

（y = -6.95925Ln(x)+ 57.83382）

附錄

Appendix

A-1 亂數表

06336	27904	15782	88194	74277	71443	25421	25469	10586	01161
59133	84584	60170	45108	95420	26049	47717	52345	45590	19295
90693	41579	91567	88930	93102	34064	28159	95156	36704	95739
70186	31900	09602	79942	89267	85616	98425	29379	38579	06891
65000	82975	64439	53528	60398	02362	37073	14121	17540	12370
90428	74441	17862	88767	40874	69039	52513	98744	49467	55720
83909	78049	62855	57018	52433	20001	58277	02593	14982	75855
94548	56211	27723	43757	81424	81005	29189	56183	76897	79620
20148	99166	69632	70140	88359	36683	26161	63296	76507	73048
48389	33743	11766	81955	73209	92654	16256	51146	63231	41473
55268	39246	45461	60543	47844	82087	33659	24621	44012	72013
33359	15237	83694	86592	10245	87419	19842	94387	97762	46391
49887	86171	65804	12078	99349	63184	95068	78634	24197	62764
26061	07355	02651	91311	97127	80709	74050	45841	34884	65711
58785	91087	49370	69956	34077	77576	84818	09595	15243	17312
43116	03977	40173	60501	66175	24696	30500	13109	62804	09112
57712	33494	66078	68741	01373	73215	63657	89314	42044	13874
23580	66322	73361	98566	05863	47541	88528	85061	93042	14465
43565	28523	61511	96090	03663	22172	38190	82053	41852	98226
59794	78235	45239	88279	04425	48581	71915	45841	07536	93425
22480	39403	47498	89954	40000	85423	48697	91863	48799	10943
99605	08160	55104	22549	18829	66549	33704	27716	99164	52506
90161	04975	40863	47729	35976	25822	84561	28302	45634	56328
42187	92359	76145	13698	62332	74106	77977	99204	91878	95460
23611	92843	90280	93571	47521	81433	31568	38831	32935	50407
84218	04205	17467	06460	05369	35407	93137	08603	61846	79964
79099	82691	12220	10221	15063	31408	79559	73910	65106	99691
42658	71633	66252	33574	40139	71567	42266	26396	91418	63790
06097	43000	28217	27906	29132	42027	29534	18820	66492	66054
90249	51272	01987	05956	51026	03306	90144	36086	69304	57071
77734	62776	83673	20197	38114	82001	55339	47897	44867	22350
22773	42557	95325	27196	65397	76485	61123	45251	26853	84784
77713	00978	93491	26014	66968	65104	92261	16655	32448	16817
43888	93925	27498	92920	39016	26743	85687	06016	42958	85194
00818	74687	90374	11377	66290	80594	44078	46097	66985	67948

A-2 標準常態分配表

Z	Z 值的小數第二位									
	0.00	0.01	0.02	0.03	0.04	0.05	0.06	0.07	0.08	0.09
0.0	0.0000	0.0040	0.0080	0.0120	0.0160	0.0199	0.0239	0.0279	0.0319	0.0359
0.1	0.0398	0.0438	0.0478	0.0517	0.0557	0.0596	0.0636	0.0675	0.0714	0.0753
0.2	0.0793	0.0832	0.0871	0.0910	0.0948	0.0987	0.1026	0.1064	0.1103	0.1141
0.3	0.1179	0.1217	0.1255	0.1293	0.1331	0.1368	0.1406	0.1443	0.1480	0.1517
0.4	0.1554	0.1591	0.1628	0.1664	0.1700	0.1736	0.1772	0.1808	0.1844	0.1879
0.5	0.1915	0.1950	0.1985	0.2019	0.2054	0.2088	0.2123	0.2157	0.2190	0.2224
0.6	0.2257	0.2291	0.2324	0.2357	0.2389	0.2422	0.2454	0.2486	0.2517	0.2549
0.7	0.2580	0.2611	0.2642	0.2673	0.2704	0.2734	0.2764	0.2794	0.2823	0.2852
0.8	0.2881	0.2910	0.2939	0.2967	0.2995	0.3023	0.3051	0.3078	0.3106	0.3133
0.9	0.3159	0.3186	0.3212	0.3238	0.3264	0.3289	0.3315	0.3340	0.3365	0.3389
1.0	0.3413	0.3438	0.3461	0.3485	0.3508	0.3531	0.3554	0.3577	0.3599	0.3621
1.1	0.3643	0.3665	0.3686	0.3708	0.3729	0.3749	0.3770	0.3790	0.3810	0.3830
1.2	0.3849	0.3869	0.3888	0.3907	0.3925	0.3944	0.3962	0.3980	0.3997	0.4015
1.3	0.4032	0.4049	0.4066	0.4082	0.4099	0.4115	0.4131	0.4147	0.4162	0.4177
1.4	0.4192	0.4207	0.4222	0.4236	0.4251	0.4265	0.4279	0.4292	0.4306	0.4319
1.5	0.4332	0.4345	0.4357	0.4370	0.4382	0.4394	0.4406	0.4418	0.4429	0.4441
1.6	0.4452	0.4463	0.4474	0.4484	0.4495	0.4505	0.4515	0.4525	0.4535	0.4545
1.7	0.4554	0.4564	0.4573	0.4582	0.4591	0.4599	0.4608	0.4616	0.4625	0.4633
1.8	0.4641	0.4649	0.4656	0.4664	0.4671	0.4678	0.4686	0.4693	0.4699	0.4706
1.9	0.4713	0.4719	0.4726	0.4732	0.4738	0.4744	0.4750	0.4756	0.4761	0.4767
2.0	0.4772	0.4778	0.4783	0.4788	0.4793	0.4798	0.4803	0.4808	0.4812	0.4817
2.1	0.4821	0.4826	0.4830	0.4834	0.4838	0.4842	0.4846	0.4850	0.4854	0.4857
2.2	0.4861	0.4864	0.4868	0.4871	0.4875	0.4878	0.4881	0.4884	0.4887	0.4890
2.3	0.4893	0.4896	0.4898	0.4901	0.4904	0.4906	0.4909	0.4911	0.4913	0.4916
2.4	0.4918	0.4920	0.4922	0.4925	0.4927	0.4929	0.4931	0.4932	0.4934	0.4936
2.5	0.4938	0.4940	0.4941	0.4943	0.4945	0.4946	0.4948	0.4949	0.4951	0.4952
2.6	0.4953	0.4955	0.4956	0.4957	0.4959	0.4960	0.4961	0.4962	0.4963	0.4964
2.7	0.4965	0.4966	0.4967	0.4968	0.4969	0.4970	0.4971	0.4972	0.4973	0.4974
2.8	0.4974	0.4975	0.4976	0.4977	0.4977	0.4978	0.4979	0.4979	0.4980	0.4981
2.9	0.4981	0.4982	0.4982	0.4983	0.4984	0.4984	0.4985	0.4985	0.4986	0.4986
3.0	0.4987	0.4987	0.4987	0.4988	0.4988	0.4989	0.4989	0.4989	0.4990	0.4990

A-3 卡方分配的臨界值

d.f \ α	右尾機率						
	25%	10%	5%	2.5%	1%	0.5%	0.1%
1	1.32	2.71	3.84	5.02	6.63	7.88	10.83
2	2.77	4.61	5.99	7.38	9.21	10.60	13.82
3	4.11	6.25	7.81	9.35	11.34	12.84	16.27
4	5.39	7.78	9.49	11.14	13.28	14.86	18.47
5	6.63	9.24	11.07	12.83	15.09	16.75	20.52
6	7.84	10.64	12.59	14.45	16.81	18.55	22.46
7	9.04	12.02	14.07	16.01	18.48	20.28	24.32
8	10.22	13.36	15.51	17.53	20.09	21.95	26.12
9	11.39	14.68	16.92	19.02	21.67	23.59	27.88
10	12.55	15.99	18.31	20.48	23.21	25.19	29.59
11	13.70	17.28	19.68	21.92	24.72	26.76	31.26
12	14.85	18.55	21.03	23.34	26.22	28.30	32.91
13	15.98	19.81	22.36	24.74	27.69	29.82	34.53
14	17.12	21.06	23.68	26.12	29.14	31.32	36.12
15	18.25	22.31	25.00	27.49	30.58	32.80	37.70
16	19.37	23.54	26.30	28.85	32.00	34.27	39.25
17	20.49	24.77	27.59	30.19	33.41	35.72	40.79
18	21.60	25.99	28.87	31.53	34.81	37.16	42.31
19	22.72	27.20	30.14	32.85	36.19	38.58	43.82
20	23.83	28.41	31.41	34.17	37.57	40.00	45.31
21	24.93	29.62	32.67	35.48	38.93	41.40	46.80
22	26.04	30.81	33.92	36.78	40.29	42.80	48.27
23	27.14	32.01	35.17	38.08	41.64	44.18	49.73
24	28.24	33.20	36.42	39.36	42.98	45.56	51.18
25	29.34	34.38	37.65	40.65	44.31	46.93	52.62
26	30.43	35.56	38.89	41.92	45.64	48.29	54.05
27	31.53	36.74	40.11	43.19	46.96	49.64	55.48
28	32.62	37.92	41.34	44.46	48.28	50.99	56.89
29	33.71	39.09	42.56	45.72	49.59	52.34	58.30
30	34.80	40.26	43.77	46.98	50.89	53.67	59.70
40	45.62	51.81	55.76	59.34	63.69	66.77	73.40
50	56.33	63.17	67.50	71.42	76.15	79.49	86.66
60	66.98	74.40	79.08	83.30	88.38	91.95	99.61
70	77.58	85.53	90.53	95.02	100.43	104.21	112.32
80	88.13	96.58	101.88	106.63	112.33	116.32	124.84
90	98.65	107.57	113.15	118.14	124.12	128.30	137.21
100	109.14	118.50	124.34	129.56	135.81	140.17	149.45

A

A-4 t 分配的臨界值

n	右尾機率					d.f.
	10%	5%	2.5%	1%	0.5%	
2	3.078	6.314	12.706	31.821	63.657	1
3	1.886	2.920	4.303	6.965	9.925	2
4	1.638	2.353	3.182	4.541	5.841	3
5	1.533	2.132	2.776	3.747	4.604	4
6	1.476	2.015	2.571	3.365	4.032	5
7	1.440	1.943	2.447	3.143	3.707	6
8	1.415	1.895	2.365	2.998	3.499	7
9	1.397	1.860	2.306	2.896	3.355	8
10	1.383	1.833	2.262	2.821	3.250	9
11	1.372	1.812	2.228	2.764	3.169	10
12	1.363	1.796	2.201	2.718	3.106	11
13	1.356	1.782	2.179	2.681	3.055	12
14	1.350	1.771	2.160	2.650	3.012	13
15	1.345	1.761	2.145	2.624	2.977	14
16	1.341	1.753	2.131	2.602	2.947	15
17	1.337	1.746	2.120	2.583	2.921	16
18	1.333	1.740	2.110	2.567	2.898	17
19	1.330	1.734	2.101	2.552	2.878	18
20	1.328	1.729	2.093	2.539	2.861	19
21	1.325	1.725	2.086	2.528	2.845	20
22	1.323	1.721	2.080	2.518	2.831	21
23	1.321	1.717	2.074	2.508	2.819	22
24	1.319	1.714	2.069	2.500	2.807	23
25	1.318	1.711	2.064	2.492	2.797	24
26	1.316	1.708	2.060	2.485	2.787	25
27	1.315	1.706	2.056	2.479	2.779	26
28	1.314	1.703	2.052	2.473	2.771	27
29	1.313	1.701	2.048	2.467	2.763	28
30	1.311	1.699	2.045	2.462	2.756	29

A-5 F 分配的臨界值

(α=0.05，$F_\alpha(v_1,v_2)$)

v_2 \ v_1	1	2	3	4	5	6	7	8	9	10
1	161.45	199.50	215.71	224.58	230.16	233.99	236.77	238.88	240.54	241.88
2	18.51	19.00	19.16	19.25	19.30	19.33	19.35	19.37	19.38	19.40
3	10.13	9.55	9.28	9.12	9.01	8.94	8.89	8.85	8.81	8.79
4	7.71	6.94	6.59	6.39	6.26	6.16	6.09	6.04	6.00	5.96
5	6.61	5.79	5.41	5.19	5.05	4.95	4.88	4.82	4.77	4.74
6	5.99	5.14	4.76	4.53	4.39	4.28	4.21	4.15	4.10	4.06
7	5.59	4.74	4.35	4.12	3.97	3.87	3.79	3.73	3.68	3.64
8	5.32	4.46	4.07	3.84	3.69	3.58	3.50	3.44	3.39	3.35
9	5.12	4.26	3.86	3.63	3.48	3.37	3.29	3.23	3.18	3.14
10	4.96	4.10	3.71	3.48	3.33	3.22	3.14	3.07	3.02	2.98
11	4.84	3.98	3.59	3.36	3.20	3.09	3.01	2.95	2.90	2.85
12	4.75	3.89	3.49	3.26	3.11	3.00	2.91	2.85	2.80	2.75
13	4.67	3.81	3.41	3.18	3.03	2.92	2.83	2.77	2.71	2.67
14	4.60	3.74	3.34	3.11	2.96	2.85	2.76	2.70	2.65	2.60
15	4.54	3.68	3.29	3.06	2.90	2.79	2.71	2.64	2.59	2.54
16	4.49	3.63	3.24	3.01	2.85	2.74	2.66	2.59	2.54	2.49
17	4.45	3.59	3.20	2.96	2.81	2.70	2.61	2.55	2.49	2.45
18	4.41	3.55	3.16	2.93	2.77	2.66	2.58	2.51	2.46	2.41
19	4.38	3.52	3.13	2.90	2.74	2.63	2.54	2.48	2.42	2.38
20	4.35	3.49	3.10	2.87	2.71	2.60	2.51	2.45	2.39	2.35
21	4.32	3.47	3.07	2.84	2.68	2.57	2.49	2.42	2.37	2.32
22	4.30	3.44	3.05	2.82	2.66	2.55	2.46	2.40	2.34	2.30
23	4.28	3.42	3.03	2.80	2.64	2.53	2.44	2.37	2.32	2.27
24	4.26	3.40	3.01	2.78	2.62	2.51	2.42	2.36	2.30	2.25
25	4.24	3.39	2.99	2.76	2.60	2.49	2.40	2.34	2.28	2.24
26	4.23	3.37	2.98	2.74	2.59	2.47	2.39	2.32	2.27	2.22
27	4.21	3.35	2.96	2.73	2.57	2.46	2.37	2.31	2.25	2.20
28	4.20	3.34	2.95	2.71	2.56	2.45	2.36	2.29	2.24	2.19
29	4.18	3.33	2.93	2.70	2.55	2.43	2.35	2.28	2.22	2.18
30	4.17	3.32	2.92	2.69	2.53	2.42	2.33	2.27	2.21	2.16
40	4.08	3.23	2.84	2.61	2.45	2.34	2.25	2.18	2.12	2.08
60	4.00	3.15	2.76	2.53	2.37	2.25	2.17	2.10	2.04	1.99
120	3.92	3.07	2.68	2.45	2.29	2.18	2.09	2.02	1.96	1.91

（α=0.05，$F_{\alpha}(v_1, v_2)$）

v_2 \ v_1	11	12	13	14	15	16	17	18	19	20
1	242.98	243.91	244.69	245.36	245.95	246.46	246.92	247.32	247.69	248.01
2	19.40	19.41	19.42	19.42	19.43	19.43	19.44	19.44	19.44	19.45
3	8.76	8.74	8.73	8.71	8.70	8.69	8.68	8.67	8.67	8.66
4	5.94	5.91	5.89	5.87	5.86	5.84	5.83	5.82	5.81	5.80
5	4.70	4.68	4.66	4.64	4.62	4.60	4.59	4.58	4.57	4.56
6	4.03	4.00	3.98	3.96	3.94	3.92	3.91	3.90	3.88	3.87
7	3.60	3.57	3.55	3.53	3.51	3.49	3.48	3.47	3.46	3.44
8	3.31	3.28	3.26	3.24	3.22	3.20	3.19	3.17	3.16	3.15
9	3.10	3.07	3.05	3.03	3.01	2.99	2.97	2.96	2.95	2.94
10	2.94	2.91	2.89	2.86	2.85	2.83	2.81	2.80	2.79	2.77
11	2.82	2.79	2.76	2.74	2.72	2.70	2.69	2.67	2.66	2.65
12	2.72	2.69	2.66	2.64	2.62	2.60	2.58	2.57	2.56	2.54
13	2.63	2.60	2.58	2.55	2.53	2.51	2.50	2.48	2.47	2.46
14	2.57	2.53	2.51	2.48	2.46	2.44	2.43	2.41	2.40	2.39
15	2.51	2.48	2.45	2.42	2.40	2.38	2.37	2.35	2.34	2.33
16	2.46	2.42	2.40	2.37	2.35	2.33	2.32	2.30	2.29	2.28
17	2.41	2.38	2.35	2.33	2.31	2.29	2.27	2.26	2.24	2.23
18	2.37	2.34	2.31	2.29	2.27	2.25	2.23	2.22	2.20	2.19
19	2.34	2.31	2.28	2.26	2.23	2.21	2.20	2.18	2.17	2.16
20	2.31	2.28	2.25	2.22	2.20	2.18	2.17	2.15	2.14	2.12
21	2.28	2.25	2.22	2.20	2.18	2.16	2.14	2.12	2.11	2.10
22	2.26	2.23	2.20	2.17	2.15	2.13	2.11	2.10	2.08	2.07
23	2.24	2.20	2.18	2.15	2.13	2.11	2.09	2.08	2.06	2.05
24	2.22	2.18	2.15	2.13	2.11	2.09	2.07	2.05	2.04	2.03
25	2.20	2.16	2.14	2.11	2.09	2.07	2.05	2.04	2.02	2.01
26	2.18	2.15	2.12	2.09	2.07	2.05	2.03	2.02	2.00	1.99
27	2.17	2.13	2.10	2.08	2.06	2.04	2.02	2.00	1.99	1.97
28	2.15	2.12	2.09	2.06	2.04	2.02	2.00	1.99	1.97	1.96
29	2.14	2.10	2.08	2.05	2.03	2.01	1.99	1.97	1.96	1.94
30	2.13	2.09	2.06	2.04	2.01	1.99	1.98	1.96	1.95	1.93
40	2.04	2.00	1.97	1.95	1.92	1.90	1.89	1.87	1.85	1.84
60	1.95	1.92	1.89	1.86	1.84	1.82	1.80	1.78	1.76	1.75
120	1.87	1.83	1.80	1.78	1.75	1.73	1.71	1.69	1.67	1.66

(α=0.05，F$_\alpha$(v$_1$,v$_2$))

v$_2$ \ v$_1$	21	22	23	24	25	26	27	28	29	30
1	248.31	248.58	248.83	249.05	249.26	249.45	249.63	249.80	249.95	250.10
2	19.45	19.45	19.45	19.45	19.46	19.46	19.46	19.46	19.46	19.46
3	8.65	8.65	8.64	8.64	8.63	8.63	8.63	8.62	8.62	8.62
4	5.79	5.79	5.78	5.77	5.77	5.76	5.76	5.75	5.75	5.75
5	4.55	4.54	4.53	4.53	4.52	4.52	4.51	4.50	4.50	4.50
6	3.86	3.86	3.85	3.84	3.83	3.83	3.82	3.82	3.81	3.81
7	3.43	3.43	3.42	3.41	3.40	3.40	3.39	3.39	3.38	3.38
8	3.14	3.13	3.12	3.12	3.11	3.10	3.10	3.09	3.08	3.08
9	2.93	2.92	2.91	2.90	2.89	2.89	2.88	2.87	2.87	2.86
10	2.76	2.75	2.75	2.74	2.73	2.72	2.72	2.71	2.70	2.70
11	2.64	2.63	2.62	2.61	2.60	2.59	2.59	2.58	2.58	2.57
12	2.53	2.52	2.51	2.51	2.50	2.49	2.48	2.48	2.47	2.47
13	2.45	2.44	2.43	2.42	2.41	2.41	2.40	2.39	2.39	2.38
14	2.38	2.37	2.36	2.35	2.34	2.33	2.33	2.32	2.31	2.31
15	2.32	2.31	2.30	2.29	2.28	2.27	2.27	2.26	2.25	2.25
16	2.26	2.25	2.24	2.24	2.23	2.22	2.21	2.21	2.20	2.19
17	2.22	2.21	2.20	2.19	2.18	2.17	2.17	2.16	2.15	2.15
18	2.18	2.17	2.16	2.15	2.14	2.13	2.13	2.12	2.11	2.11
19	2.14	2.13	2.12	2.11	2.11	2.10	2.09	2.08	2.08	2.07
20	2.11	2.10	2.09	2.08	2.07	2.07	2.06	2.05	2.05	2.04
21	2.08	2.07	2.06	2.05	2.05	2.04	2.03	2.02	2.02	2.01
22	2.06	2.05	2.04	2.03	2.02	2.01	2.00	2.00	1.99	1.98
23	2.04	2.02	2.01	2.01	2.00	1.99	1.98	1.97	1.97	1.96
24	2.01	2.00	1.99	1.98	1.97	1.97	1.96	1.95	1.95	1.94
25	2.00	1.98	1.97	1.96	1.96	1.95	1.94	1.93	1.93	1.92
26	1.98	1.97	1.96	1.95	1.94	1.93	1.92	1.91	1.91	1.90
27	1.96	1.95	1.94	1.93	1.92	1.91	1.90	1.90	1.89	1.88
28	1.95	1.93	1.92	1.91	1.91	1.90	1.89	1.88	1.88	1.87
29	1.93	1.92	1.91	1.90	1.89	1.88	1.88	1.87	1.86	1.85
30	1.92	1.91	1.90	1.89	1.88	1.87	1.86	1.85	1.85	1.84
40	1.83	1.81	1.80	1.79	1.78	1.77	1.77	1.76	1.75	1.74
60	1.73	1.72	1.71	1.70	1.69	1.68	1.67	1.66	1.66	1.65
120	1.64	1.63	1.62	1.61	1.60	1.59	1.58	1.57	1.56	1.55

A

(α=0.05 ，$F_\alpha(v_1, v_2)$)

v_2 \ v_1	40	60	120
1	251.14	252.20	253.25
2	19.47	19.48	19.49
3	8.59	8.57	8.55
4	5.72	5.69	5.66
5	4.46	4.43	4.40
6	3.77	3.74	3.70
7	3.34	3.30	3.27
8	3.04	3.01	2.97
9	2.83	2.79	2.75
10	2.66	2.62	2.58
11	2.53	2.49	2.45
12	2.43	2.38	2.34
13	2.34	2.30	2.25
14	2.27	2.22	2.18
15	2.20	2.16	2.11
16	2.15	2.11	2.06
17	2.10	2.06	2.01
18	2.06	2.02	1.97
19	2.03	1.98	1.93
20	1.99	1.95	1.90
21	1.96	1.92	1.87
22	1.94	1.89	1.84
23	1.91	1.86	1.81
24	1.89	1.84	1.79
25	1.87	1.82	1.77
26	1.85	1.80	1.75
27	1.84	1.79	1.73
28	1.82	1.77	1.71
29	1.81	1.75	1.70
30	1.79	1.74	1.68
40	1.69	1.64	1.58
60	1.59	1.53	1.47
120	1.50	1.43	1.35

Excel 統計分析實務｜市場調查與資料分析(適用 Excel 2021/2019)

作　　者：楊世瑩
企劃編輯：江佳慧
文字編輯：江雅鈴
設計裝幀：張寶莉
發 行 人：廖文良

發 行 所：碁峰資訊股份有限公司
地　　址：台北市南港區三重路 66 號 7 樓之 6
電　　話：(02)2788-2408
傳　　真：(02)8192-4433
網　　站：www.gotop.com.tw
書　　號：AEI007500
版　　次：2022 年 06 月初版
　　　　　2024 年 03 月初版二刷
建議售價：NT$550

國家圖書館出版品預行編目資料

Excel 統計分析實務：市場調查與資料分析(適用 Excel 2021/
2019) / 楊世瑩著. -- 初版. -- 臺北市：碁峰資訊, 2022.06
　　面；　　公分
　ISBN 978-626-324-177-0(平裝)
　1.CST：統計套裝軟體 2.CST：統計分析 3.CST：市場調查
4.CST：EXCEL(電腦程式)
512.4　　　　　　　　　　　　　　　　　　　111006145